スクールソーシャルワークの実践と理論

養育困難家庭の不登校児の学習権保障をめぐって

山田　惠子

明誠書林

目　次

第１章「家庭訪問論」　子どもや親と出会い、関係をつむぐ
──「家庭訪問」から「家庭滞在」へ …………………… 47

8

第6章「教育史の中に探る」　スクールソーシャルワークの歴史的水脈と今後 …… 175

序　章
長期不登校児への学習権保障と
スクールソーシャルワークのあり方を求めて

１．問題の設定

（１）研究の目的

　日本の教育と子育ては、不登校、児童虐待、非行、いじめ、発達障害、貧困、精神疾患などといった大きな課題に直面している。特に、子どもの貧困率は、さまざまな取り組みにより 2012 年の 16.3% から 2018 年の 13.5%（厚生労働省「令和元（2019）年度国民生活基礎調査」）と改善は見られるものの、依然 7 人に 1 人の子どもが貧困の中にいる。子どもの貧困は、「健康で文化的な最低限度の生活」（憲法第 25 条）を崩壊させ、「教育を受ける権利」（憲法第 26 条）を奪い、子どもの成長と発達を阻害し、子どもの未来にマイナスの影響を及ぼす。そうした子どもの貧困に対して、子どもの生活や学ぶ権利を保障しようと、2014 年 8 月に内閣府がまとめた「子供の貧困対策に関する大綱」の重点政策の一つとして、スクールソーシャルワーカーの増員が盛り込まれた。

　2008 年度に文部科学省が「スクールソーシャルワーカー活用事業」を開始したことで、スクールソーシャルワーカーは全国的に広がった。さきの大綱により、スクールソーシャルワーカーの実人数は、平成 26（2014）年度 1,186 人から、令和元（2019）年度 2,659 人へと増加し、スクールソーシャルワーカーはさらなる広がりを見せている（「文部科学省スクールソーシャルワーカー活用事業に関する Q ＆ A」令和 3 年 1 月）。しかし、スクールソーシャルワークの歴史は浅く、スクールソーシャルワーク自体も、スクールソーシャルワーカーを雇用する側や個々のスクールソーシャルワーカーの背景によっても、その支援活動が違うためにわかりにくさがあるように思うのである。

　「スクールソーシャルワーカー活用事業」が開始されて 10 年が経った。

また、2017年3月31日公布「学校教育法施行規則の一部を改正する省令（平成29年文部科学省令第24号）」にて、施行規則第65条の3に「スクールソーシャルワーカーは、小学校における児童の福祉に関する支援に従事する」ことが明記され、平成29（2017）年度よりスクールソーシャルワーカーが法定化された今、改めてスクールソーシャルワークのあり方について探求することが必要であると考える。

　スクールソーシャルワークは学校を拠点にしたソーシャルワークであり、その目指すものの一つに子どもの学習権を保障することがある。ソーシャルワークという福祉実践は、その人の生存権を保障していく。スクールソーシャルワークでは、生活課題を抱えた家庭やその子どもを福祉サービスにつなげている。しかし、人は生きられるだけではしあわせとはいえない。その人が、自分自身の課題に気づき、そのことについて考え、さまざまな選択を重ねながら、人生を主体的に豊かに生きる力を得るためには学ぶことが必要である。スクールソーシャルワークは「つなぐ仕事」とよく言われるが、学校を拠点にしたソーシャルワークで最も重要なことは、子どもを「学びにつなぐ」こと、つまり、子どもの学習権保障であると考えている。

　学びは学校教育においてのみ得ることができるものではないが、系統的に、継続的に、集団的に学べる学校教育は子どもにとって重要である。スクールソーシャルワークは、学校生活におけるあらゆる場面において子どもを育てていこうとする教師の仕事と深くつながっている。子どもの学習権保障を目指して、教師らとともに子どもが安心して学べる環境をどのようにつくっていくのかが問われるのである。

　日々のスクールソーシャルワークを通して特に関心を寄せてきた問題は、児童虐待の一つに分類されるネグレクトと大きく重なる家庭の養育力の低さによって、長期間不登校となっている子どもの生存権、学習権・教育権、文化権をどのように保障するかということである。本研究は、こうした長期不登校—養育が困難な家庭の子どもの不登校—の問題、その学習権保障にあたって、スクールソーシャルワークの実践が欠かせないこと、そしてスクールソーシャルワークはどうあるべきかを探求する実践的研究である。

　そこでは、福祉、教育、文化等にまたがる領域に位置づくスクールソーシ

ャルワーク研究の学際性とともに、子ども理解を深めること、子どものしあわせの実現のための「子どもの権利」を基盤とする子ども支援の必要性を、改めて確認できる。

　筆者は日々実践家として活動する中で、いかに「子どもの権利」を具体化するかを模索してきた。支援の現場では新たな実践を生み出しており、実践には既存の理論ではおさまらない、豊かなものがあるのではないかと考えている。本研究は、いくつかの実践を手掛かりに、実践を広く捉えることを心掛けつつ、実践を煮詰め、実践の豊かさから理論を形成しようとするものである。

（2）教育課題でありつづけている不登校──長期欠席児の学習権保障の欠落

①「長期欠席」と「不登校」

　ここでまず、「不登校」にかかわる用語の整理をしておきたい。

　文部科学省によれば、「長期欠席児童生徒」とは、「年度間に連続又は断続して 30 日以上欠席した児童生徒」をいう。「理由別長期欠席者数（不登校）等」（「病気」「経済的理由」「不登校」「その他」で構成）として公表されており、その数は小中学校で 252,825 人（小学校 90,089 人、中学校 162,736 人）と 25 万人以上に上る（文部科学省『令和元（2019）年度児童生徒の問題行動・不登校等生徒指導上の諸課題に関する調査』）。

　「不登校」とは、「何らかの心理的、情緒的、身体的、あるいは社会的要因・背景により、児童生徒が登校しないあるいはしたくともできない状況にあること（ただし、病気や経済的な理由によるものを除く）」をいい、その数は小中学校で 181,272 人（小学校 53,350 人、中学校 127,922 人）と 18 万人超となっている（文部科学省、同前）。つまり、統計用語の「不登校」は、子どもが学校を休むという広義の不登校の中における長期欠席のうち、さらに一部分を指すものということになる。

　長期欠席児童生徒数と病気や経済的なものを除いた不登校児童生徒数には、7 万人以上の差が発生している。年間 30 日以上欠席していても不登校児童

生徒にカウントするかしないかについては学校現場の判断によっており、そのカウントの仕方は大変あいまいである。不登校児童生徒数に数えられていても、家庭の経済的問題が大きな理由である場合もあり、その反対に、学校が子どもの家庭状況を把握しにくい中、経済的な理由ということで不登校児童生徒数に数えないということも起こっている。

　また、病気等による就学免除猶予者は 4,013 人（その他、1 年以上居所不明者は 69 人、学齢児童生徒死亡者は 459 人）（文部科学省『令和元（2019）年度学校基本調査』）であり、長期欠席児童生徒の全体数に比べてごく少数であることを鑑みても、長期欠席児童生徒と不登校児童生徒とを分けて考えることは、不登校の全体像をはっきりさせないものにしていると考える。

　加えて、義務教育就学率は小中学校ともに 99.95％（義務教育就学率：義務教育学齢人口《外国人を除く就学者数＋就学免除・猶予者数＋ 1 年以上居所不明者数》に対する外国人を除く就学者の比率、文部科学省、同前）という高さが示される一方で、長期欠席のうち 90 日を超えている場合（小中学校で 100,857 人）が、小学校で 25.1％（22,632 人）、中学校では 48.1％（78,225 人）を占めている。これほどの数に上る、学校を長期欠席する子ども[1] をも、義務教育に就学できているとしてよいものであろうか。そして、こうした、学校に行くべき子どもが学校に行かないという現象は、登校拒否（一時期、この言葉がよく用いられていた）児童生徒の数が 1966 年に調査開始されてから 50 年以上にもわたって、ずっと問題であり続けている。

　さらに、森田洋司は、「不登校の全体像は、統計基準にはいたらないものの『グレーゾーン』ともいうべき部分がその外側に広がっており、（中略）人々の認識にものぼらず、指導の対象ともされにくい部分」があると述べている[2]。

　しかも、学校現場では、不登校のみならず、学級崩壊、暴力行為やいじめ、児童虐待など、激しい表出の仕方をする問題への対応も求められている上、不登校は子どもの人生の一つの選択との考え方と、積極的に働きかけることだけでなく静かに見守る時期が必要な不登校もあり、他の問題への働きかけに比べると、不登校への働きかけが優先されることは難しい。その結果、長期欠席児の中には、教育を受ける権利から遠ざけられたままの子どもがいる。

こうした子どもたちへの学習権保障をどうしていくかが問われている。

② あらたな不登校対策の必要

　再掲『令和元（2019）年度児童生徒の問題行動・不登校等生徒指導上の諸課題に関する調査』は、不登校の要因を「本人に係る要因」と「学校、家庭に係る要因」の２軸で示している。そして、要因の一つに挙げられている「家庭に係る状況」とは、家庭の生活環境の急激な変化、親子関係をめぐる問題、家庭内の不和等となっている。本研究で取り上げる養育が困難な家庭の子どもの不登校は、家庭における養育自体が崩れていることによる不登校である。これまで不登校の要因の項目として挙げられている人間関係・非行・無気力・不安・いじめ・学業不振・進路・学校不適応・家庭に係る状況などだけでは分類や区分は難しく、子どもの状況も深刻さを増しており、これまでとは質の違う不登校であると認識している。

　不登校児童生徒のためには、適応指導教室や登校支援員、スクールカウンセラーの活用などがなされている。また、国の施策による学校設置非営利法人による学校や、IT等の活用による不登校児童生徒の学習機会拡大事業などを利用している子どもも当然いるはずである。しかし、学校教育以外を含め、学習環境を手にできていない子どもたちがどれほどいるのかは定かではない。また、不登校について調査が開始されてから50年が経っており、自身が不登校を経験した保護者とその子どもについて、さらに、1970年代に把握されていた接近困難家庭（後述）に育った保護者とその子どもについても、不登校の現れ方に関連があるのではないか。今後検討していく必要があるだろう。これまでとは質の違う不登校の増加に対しては、これまでとは違う対応が求められると考える。2017年2月、不登校の子どもの支援を進めることを目的とした新たな法である「教育機会確保法」が施行されたところである。

　本研究では、年度間に連続又は断続して30日以上欠席している「長期欠席」を「不登校」として扱う。本章のタイトルを「長期欠席」ではなく「長期不登校」としたところには、学校教育の問い直しへの思いも込めた。

（3）「養育困難家庭の不登校」への注目

　小学校・中学校を長期欠席している子どもとかかわる新しい仕事として、スクールソーシャルワークがある。基礎的な教育を身につけていない、また、身につけることが困難な子どもたち、義務教育制度によりすべての子どもが学校教育を受けられるはずなのであるが、学校に通っていない上学校教育に代わる教育を手にすることができない子どもの存在は少なくない。

　小学校・中学校のスクールソーシャルワークではさまざまな相談に接するが、子どもが学校を休みがちになっていくということが、子どもとその家庭が何か課題や困難を抱えているだろうことに気づく大きなサインとなっている。不登校への支援という相談から始まったスクールソーシャルワークにおいて、長期欠席のなかで教育にたどりつけない子どもとかかわることが少なくない。ここに、本研究で取り上げる「養育困難家庭の不登校」[3]の子どもと家庭のありようを記しておきたい。

　養育困難家庭の保護者は、支援者の働きかけを無視したり拒んだり攻撃的であったりと、とにかくかかわることが難しく相談関係を築きにくい。子どもも保護者も学校からの連絡や訪問にほとんど応えることがない状況の中で、子どもの欠席は年単位におよび、学校を含め支援機関が子どもの姿を見ないまま半年が過ぎてしまうようなことも起こっている。

　家庭訪問で中の様子を見ることができるときの多くで、部屋の中は散らかり放題、家庭で調理している様子はなく、いつも買ったものの食事であろうことが想像できる。なかには、1日1食か2食の食事しか得られない子どももいる。いつ寝ていつ起きるかは、その日その日による。布団は敷きっぱなしのままであり、子どもが寝る時にパジャマに着替えるといった習慣はない。子どもが足を伸ばして寝られるのだろうかと心配になる家庭もある。衣類の洗濯をしている様子もなく、子どもはいつも同じものを着ている。お風呂に入ること、シャワーを浴びることも稀な様子で、朝起きて顔を洗うことや歯を磨くこと、髪をとかすといった習慣も見られず、臭いがするといった不衛

生な状態である。家中たくさんの物が散乱しているのに子ども自身の物は極端に少なく、身体が大きくなるにつれ履ける靴がなくなってしまったりする。そして、学校に行かないからといって家庭で学習できるはずもなく、学力面において大きな課題を抱えることになる。

　家庭の中でも会話らしいものはない。親子間、なかには、兄弟姉妹間においても、家庭内で無縁状態となっている。家庭の中に本の類はほとんどなく、子どもはゲームなどをして毎日時間を過ごしている。子どもが家から出かけることはあまりなく、人とかかわる機会もなくなり、遊ぶこともできない。保護者が子どもに関心を寄せずかかわらなくなると、子どもはさまざまな生活経験を積むことができなくなる。

　何よりも、丁寧なかかわりをしてもらえないなかで、子どもは自分の気持ちを表す機会が乏しく、次第に気持ちをまとめていくこともできなくなる。今日は１食だけなのか２食食べられるのか、その時になってみなければわからないような不規則な生活のなかで、先のことを考えることができなくなり、願いなどを持つことができなくなっていくのである。スクールソーシャルワークでかかわったある小学生から、大人になったら自分も保護者のように生活保護を受けて暮らしていくから何も困らないと聞いた時には驚愕した経験がある。

　こうした子どもや家庭の生活実態からみえる「養育困難家庭の不登校」の焦点化できる特徴として、家庭としては、支援を求めない・人とのつながりが弱く孤立している・密室的に虐待が起こりやすい・祖父母世代からの課題を引き継いでいる・衣食住をはじめとした生活の土台が崩れている・日々の生活を豊かにしていこうとする工夫など文化的な要素が見受けられない、ことなどが挙げられる。また、特に子どもとしては、学習できる環境を得られない・長い不登校でただ今日が明日に移っていく生活（目的や意欲がなくなっている）を送っている・さまざまな経験の積み重ねができない・自尊心が著しく低いなどといったことが挙げられる。

　1990 年代初頭以降続く経済停滞によりもたらされている生活基盤の脆弱化という社会背景のもと、保護者の身体的、知的、精神的な課題、ひとり親

家庭、親以外の人による子どもの養育、外国につながる保護者やその子ども、家族機能不全の家庭など、家庭の内部にはさまざまな葛藤や困難が生じている。こうした状況の中、養育力に課題がある保護者のもとで育つ子どもの不登校としての「養育困難家庭の不登校」の子どもが大変増えてきていることを実感している。

　また、一つの家庭に複数子どもがいる場合など、上の子どもが不登校であると、下の子どもはさらに早い段階から不登校になることがあったりする。学習していける家庭環境にない場合、子どもが幼ければ幼いほど、学校教育に参加できないことの不利は大きくなっていってしまう状況がある。

（4）「養育困難家庭の不登校」は「社会的排除の問題」

　現在では、さまざまなタイプの高校が用意されており、そのカリキュラムもユニークなものとなっている。前掲『令和元（2019）年度学校基本調査』および『令和元（2019）年度児童生徒の問題行動・不登校等生徒指導上の諸課題に関する調査』では、中学3年生において、不登校生徒の占める割合は約4.4％であることがわかるが（全中学3年生1,082,233人のうち不登校生48,271人）、高校進学率は98.8％の高さを示している。この数字からは、不登校を経験しても進学はできると捉えることができるかもしれない（ただし、高等学校の通信制課程（本科）への進学者を除く進学率は、95.8％となっている）。

　しかし、本田由紀は、事前に競争を回避する推薦入試やAO入試、内部進学などを挙げ、「……実質的無選抜状態のみに着目すれば、『学力』に基づく選抜は緩んでいるように見えるが、『学力』による選抜や競争の強度自体が、『学力』に基づく階層構造内で個々の教育機関や生徒が占める位置によって規定されていることから、依然として『学力』という基準は学校教育制度の内部を強く支配している」と述べている[4]。

　また、山田哲也は、2009年のPISA調査から日本の課題として、「社会経済的な要因が学力に与える影響が、入試難易度によって序列化された高校間格差を媒介に生じて」おり、「水準の観点から看過できない読解力レベル2未満の学校には社会経済的に不利な立場にある生徒たちが集中している」と

分析している[5]。

　そして、岩田正美は、2003年に実施された「大阪フリーター調査」から、「学校の出口の問題よりも、『学校に上がってすぐ』といった早い時期から生じている『勉強がわからない』ことや、そもそも家庭に問題があって学校に出られない『脱落型不登校』の状況が問題である」ことを指摘している。つまり、「移行期の問題以前に学校からの排除がある」とし、この調査で生育家庭の経済的困難が常態的にあったと考えられる事例があるとの指摘を受け、「社会的排除の形成が、社会参加からの『引きはがし』だけでもなければ、移行期の『中途半端な接合』だけでもなく、『中途半端な接合』の常態的再生産でもあることが、読み取れるのである」と述べている[6]。

　子どもが不登校となれば、おのずと友人関係は狭くなり、学習理解は困難で学業成績も上がらない上、学力社会のなかで合格可能性のある受験をすることによって、子どもたちの将来が振り分けられていると言える。さまざまな理由により養育力に課題がある家庭に育つ子どもの「養育困難家庭の不登校」にとって、不登校といった人生の早い段階の不利は単に「進路の問題」ではなく、彼らのライフコース全体を通した「社会的排除の問題」と言わざるを得ない。

2．研究の対象と視点

（1）「養育困難家庭の不登校」を研究対象として取り上げる意味

① 支援を求めない子どもや保護者対策を視野に入れる

　働きかけても応えてはもらえない、支援を求めない、連絡をとることさえも難しい保護者や家庭のもとに育つ子どもたちにとっては、適応指導教室やスクールカウンセラー事業といった資源さえ利用することは難しい。保護者の社会階層の不利とかかわって現れる不登校の子どもたちについて、青木紀は、「いわゆるフリースクールが『認知』され、学校批判が普遍化しつつあるなかで、しばしばマスコミなどが取り上げる、主張を堂々と述べるような『不登校』児童とは異なった問題を抱えていることは、ある程度推測される

だろう」と述べている[7]。

　小倉襄二他編『社会福祉の基礎知識』（1973年、有斐閣）において、社会福祉領域における問題点と課題を整理しているなかに、「多問題家族へのアプローチ」と「接近困難なクライエントへのアプローチ」というコラムがあるが、そこでは、問題解決のための支援を無視・抵抗・拒否するものや、客観的にみて問題をもっているのに援助的接近が困難であるものなどの記載がある[8]。実際、社会福祉現場では、そうした相談者をなんとか支援に結びつけようと、四苦八苦しながらもかかわりを重ねてきている。一方、学校教育現場では、子どもと保護者に「指導」がなされ、これまでそうした「指導」が効いていた領域なのかもしれない。だが、そうした「指導」を受け入れ「指導」どおり実践できるためには、自分自身で考えたり、自律的に行動できることが前提となるだろう。そして、学校教育現場にも、接近困難家庭が増加してきているのである。

　さらに、苅谷剛彦は、「ほかならぬその（教育：筆者）改革が、『個性尊重』やゆとりの拡大の名のもとに、個人が自己と向きあう向きあい方、自己のとらえ方にまで、階層の影響が及ぶ土壌をつくりだしている」と述べている[9]。

　これまでの教育改革およびその施策としての不登校対策は、問題解決のための支援を求めない子どもや保護者を対策の視野に入れてきただろうか。職業や収入、家族の生活のあり方における保護者世代の社会的不利は、子どもの学校生活における不利と深く関連している。

② 子どもの人権の中心である学習権を保障する

　国民の学習権のなかでも、子ども・青年の学習権を人権構造のなかでとりわけ重要なものと位置づけている堀尾輝久は、「子ども・青年にとって学習の権利は、その人間的な成長と発達の権利と不可分一体のものであり、発達と学習の権利は、おとなとは違った存在としての『子どもの権利』の中心をなす。その上、子どもの発達と学習の権利が保障されない場合には、やがてその子が成人して行使する諸権利（生存権・労働権・参政権等）も空虚なものになるという意味で、子どもの学習権は、まさしく人権中の人権、その他の

人権を内実あらしめるための人権だと考えられる」と述べている[10]。しかし、子どもの学習の権利は、子どもが将来成人したときの権利行使に重要であるだけでなく、子どもの今である子ども期の権利行使にとっても重要なはずである。就学率が100％に近いと捉えるよりも、25万人という長期欠席児童生徒およびその外側の「グレーゾーン」に属する子どもに対して、どのように学習を保障していくのかを考えなければならない。子どもの学習権保障は、子どもの生存権保障でもある。

　また、増山均は、「子どもの教育についての責任は第一義的に親にあるが、親の教育観と生活格差の違いによって、親の恣意や、時にはその偏見によって、その持てる経済力によって子どもの生活や教育が分断されていく」と述べている[11]。子どもの人格や能力などの発達は、どういう保護者のもとで育つのかということの影響を受ける。子どもの成長・発達過程の不平等に対して、どのような家庭で育とうとも学習を保障していくことを考えていかなければならない。

　そして、子どもの状態は子どもが育つ家庭の生活状況を反映しているが、保護者が健康で文化的な生活を営めないなかでは、子どもの健康的な成長・発達は厳しく、学習を保障されることは難しいと言えるだろう。子どもの生存権と深くかかわる学習権を保障するためには、子どもの保護者の生存権を保障することが求められる。

　子どもの発達段階に適した学習を保障していくことは、子どもの未来に大きくかかわることである。そして、子どもが育つ家庭が健康で文化的な生活を営めることが、子どもの発達と学習を保障する条件となる。子どもの成長・発達のためには、学習権保障を教育固有の問題とせず、福祉や文化を含めた視点で捉え、家庭全体を視野に入れた働きかけが必要だろう。

③ 学習権保障における学校の価値をあらためて認識する

　「養育困難家庭の不登校」の子どもとかかわるなかでよく感じることは、不登校となる前までに学校で学習したことが子どものなかに残っているということである。このことは、経済状況や学習環境が良いとは言えない家庭において、子どもの成長・発達に対し学校教育がいかに大きな役割を果たして

いるかを考えさせられるものである。

　また、登校を再開した子どもが教師によるケアとも呼べるような細やかな
かかわりを受けるなかで、それまでの不登校の間に低められてしまっている
自己肯定感を徐々に取り戻していくことも確認している。学校給食による食
育や、保健室における保健など、学校にはさまざまな福祉機能が存在しても
いる。

　さらに、前節（3）で、小学生が自分も保護者のように生活保護を受け
ながら生きていけばいいと考えていることに愕然としたという経験を記し
た。すでに、子どもは自分自身で自分の人生を切り開いていこうとする意欲
がなくなってしまっているのである。子どもは親の背中を見て育つというが、
「養育困難家庭の不登校」の子どもには、是非とも家庭の外の世界でさまざ
まな人たちの中に混じり、自分自身の力を培い、夢や希望をつむいでいって
欲しいと考えている。そのもっとも身近な世界が学校だと思うのである。

　しかし、スクールソーシャルワークにおいてかかわりのある不登校の子ど
もを、やみくもに学校教育につなごうとしているわけではない。第5章で
も取り上げるように、社会教育や地域福祉の資源を活用する場合も多いのが
現実である。だが、困難な状況にある子どもをささえる実践として、子ども
や家庭にとって最も身近な学校教育へのアクセスが、学習権保障への近道で
はないかとも考えている。学校教育は、教育のみならず、人生におけるさま
ざまな基礎の確立、また、生涯にわたって学習機会を得ていくためには大変
価値の高いものであると考える。

④ 困難度が高い子どもを通してすべての子どもを見る

　文部科学省の「スクールソーシャルワーカー活用事業」の趣旨には、「い
じめ、不登校、暴力行為、児童虐待など、児童生徒の問題行動等については、
きわめて憂慮すべき状況にあり、教育上の大きな課題である」とあり、「不
登校」、「いじめ」、「児童虐待」、「非行」、「学級崩壊」、「暴力行為」、「貧困」
などがスクールソーシャルワークの研究テーマとなっている。こうした子ど
もが表す事象面の課題において、そのすべての要因ともなりうる家庭の「養
育力」を本研究では取り上げる。

　さまざまな要因による家庭の養育力の低さは、子どもに生きることそのものを難しくさせる。子どもの貧困問題もクローズアップされているように、社会背景が激変している中で育つ子どもの状況は厳しい。子どもや家庭が抱える課題解決への対応を図っていくスクールソーシャルワークにおいて、10分の10の支援が必要な困難度が高い子どもに注目することは、10分の1の支援でよい、そこまで困難度が高くなっていない子どもへの働きかけを豊かにしていく上でも重要である。福祉は、特別な事情を抱える人のものではなく、すべての人のものであるはずだ。

（2）学習権保障のためのスクールソーシャルワークのあり方の探求

　上述してきた問題意識と実状、および先行研究の知見のもとに、本研究は、子どもの学習権保障[12] という観点から、どの学校や学級にも当たり前に生じる状況として日常化している不登校のなかで、特に、養育課題がある家庭等において長期不登校となっている子どもの学習権をいかに保障していくのかについて、スクールソーシャルワークのあり方を探求しようとするものである。

　文部科学省等が示すように義務教育就学率をほぼ100%と捉えるのか、小中学校における長期欠席児童生徒数が25万人にも上ると捉えるのかは、不登校問題への対応に違いを生む。長い間ずっと問題であり続けている不登校への対策は、子どもの学習権保障として不十分であると言わざるを得ない。困難な状況下に置かれている子どもこそ、教育が重要な役割を果たすと考える。その際、学校教育に代わる教育を手に入れにくい家庭に育ち、学校から離れていってしまいやすい子どもにこそ、義務教育を受け取れるように保障していかなければならない。義務教育は、誰もが等しく手に入れられるはずの、人の一生における大きな財産であり、セーフティーネットである。

　教育のセーフティーネットとしての義務教育保障をしていくこと、子どもの学習権保障のためには親世代子世代双方へ生活面を整える生存権保障をしていくこと、教育と福祉が連携する必要がある。これらのためには、学校を拠点に、教師らと協働、福祉関係機関や地域の人々と連携し、教育と福祉を

つなぐ役割を担うスクールソーシャルワークにおいて、いかに長期不登校の子どもの学習権保障を実現していくかを探求していくことは大変重要である。しかも、2008年度からの「スクールソーシャルワーカー活用事業」においても、不登校相談が最も多い相談内容になっているのである。

　ソーシャルワークの中でも、スクールと結びつくスクールソーシャルワークは、学校現場の教育課題の解決や軽減だけでなく、学校を基盤として家庭や地域と結びつきながら、子どもの学習権保障とその環境づくりに向けた、具体的な福祉の営み自身を示すものなのである。

3．先行研究と本研究の課題

（1）スクールソーシャルワークに関する先行研究の整理

① スクールソーシャルワークをめぐる今日的研究動向と到達点

　スクールソーシャルワーク研究の中心となる学校ソーシャルワーク学会の学会誌『学校ソーシャルワーク研究』は、2007年3月に発刊されて以来、第2号から査読による投稿論文を掲載している。学会誌第2号から第15号までの掲載論文（研究ノート・研究動向・実践報告・調査報告・海外動向を含む）78本の研究テーマを概観してみると、スクールソーシャルワークの人材養成、配置形態、活用事業報告に関するものが17本と最も多く、海外（アメリカ、英国、カナダ、韓国）の動向に関するものが12本となっている。これらは、2008年度から「スクールソーシャルワーカー活用事業」が開始され全国的にスクールソーシャルワーカーの配置が広がる中で、人材養成、配置形態や活用のあり方についての課題が生じていたこと、そうした課題について先進的にスクールソーシャルワーク事業に取り組んできた海外の動向について研究がなされたことによる。

　その他の研究テーマとしては、文部科学省「スクールソーシャルワーカー活用事業」の要綱に挙げられている「いじめ、不登校、暴力行為、児童虐待など、児童生徒の問題行動……」といったそれぞれの教育課題や、スクールソーシャルワーカーの職務として挙げられている「①問題を抱える児童生徒

が置かれた環境への働きかけ、②関係機関とのネットワークの構築、連携・調整、③学校内におけるチーム体制の構築、支援、④保護者、教員等に対する支援・相談・情報提供、⑤教職員等への研修活動等」を取り上げたもの、あるいは、スクールソーシャルワークと関連性が高い生徒指導や特別支援教育、スクールカウンセリング領域とをつなぐもの、スーパービジョンに関するものなど、スクールソーシャルワーク研究が積み重ねられてきている。

　こうした研究動向の中で、スクールソーシャルワーカーが関わる相談で最も多いのは「不登校」なのだが、「不登校」に関するものは５本のみであった。本研究と重なるテーマをもつ安部計彦（2015）「子どものネグレクトと不登校の関係」は、ネグレクト事例と不登校との関連を全国の市区町村を対象にした量的調査により分析している。また、ソーシャルワークの一領域であるスクールソーシャルワークの特異性として、「子どもを学びにつなぐ」というものが挙げられるはずであるが、学習権保障をテーマに取り上げたものは見当たらない。本研究では、「不登校」と「学習権保障」について、答えが一つではない支援において試行錯誤を繰り返しながら積み重ねる実践に注目する。そして以下では、本研究との比較や関連から特に４名の研究者を取り上げておきたい。

　門田光司は、スクールソーシャルワークと重なりを持つ特別支援教育の視点を取り入れながらスクールソーシャルワークを捉えている。門田は、「日本の『学校』教育制度・文化、児童生徒問題に根付いたソーシャルワーク実践を希求しているため、（「スクールソーシャルワーク」ではなく：筆者）『学校ソーシャルワーク』という用語を使用してきた」と述べている[13]。また、「大切なのは学校でソーシャルワークを実践する、ということです」と述べ[14]、「学校サポート」ということを重視している。これについては、教師らと協働し、「学校を活用した子どもサポート」ということに重きを置きたいと考えている。

　スクールソーシャルワークと重なりを持つ生徒指導からスクールソーシャルワークを捉えようとしている鈴木庸裕は、「学校ソーシャルワークは教育管理における生徒指導の実態に変革を求めるという学校改革の指向をもつ」と述べている[15]。また、「教育と福祉の協働は、……社会（他者）へ自由に

依存できる権利に裏打ちされた学校生活の創造をめぐり、教師にとって、福祉との結節点は子どもたちとの新しい出会いになるのではないだろうか」[16)]と述べている。筆者も、教師が福祉の視点と出会い、その視点を取り入れることで、より子どもの権利を重視した新たな教育実践を生む可能性があると考えている。

　門田と鈴木はともに、日本学校ソーシャルワーク学会の前身である「学校ソーシャルワーク研究会」立ち上げの時代から、スクールソーシャルワーク研究の活性化や蓄積と人材の養成に尽力してきた研究者であり、スクールソーシャルワークを教育の領域から捉えようとしてきた。一方、スクールソーシャルワークを福祉の領域から捉えようとしている研究者として、内田と山野を取り上げたい。

　内田宏明は、「学校教育領域と社会福祉領域とが重なり合う場、あるいは交換する場として『学校福祉』分野を設定し」、「学校福祉の対象は学校に在籍するすべての子ども」であると述べ[17)]、学齢期にある子どもの生活の要素を大きく占める学校における取り組みの重要性と可能性に注目している。これについては、学校を活用するソーシャルワークでは、学校に在籍している子どもの兄弟姉妹や子どもにとって大きな環境である保護者も支援の対象にできると考え、また、「学校福祉」をより広く捉え「教育福祉」として考えている。内田は、特定非営利活動法人日本スクールソーシャルワーク協会ホームページに掲載されるスクールソーシャルワーカーの公募について、多くの自治体がスクールソーシャルワーカーの間接支援を重視していることに強く反発をしている。筆者としては、間接支援の重要性を十分に認識しつつ、しかし、その中心である直接支援により重きを置く必要があるだろうと考えている。

　山野則子は、「学校現場にＳＷ（ソーシャルワーク：筆者）実践を明らかに示し、承認され評価される必要がある」と述べ[18)]、プログラム評価の理論を援用して、スクールソーシャルワーク実践の効果モデルの開発・形成を試みている。山野は、国の政策にもかかわり、スクールソーシャルワーク研究を牽引している存在であろう。後述するように、筆者は、対人実践の最も重要な部分は、人と人とのこまごまとしたかかわりのなかにこそあると考えてい

る。山野の「客観主義とエビデンス主義」に基づく研究方法とは異なる層で、第三者からは見えない、客観的には表すことができない、その人と人とのかかわりに立ち入るための方法として、本研究ではエピソード記述を取り上げた。

②　山下英三郎の実践と理論

　ここでは、山下英三郎の実践と研究への評価について述べたい。わが国におけるスクールソーシャルワーク実践に関して、初めてスクールソーシャルワーカーという肩書を持って活動を開始した山下英三郎による研究を、日々のスクールソーシャルワーク実践の手掛かりとしてきた。それは、山下の著書や論文等のテーマには、「子どもたちとの関わり」「子どもたちと歩き続けて」「子どもたちの真のパートナーをめざして」「子どもにえらばれるための」「子どもを中心にすえた」「不登校児たちの伴走者として」などという言葉が並び、その中身も「子どもは一個の人格として尊重され、ＳＳＷｒ（スクールソーシャルワーカー：筆者）は彼らのパートナーとして協働して問題解決に臨むという姿勢を保持する」[19] という視点が強調されており、理論の背景には常に子どもの姿を想像できるからである。

　山下は、1986 年から埼玉県所沢市において実践活動に着手したスクールソーシャルワークについて、「ワーカーは、家族や教員が対応に窮していた行動上の問題をもつ子どもたちと、登校拒否で家族以外の者とは接触することを拒むいわゆる引きこもり状態にある子どもとその家族との関わりを中心にした活動を展開する」ものだったと述べており[20]、本研究のテーマとも重なる。また、第 1 章では「家庭訪問」について取り上げるが、山下も、「活動の形態は、家庭訪問を中心とした」と述べている[21]。

　スクールソーシャルワークの実践と理論について山下は、「科学性を前面に打ち出した理論や実践が、必ずしもクライエントの最善の利益につながるものではなく、……多様な個性を有し、周囲との不断の交流を続けながら思考や行動を選択する人々の、柔軟性や可変性を削ぎ落して、個々の葛藤を解決しようというやり方は、豊かな感情や多様な関係を見落とすことにつながり、理論が生身の人間の肌触りから遊離させることに寄与することになりか

ねない」と述べ[22]、人間の感情や生活感と切り離された「客観的」で「科学的」な理論に警鐘を鳴らしている。一方で、学級崩壊をテーマにしてスクールソーシャルワークの「親と学校間の仲介モデル」構築を提言した大塚美和子の研究（2008）を取り上げ、「"当事者の声を丁寧に拾う"帰納的な方法に基づいて実証を試みるという姿勢が貫かれ、ややもすると援助者主導で非人間的で機械的なツールに陥りがちな理論モデルに人間的な温もりを与えることに成功している」と賛辞を送っている[23]。筆者は、こうした山下の実践の位置づけと評価の仕方に大いに賛同している。

　山下は、理論が技術論に走ることへの警戒から、「スクールソーシャルワークの実践においては基本的な価値観や対象理解のための枠組みが重要だとするスタンスをとり、ミクロレベルにおける理論には拘泥しないとする立場をとってきた」という[24]。しかし、「筆者にとっての最善の実践とは、クライエントが抱える課題の重さに為す術さえ見出すこともままならずたじろぎつつも、彼・彼女と共に協働して課題に取り組んだと言う実感がもてたかかわりであった。たとえ望ましい解決に至らなかったとしても、そのような瞬間にはクライエントとワーカーとは確かな手ごたえを共有することができたという思いがある」とも述べている[25]。

　これら山下の記述からは、山下が、単に技術論に走ることへの警戒からだけで、ミクロレベルにおける理論には拘泥しないとする立場をとってきたのではないと考える。ミクロレベルの理論への拘泥は、大局を見誤る可能性、広い視野からの位置づけ、客観的な評価を見失う危険性があるとの認識を持っているものと推測する。

　こうした山下の立場を前提としながらもこれを超えて、そのミクロレベル実践の理論にこだわりたい。なぜなら、ミクロレベルにおける当事者とスクールソーシャルワーカーのかかわりや交流の中にこそ、重要なものがあるからである。そこには、当事者とスクールソーシャルワーカーや周囲とのかかわりあいの中に生まれるさまざまな感情や思い、多様な関係、当事者それぞれの生活と支援のいとなみといった、生身の人間同士の間で起こるものがある。本研究は、実際のスクールソーシャルワーク実践を手掛かりとした。実践におけるミクロの部分に注目し、そのなかに実践と理論の結節点を見出し、

当事者のニーズに沿ったミクロレベル実践の理論化を試みたい。

（2）本研究の着眼点

① 支援のいとなみを明らかにしていく

　日々のスクールソーシャルワークの中で、支援は子どもたちとの関係の中で練り上げていくものである、と筆者は考えており、支援のありようやスクールソーシャルワークのいとなみそのものを明らかにしたいと考える。数字では表せない、"どのようなことが起こっているのか、なされているのか"という問いに答えること、こまごまとしたことの中にこそ物事の本質が含まれていると考え、実践現場のリアルな姿に光を当てたい。スクールソーシャルワーク先行研究を概観してみると、理論研究とともに、ガイドやマニュアル、テキストや事例集といったものが積み上がってきている。しかし残念なことに、個別事情に則した対応を教育学的観点から捉えている研究がほとんどないことが気になる。そこで、一つひとつの事象のもつ重みとそこに子どもが生きているということ、現場の現実を提示したい。

　現在、全国的にスクールソーシャルワーカーの配置が急速に広がり、スクールソーシャルワーカーの養成課程も林立している状況がある。スクールソーシャルワークをめぐる実践的な共通基盤が求められる今日、それぞれのスクールソーシャルワーカーが支援のいとなみの手掛かりとできるものとして示していきたい。

②「子どもや親に直接会うな」発言への疑問

　スクールソーシャルワーク自体は、スクールソーシャルワーカーが雇用される自治体や個別の学校あるいは地域資源等によって、さまざまな形が見受けられる。子どもや保護者への直接支援をするスクールソーシャルワークや、子どもや保護者への直接支援は行わず学校で管理職と話をすることや教師へのコンサルテーションや研修が主な仕事となっているスクールソーシャルワークもある。スクールソーシャルワーカーを雇用している各教育委員会や学校が、スクールソーシャルワーカーの活用方針を決めている実態がある。

2014年8月に閣議決定された「子供の貧困対策に関する大綱」の重点施策のなかに、スクールソーシャルワーカーの大幅な増員が盛り込まれ、各自治体や個別の学校でスクールソーシャルワーカーの配置、増員が広がっている。したがって、大学や養成校におけるスクールソーシャルワーカーの養成、および、現場での研修や教育といったスーパーバイズ体制の構築は喫緊の課題であると言えるだろう。

　こうした状況のなか、2016年日本学校ソーシャルワーク学会（於：法政大学多摩キャンパス）2日目の口頭発表会場において、「教師ができるようになればいいのだから、子どもや親に直接会うな、とスクールソーシャルワーカーにスーパーバイズしている」というフロアーからの発言があった。これについては、スクールソーシャルワーカーと教師の働きかけは同じものだと考えているのではないか、あるいは、スクールソーシャルワーカーは教師の仕事の補完をするものと考えているのではないか、という批判的意見をもっている。

　第1章で取り上げる「家庭訪問」の場面で、子どもは玄関を開けてくれなかったけれど、大きな声で外から話しかけたのでメッセージは聞いてくれていると思うと、教師が話すのを聞いたことがある。その時、スクールソーシャルワーカーなら、子どもが住んでいる環境にできるだけ影響を与えないよう、訪問した旨メモに残してポストにそっと差し入れるかもしれないと考えた。この教師と違って、こまやかに配慮する教師はたくさんいるが、現地集合での家庭訪問を設定した時に、待ち合わせ場所を訪問先に指定する教師は多い。スクールソーシャルワーカーなら、見ず知らずの人がそこにいること、集まってくること自体が気になる、また、人が待ち合わせているその家には何かあるのだろうかなどと気にする近隣もいるだろうことを考え、訪問先の目の前ではなく少し離れたところを待ち合わせ場所にするだろう。子どもや親にダメージを与えてしまっては、その先でかかわることができなくなるからである。

　こうしたことは、教師と協働する際に感じる子どもや家庭への働きかけの違いの一例にすぎないが、子ども自身や子どもを取り巻く環境への理解や働きかけについて、教育職の教師と福祉職のスクールソーシャルワーカーの間

にずれがある一つひとつの場面などにおいてこそ、教師とスクールソーシャルワーカーが協働することを通して、子どもの権利保障の視点に立ったよりよい教育のあり方を追求していけるものと考えている。

③ 子どもの生活と学びの場を広く捉える

　第5章で取り上げる「地域」についても触れておきたい。家庭とともに、学校は子どもが一日の大半を過ごす場である。しかし、地域も子どもの生活の場なのである。スクールソーシャルワーカーは、子どもの生活と学びという視点からさまざまな資源の活用を試みる。以前、養育困難家庭で数年間不登校となっていた子どもが、ようやく週に1日ほど学校に来ることができるようになったときのことであった。学校以外にも子どもの生活と学びをささえる場や人々にその子どもをつなげたいと思い、地域にある児童館や子どもの居場所の活用を考えた際、子どもの在籍校の校長に叱責された経験がある。教師らは、とにかく学校に連れて来てほしい、学校で何とかしたい、何とかしていこうとの気持ちを強く持っているように思う。スクールソーシャルワーカーは、より子どもの生活全般を考え、インフォーマルなものを含めて学校以外の資源も活用していく。どんなに教師らが子どもをささえようと頑張る気持ちを持ってくれていても、学校ではどうにもならない時間帯や季節がある。教師や施設の職員には異動があるが、子どもが生活する地域の人々はずっとそこに居続けて、場合によっては子どもがおむつをしているような時からその子どもを知って、気にもかけてくれる人々なのである。学校は徐々に地域資源、民間資源を活用していくようになってきているが、学校という枠を超えた「地域」を子どもの生活と学びをささえる場として捉えていく。

4．本研究の方法

（1）スクールソーシャルワーク実践を手掛かりに実践の理論化を目指す

① 現場と研究を行き来する者として

　これまで筆者は、現場で実践しながら大学院で研究を続けてきた。始めは

現場での実践が先であったが、現場でさまざまな人の生にかかわることの中で立ち上がってくる問い、例えば「子どもが育つ」とはどういうことなのか、人を「理解する」「支援する」とはどういうことなのか、「今、目にしているものは何なのだろうか」といったいくつもの問いに対する答えを探りたいと思い、大学院での研究を始めた。

　現場は、きれいごとでは収まらず矛盾に満ちている。そうした現場での実践の中から問いを立ち上げてこそ、研究を広げ深めることができると考える。一方で、研究知見の積み重ねがあってこそ、現場の事象を捉える視点が深まり、実践そのものを豊かにしていくことができるとも考えている。実践から立ち上がる問いを研究的に煮詰め、そうして得た研究的な視点を持って再び実践にあたるというように、実践と理論の循環によって現場と研究の双方が豊かになっていくものであると考えている。

　しかし、学会誌などでは、実践研究は「実践報告」などとして末尾におさめられ、投稿する際の文字数も「論文」より少なく規定されており、理論研究よりも価値が低いものとして扱われていると言わざるを得ない。使用する文言も平易なものでまとめることができるために、アカデミックではないとの判断をされる場合もあるように思う。重要なのは、研究者が何に価値を置いているのか、また、評価者が何をアカデミックとするのかということであると考える。

　実践と理論の関係をこのように考え、実践現場と理論研究は等しい価値を持つものであるとの認識に立った研究方法で、本研究を論じていく。

② **実践的研究方法——実践に根拠を置く**

　スクールソーシャルワークの原理は、スクールソーシャルワーカーが、問題を抱えた人とその問題の解決を目指して共に歩む実践経験の積み重ねから、その過程および技術の基本的で共通している要素を取り出して秩序立てるものである。さらに、実践現場では、つねに新たな実践がつくり出されていく可能性があり、実践が既成の理論におさまらない場合もあり得る。したがって、スクールソーシャルワークの理論は、スクールソーシャルワーカーの実践と離れて抽象的に進展するものではなく、スクールソーシャルワーカーの

実践に根拠を置いて論じる必要があると考える。また、こうした方法をとる実践的研究が、スクールソーシャルワーカーの専門性の向上に寄与するものになると考える次第である。

　こうした問題意識から先行研究の実践報告や事例研究などをみてみると、前掲『学校ソーシャルワーク研究』にはこれまでに 6 本の実践報告がある。また、事例を多く取り上げ、支援の経過などを丁寧に記している門田光司・奥村賢一による『スクールソーシャルワーカーのしごと──学校ソーシャルワーク実践ガイド』(2009 年、中央法規出版)や『スクールソーシャルワーカー実践事例集──子ども・家庭・学校支援の実際』(2014 年、中央法規出版)などは、日々の実践に大いに参考にしてきた。さらに、毎年文部科学省がまとめている『スクールソーシャルワーカー活用事業実践活動事例集』のなかでも、各都道府県の「スクールソーシャルワーカー活用事例」が積み上がってきている。しかし、そのほとんどは支援者側から支援の経過を記したものである。筆者は、スクールソーシャルワーカーが、問題を抱えた人とその問題の解決を目指して共に歩む過程、スクールソーシャルワーカーと子どもや親との関係性の中で動いていく支援のありように注目する必要があると考えている。

　以上のような視点から見た場合、こうしたことが記されているのは大田なぎさ (2013-2014) の実践 (日本子どもを守る会編『子どものしあわせ』に連載)[26] 以外には見当たらないので、大田の実践記録を手掛かりにしてスクールソーシャルワークの理論を検討する。大田の実践報告は、働きかけられることを求めていないような困難度の高い不登校の子どもとのかかわりをいくつも取り上げている。そこには、今を生きる子どもや親の姿がリアルに捉えられており、その姿は、アセスメント資料などにまとめられているような静止した人物ではなく、生きて動いている人物である。また、子どもや親の姿ばかりではなく、その子どもを受け止める支援者の姿勢や子どもを前にして感じるさまざまな思い、子どもと支援者の関係のありようや複雑な現実が描き出されている。そこからは、目には見えないかかわりの中にこそ、もっと目を向ける必要を感じることができる。

　もっとも、スクールソーシャルワーカー大田なぎさの実践は大田の実践で

あって、スクールソーシャルワーカーの実践として一般化できるものではない。しかしながら、個人情報保護や守秘義務が強く課される福祉領域の実践にあって、刊行物となっているスクールソーシャルワーク実践を取り上げる意義は大きいと考える。日々のスクールソーシャルワークでは、さまざまな人々とかかわりあう。子どもや親の困難度が高いほど、彼らとのかかわりあいにおける自らの体験を論文化することは、研究倫理上難しいと言わざるを得ない。分析対象とした大田の「スクールソーシャルワーカーのしごと」は、子どもの名前や性別、年齢、家族構成などに修正を加えながら、事例ではなく一つひとつのエピソードを切り取って綴るという倫理的配慮がなされていることから、研究材料として取り上げた。

③ 研究手法の根拠──鯨岡峻の間主観主義的観察理論と接面理論

　大田は、日々のスクールソーシャルワークを通した子どもや親、教師らとのかかわりを、鯨岡峻著『エピソード記述入門──実践と質的研究のために』（2005 年、東京大学出版会）や『ひとがひとをわかるということ──間主観性と相互主体性』（2006 年、ミネルヴァ書房）などを参考にして、エピソード記述によって記している。

　対人場面において、人はそれぞれに相手の思いを感じとってかかわりあう。相手の思いが分かったり分からなかったり、共感したり誤解したりといった人間関係の機微が、対人関係を動かしていく。人と人とのかかわりあいの中で、喜びや悲しみ、驚きや感動、どうにもできないもどかしさや悔しさなど、さまざまな思いを伴う出来事が生まれる。出来事のほとんどは、日常場面のひとコマとして流れ去ってしまうものかもしれない。しかし、それぞれが固有な、相手と自分の存在とかかわりあいの中に、しっかりと心に留めておきたいと思う、深い気づきをもたらす体験をすることがある。エピソード記述は、そうした人と人との「あいだ」で生じているものを取り上げる。

　ここで、本研究が実践のミクロ部分にこだわり大田が記したエピソード記述を扱う上で、その根拠となる鯨岡理論を取り上げておきたい。

　鯨岡は、『関係発達論の構築──間主観的アプローチによる』（1999 年、ミネルヴァ書房）において、「子どもは発達する」という個体能力発達論のパラ

ダイムを批判し、「子どもは育てられて育つ」という関係発達論のパラダイムへ転換する必要性を明らかにした。その関係発達論の理論土台に他者とかかわりあって生きる人間存在の両義性を記し、研究者は行動科学の客観主義的アプローチを乗り越え、人と人との主観性の領域に踏み込む必要性と、そのためには間主観的アプローチが必要であることを指摘した。「間主観性」について鯨岡は、「一方の主観的なものが、関わり合う他方の当事主体の主観性のなかに或る感じとして把握されるこの経緯を、二者の『あいだ』に通底して、一方の主観性が他方の主観性へと移動する」ことと述べている[27]。対人関係の鍵を握る間主観的関係、つまり対人関係のミクロの領域に関与しながら観察し、間主観的把握を重要なデータ収集の方途とみなす。こうした観察態度の元に得られる重要な「発見」や「気づき」がエピソード記述という形で提示されるのである。

　また鯨岡は、『関係の中で人は生きる――「接面」の人間学に向けて』(2016年、ミネルヴァ書房)の中で、「接面」という概念を、「人と人が関わる中で、一方が相手に(あるいは双方が相手に)気持ちを向けたときに、双方のあいだに生まれる独特の雰囲気をもった場である」と定義し[28]、「養育であれ、保育であれ、教育であれ、看護であれ、介護であれ、あるいは臨床であれ、すべての対人実践は『接面』で営まれています。その接面で起こっていることは、その当事者には掴めても第三者には近づくことができません。つまり、対人実践の最も重要な部分は客観科学のパラダイムでは接近できない内容を抱えています。そこに入り込むには接面パラダイムに立つしかありません。そこに入り込むための手順の一つがエピソード記述であり、そこから生まれる研究が『接面の人間学』です」[29]、「エピソードを書く試みが、行動科学の客観主義とエヴィデンス主義に真っ向から対立する新たなパラダイムの提起に繋がるものだ」[30]と主張している。

　現場では、日々の実践のなかで、子どもや親をはじめとするさまざまな人の生の実相に接することになる。人とのかかわりあいを通して、時に、心を大きく揺さぶられるような出来事にも出会う。そうした出来事によって、子どもが抱える困難の大きさに心を痛めたり、反対に子どもの小さな変化を共に喜んだり、新たな気づきが得られたり、自分自身のかかわり方を振り返っ

たりもする。これらはすべて、一人ひとり違った固有名をもった人と人との間に生まれるものなのである。

④ 細かなところにこそ真実がある

　本研究で取り上げる養育困難家庭で長期間不登校となっている子どもへのスクールソーシャルワークは、子どもにも親にも会えないところからスタートする場合が少なくない。しかし、目の前の一人ひとり違う子どもの姿やさまざまなありようからスクールソーシャルワークを考えていきたいと常に思っている。

　スクールソーシャルワークを通して出会う子どもや親は、それぞれに違い、それぞれがもがきながら生きている。彼らの現実の姿を目にし、彼らと向き合い、日々の小さなやりとりを通して、いくつもの気づきを得てきた。その人の側からその人を見、その人の人生から学ばなければならないということは、スクールソーシャルワーカーとして現場を生きる中で得たことである。

　上述したように、日々のスクールソーシャルワーク実践の拠り所としてきた山下は、ミクロレベルにおける理論には拘泥しないとする立場をとっているが、本研究はミクロの理論にこだわる立場をとる。ミクロレベルのこだわりは大田実践への注目であり、ミクロの理論とは鯨岡の「接面理論」などを指す。大田の実践を手掛かりに、人と人との「あいだ」で生じているものに注目し、ミクロレベルにおける理論の構築を試みたい。そこには、ソーシャルワークの「いとなみ」があり、大切にすべき「価値」があると考える。大田が、描かずには済まされなかった出来事やかかわりあいの中にこそ、ものごとの真実や本質が含まれていると考えるからである。そのミクロレベル実践の中に実践と理論の結節点を見出していきたい。こうしたことが、「ミクロレベルの理論には拘泥しない」という山下理論を超えるための方法論でもあると考える。

⑤ 研究の課題と限界性

　エピソード記述は、その書き手が忘れ難い何がしかの感情が動いたことを取り上げる。しかも、誰が書いても同じものになる客観主義の枠組みから離

れ、書き手の主観を大切にするものである。したがって、研究方法としてのエピソード記述はその信憑性が課題となり、ありのままのエピソードを記すという、研究者自身の規律と誠実さが深く求められる。

　また、エピソード記述で記された実践を、スクールソーシャルワーカーの実践として一般化できないという限界性を持つ。しかし、書き手が心を揺さぶられたエピソードが提示する場面の事実は、読み手にもその場面のイメージを喚起する。書き手の体験の意味、そこから立ち上がる新たな問いや深い気づき、物事の本質、現場に身を置くからこその悩みといったものが、そのエピソード記述の読み手と共有できる可能性を持つのである。

　本研究では、こうしたエピソード記述が持つ課題と限界性、そして可能性を認識しながら、さまざまな要因から養育力が低くならざるを得ない家庭が増えている現在、子どもや親たちとスクールソーシャルワーカーの間に生まれる多様な関係や豊かな感情に注目し、そうした家庭で長期不登校となっている子どもの学習権保障のためにスクールソーシャルワークが何を目指すべきであるのか、スクールソーシャルワークの実践と理論をつなぎ、また、実践をどのように理論化していくかということを主眼において考察を進めていく。

（2）同和教育の歴史と実践に学ぶ

①　なぜ同和教育を取り上げるのか

　さまざまな理由により養育力が著しく低い家庭に育つ子どもの不登校を、「養育困難家庭の不登校」と名付けた。そうした家庭で長期間不登校となっている子どもの学習権をどのように保障していくのかを探るにあたり、同和教育が提起してきたものに注目した。それは、以下に示す問題関心による。

　同和教育は、部落問題が提起する教育課題にこたえる教育のいとなみであった。生活困難層の家庭の子どもに見られる教育困難の解決に向けて、生活のたてなおし、基礎学力の定着など、生活と教育を結びつけるものであり、教師と協働しながら教育と福祉をつなぐスクールソーシャルワークとの関連は深いと考える。また、戦後同和教育の最重点課題が、長期欠席・不就学問

題への対応からであったこと、さらには、1960年代に入り長期欠席・不就学問題が解決に向かったかわりに浮上したのが低学力問題への対応であったことである。

　本研究では、差別構造の下、必然的に「養育困難家庭の不登校」を生じてきた典型的事例として同和問題を捉える。こうした問題の解決を目指して歩んだ同和教育実践のあり方は、養育困難家庭で長期不登校となっている子どもの学習権保障への福祉実践および教育実践のあり方について、多くの示唆があると考えるのである。

　また、当初は特定の地域の子どもに特別な教育の手だてを必要としていた同和教育であったが、第4章で取り上げる「河瀬実践」にもみるように、特別な子どもへの特別な指導ではない、民主的な人格の形成という普遍的な課題を追求するものへと発展していったものであることは、本章第2節1項④「困難度が高い子どもを通してすべての子どもを見る」という目的にも合致すると考える。

　以上のような問題関心に基づき、教育をめぐる社会的不平等の克服を目指して、学力保障の実践を積み重ねてきた同和教育の先行研究を本章、第1章、第4章にて分析した。同和問題は、歴史的社会的差別の地域要因等により、教育の成立そのものに困難をきたすものであったが、「養育困難家庭の不登校」の子どもも、家庭の生活基盤の脆弱さ等により、学校に行っている場合ではない（通学できない）状況下におかれているのである。これらのことから、同和教育の先行研究を探りそれら研究の視点を取り入れることが、長期不登校となっている養育困難家庭の子どもへの学習権保障への考察にとって、大変に有意義なことであると考える。

② 同和教育研究の中にみる家庭

　神原文子は、同和地区における子育て文化の継承と変容を論じた中で、「親は朝から晩まで仕事に行っていて家にいてへんし、うちら、親からほとんど子育てしてもらえへんかってん、絵本を読んでもらったこともないし、せやから、自分の子どもをどないして育てたらええか、わからへん」という、同和地区の30歳代の保護者から聞いた話を紹介している[31]。

　また、倉石一郎は、高知県において戦後の長期欠席・不就学問題対策のために配置された福祉教員についての研究のなかで、次のような議会答弁を引用している。「家庭の経済的事情に基づくものもございますが、もっとも大きな原因をなすものは、結局、保護者の義務教育に対する認識の不徹底……、その生徒並びに児童の自覚の不足……に帰着すると思うのであります。（高知県議会、1949 年、P29）」[32]

　さらに、池田寛は、10 年ほどの間になされた教育達成度調査（進学・学力調査）を包括的に紹介しながら、同和地区をめぐる教育の不平等の問題点を整理・検討した中で、同和地区の教育達成と文化の関連を論じた長谷川善計「部落問題と文化」（『部落問題論究』1984 年）を引いて、以下のように述べている[33]。

　　　氏は、「（同和地区の低学力）問題は、たんに、経済的要因のみであるとはいえない」と述べ、「その原因が、子どもの生活態度や生活習慣にあり、それが、結局は、家庭や地域社会の生活習慣や文化状況に起因している」のではないかと述べている。かれは、滋賀県教育委員会が行った児童生徒の生活実態調査の 30 項目をもとに、同和地区の子どもが地区外の子どもに比べ生活リズムや生活規律の確立がなされていないことを指摘し、さらに「学習態度や生活規律に問題のある子どもは、同時に、忍耐力や自己統制力がよわく、根気や集中力に欠けるとともに、刹那的で衝動的な傾向を持つということである。このことは、一言にしていえば、幼児期から過保護と放任のもとに育てられ、そのために、意図的に鍛えられるとか、しつけられるという習慣がよわいということである」と、同和地区における家庭教育の問題を重視している。

　筆者がスクールソーシャルワークの中で出会う養育困難家庭（同和地区ではない）では、神原が紹介した同和地区の 30 歳代の保護者から聞いた話にあるように、親自身が祖父母世代からの課題を引き受けていることがほとんどである。親自身が祖父母世代から虐待されていたなど、大切に育てられなかったのであろう様子が多々見られる。

また、倉石が引用した、高知県教育委員会の長期欠席・不就学問題に対する見方にあるように、家庭の経済的事情よりも、親が教育に対して重きを置いていないことにより、子どもが教育から離れてしまいやすい状況がある。養育力が著しく低いと言わざるを得ない家庭は、多くが生活保護を受給しており、ある意味、経済的な課題は手当てされているのである。しかし、親自身が子どものころ不登校であったり、高校に進学したが本当は行きたくなかったなどの話が出てくる。そして、長谷川の論を引用しながら池田が述べているように、子どもに生活リズムや生活規律の確立がなされていないことや、自尊感情が低く、忍耐力や自己統制力はよわく、根気や集中力に欠け、刹那的で衝動的な傾向を持つことが、よく見受けられる。不登校ということで教育から遠ざかり、さりとて、家庭の中で意図的に鍛えられるとか、しつけられるという習慣を見ることはほとんどない。

③　同和地区の子どもの低学力の背景

　同和地区の子どもの低学力要因と諸要因の関連構造を示した高田一宏は、1980 年代以降に行われた調査による研究を振り返り、同和地区の子どもの低学力要因を以下のように分析している[34]。

　　①経済的なゆとりに乏しかったり、若年出産や離婚が多かったりするなど、家庭の生活基盤が不安定である。②基本的生活習慣が身についておらず、心身が不調に陥ったり、学習時間が確保しにくかったりする。③落ち着いて勉強できる場所がない、保護者からの学習援助が少ない、書籍や参考書をあまり持っていないことなどが影響して、家庭学習習慣が身につきにくい。④テレビ、ゲーム機、携帯電話など、娯楽的所有物の所有率が高く、享楽的な生活に惹かれがちである。⑤文字文化との接触機会が乏しく、就学時のレディネスが十分でない。⑥進路選択の視野が限定されており、高等教育への進学を希望する者が少ない。⑦保護者や友だちとの関係が安定しないために自尊感情が低く、学習に意欲的に取り組めない子がある一方で、特に中学生では学校から離反する価値を共有する仲間集団の中で自尊感情を保持する子もある。

　これら高田がまとめた同和地区の子どもの低学力要因は、筆者が日々目にしている養育困難家庭の現象的事実そのものである。本研究では、現代の養育困難家庭の子どもの学習権保障を考える上で、生活困難層の家庭を多く含んでいた同和地区の子どもに見られる教育困難に対して、同和教育運動がどのような実践をしてきたのかを確認していく。

（3）論文の構成

　次章より、会うことさえ難しい「養育困難家庭の不登校」の子どもと出会い（第1章）、関係をつむぎながら子どものその気を引き出し（第2章）、子どもを学びにつなげること（第3・4章）、子どもの生活の場を豊かにしていくこと（第5章）という論文全体の流れの中で、スクールソーシャルワークにとって重要であると考えることを取り上げ論じていく。

　第1章「家庭訪問論」では、接触が難しい家庭の子どもや親と出会い、関係をつむぐきっかけとなる「家庭訪問」を取り上げ、スクールソーシャルワークのアウトリーチ支援の意義と必要性を述べる。第2章「遊び・生活文化論」では、無気力で毎日漂うように生きている子どもへの働きかけとして、子どもが主体性と活動の意欲を取り戻す可能性を持つ「遊び」を取り上げ、「遊び」をソーシャルワークに位置づける必要を述べる。第3章「ケアリング論Ⅰ」では、長い間学校から離れていた子どもを学校につなぐ上で求められる「教師のケアリング」を取り上げ、第4章「ケアリング論Ⅱ」では、教師一人ひとりのケアリングが学校全体に広がる、ケアリングを土台とする「校内体制づくり」を取り上げる。

　ここまでの記述からは、表面的に、不登校となっている子どもが学校復帰するためのスクールソーシャルワークを論じていると、受け止められてしまうかもしれない。しかし、養育困難家庭で長期にわたり不登校となっている子どもが学びにつながる上で、義務教育としての学校教育が持つ可能性は高いと考える。また、単に学校応援としてではなく、教師とスクールソーシャルワーカーが協働することが子どもの学習権を保障していく上で重要である

と考えるのである。

　さらに、学びは学校教育だけではなく、子どもは生活全体から学びを得ているという視点から、第5章「ネットワーク論」では、子どもの生活の場であり、「子どもの育ちをささえる地域につなぐ」課題について取り上げる。ここでは、必ずしも、不登校の子どもの学校復帰を目的とするのではなく、子どもが安心できる場と人を見つけてつなげていくための方法について論じる。

　論文の全体ストーリーの中、第1章および第2章では、個別支援というミクロレベル、第3章および第4章では、校内システム構築というメゾレベル、第5章では市町村の教育・福祉協働システム作りなどのマクロレベルという、スクールソーシャルワークの3つのレベル[35] の働きかけを手掛かりにすることとなった。ただし、メゾレベル、マクロレベルにおいても、その働きかけの核の部分はミクロレベルの働きかけであることは言うまでもない。そしてその論述の過程は、ソーシャルワークの方法であるケースワーク、グループワーク、コミュニティオーガニゼーションについてのものでもある。

　第6章「教育史の中に探る」では、生活綴方教育の教訓を取り上げる。スクールソーシャルワークは米国ではじまり、日本で初めて実践した山下英三郎も米国で学んだ。しかし、戦前における優れた教育実践のなかに、スクールソーシャルワークの歴史的水脈を感じとっている。福祉が確立されていない時代に、子どものしあわせを希求し生活問題を抱える目の前の子どもたちと向き合い格闘した教師らの姿から、スクールソーシャルワークの今後について述べ、さらに実践と理論の関係についても考えていきたい。そして、終章にて本研究のまとめを述べる。

注
1）　本研究において、子どもを「児童生徒」と「子ども」という二通りの言葉で表しているが、主に行政などでは法令用語である「児童生徒」を、世間一般では教育学用語である「子ども」という言葉を使っていることを鑑み、引用などの関係からも、この二通りの言葉で表すこととした。

2）　森田洋司編著（2003）『不登校 – その後——不登校経験者が語る心理と行動の軌跡』
　　教育開発研究所、8 頁。

3）　筆者は、単に養育困難とは言い難い、子どもを養育すること自体が難しい家庭と、日々
　　の実践のなかでかかわっている。かつて筆者は「養育力欠落型不登校」という用語で
　　特徴づけたことがあるが、この用語は子どもの特徴をネガティブにとらえているわけ
　　ではなく、不登校の子どもの原因にかかわる家庭の特徴として養育が著しく難しい姿
　　を表すものであった。しかし、その表現には、学校目線、教師目線の表現として捉え
　　られてしまう危険性があることと、懸命にもがきながら生きている親目線から見た場
　　合にはやや厳しすぎる表現であると考え、本研究では、「養育困難家庭の不登校」とい
　　う用語を使用する。

4）　本田由紀（2011）「強固に残るボーダー——自閉化する日本の学校教育に対する社
　　会システム論からの示唆」日本教育学会『教育学研究』第 78 巻第 2 号、5 頁。

5）　山田哲也（2011）「保護者の社会経済的背景と学力——PISA 報告書が示す日本の現
　　状と課題」『教育』No.785、国土社、31・33 頁。

6）　岩田正美（2008）『社会的排除——参加の欠如・不確かな帰属』有斐閣、105 ～ 106 頁。

7）　青木紀（1993）「子どもの『社会生活』と階層——学校・学校外生活と親の対応」『北
　　海道大学教育福祉研究』第 2 号、31 ～ 45 頁。

8）　小倉襄二・小松源助・高島進編（1973）『社会福祉の基礎知識』有斐閣、164・166 頁。

9）　苅谷剛彦（2001）『階層化日本と教育危機——不平等再生産から意欲格差社会へ』
　　有信堂高文社、221 頁。

10）　堀尾輝久（1991）『人権としての教育』岩波書店、23 頁。

11）　増山均（1997）『教育と福祉のための子ども観——〈市民としての子ども〉と社会参加』
　　ミネルヴァ書房、100 頁。

12）　「教育を受ける権利」と「子どもの学習権」について触れておきたい。憲法第 26 条
　　は、わが国で初めて、教育を受けることを国民の権利として保障したものである。現
　　在および将来を主体的に生きることができるよう「教える」ということは、社会的な
　　使命を帯びている。教育は自己学習の契機となるものであり、「教わる」ことを通して
　　「学ぶ」ことが広がり深まり充実していくのであって、教育と学習には切り離せない関
　　係がある。本研究では、養育困難家庭の長期不登校への取り組みとして、あらためて
　　「教わる」ということを保障することが、基礎教育を身につけることの難しい環境にあ
　　る子どもに、「学ぶ」ということを保障することになると論じたい。ただし、教育を受
　　けることは子ども自らが要求する権利であるということと、「教わる」ことの中に子ど
　　もが学習権を行使するという視点を含んでいることを述べておく。

13）　門田光司（2015）「学校現場における子ども支援——学校ソーシャルワークの専門性」
　　『社会福祉研究』第 122 号、10 頁。

14）　門田光司（2017）「スクールソーシャルワーカーの実際と魅力」熊本学園大学付属
　　社会福祉研究所『社会福祉研究所報』第 45 号、110 頁。

15）　鈴木庸裕（2011）「学校ソーシャルワークがめざす学校づくり」『福島大学人間発達

文化学類論集』第 13 号、16 頁。

16)　鈴木庸裕（2014）「教育と福祉の協働――子どもとの出会い直しのために」『教育』
　　No.825、93 頁。

17)　内田宏明（2012）「社会福祉領域と学校教育領域の関係におけるスクールソーシャ
　　ルワークの位置」山下英三郎・内田宏明・牧野晶哲編著『新スクールソーシャルワー
　　ク論――子どもを中心にすえた理論と実践』学苑社、25 ～ 27 頁。

18)　山野則子編著（2015）『エビデンスに基づく効果的なスクールソーシャルワーク――
　　現場で使える教育行政との協働プログラム』明石書店、14 頁。

19)　山下英三郎（2003）『スクールソーシャルワーク――学校における新たな子ども支
　　援システム』学苑社、63 頁。

20)　山下英三郎（2006）「スクールソーシャルワーク――実践と理論との距離をいかに
　　埋め合わせるか」『ソーシャルワーク研究』Vol.32No.2（通号 126）、98 頁。

21)　山下英三郎（2001）「人物紹介　実践から理論へ（自らを語る）」『ソーシャルワーク
　　研究』Vol.27No.1（通号 105）、61 頁。

22)　前掲、山下（2006）、96 頁。

23)　前掲、山下（2006）、100 頁。

24)　前掲、山下（2006）、98 頁。

25)　前掲、山下（2006）、100 頁。

26)　連載は、大田なぎさ著・増山均解説（2015）『スクールソーシャルワークの現場から
　　――子どもの貧困に立ち向かう』本の泉社の単行本にまとめられている。

27)　鯨岡峻（1999）『関係発達論の構築――間主観的アプローチによる』ミネルヴァ書房、
　　129 頁。

28)　鯨岡峻（2016）『関係の中で人は生きる――「接面」の人間学に向けて』ミネルヴァ
　　書房、85 頁。

29)　鯨岡、同前、9 ～ 10 頁。

30)　鯨岡、同前、73 頁。

31)　神原文子（2000）『教育と家族の不平等問題』恒星社厚生閣、123 頁。

32)　倉石一郎（2007）「〈社会〉と教壇のはざまに立つ教員――高知県の『福祉教員』と
　　同和教育」日本教育学会『教育学研究』第 74 巻第 3 号、41 ～ 42 頁。

33)　池田寛（1987）「日本社会のマイノリティと教育の不平等」教育社会学会『教育社会
　　学研究』第 42 集、65 頁。

34)　高田一宏（2008）「同和地区における低学力問題」日本教育学会『教育学研究』第
　　75 巻第 2 号、39 頁。

35)　山野則子によると、スクールソーシャルワークに必要な視点として、個別に困って
　　いることへの取り組みというミクロレベル（個別問題の改善）、校内システム構築とい
　　うメゾレベル（教員集団として問題把握の仕方や共有方法の改善とシステム化）、学校
　　を含めた市町村の教育行政におけるシステム構築や市町村の教育・福祉協働システム
　　作りなど政策提言に関わるマクロレベル（各市町村における相談体制化）の三つのレ

ベルを挙げている。山野則子・峯本耕治（2007）『スクールソーシャルワークの可能性——学校と福祉の協働・大阪からの発信』ミネルヴァ書房、5頁。

第1章 「家庭訪問論」
子どもや親と出会い、関係をつむぐ
——「家庭訪問」から「家庭滞在」へ

1. 「家庭訪問」を取り上げるのは

　本章で「家庭訪問」を取り上げる理由は、以下のような問題関心による。それは、スクールソーシャルワークの中でみる「養育困難家庭の不登校」と考えられるような子どもや親は、電話などで連絡を入れてもつながらず返信もされないなど、学校からの働きかけを無視したり拒否したり、接触すること自体が難しい場合が多い。そうした、会えない状況からスクールソーシャルワークをスタートしなければならない子どもや親に働きかけるためには、会える可能性が少しでも高まる「家庭訪問」は、大変有効な働きかけであると考えていることによる。

　さらに、「子どもソーシャルワーク研究会」という子ども支援に携わる仲間との定期的な学び合いの場で「家庭訪問」をテーマに取り上げた際、そこに参加している複数のスクールソーシャルワーカーが「家庭訪問」を行っていないことを知った。筆者は、環境に働きかけるスクールソーシャルワークにおいて、「家庭訪問」が、子どもにとっての大きな環境である家庭に働きかけられる重要な支援方法であると認識しており、当然すべてのスクールソーシャルワーカーが行っているものと考えていただけに大変驚いた。上に記したように、会うこと自体が難しく、困難度が高い課題を抱える不登校の子どもや親などに働きかけるためには、アウトリーチ支援としての「家庭訪問」を、スクールソーシャルワークの中にしっかりと位置づけることが必要と考えることによる。

　本章では、前章に述べた研究方法として、同和教育および家庭訪問に関する先行研究を確認していくとともに、スクールソーシャルワーク実践[1]において、「養育困難家庭の不登校」と捉えられるような子どもや親と、課題解決の道のりを一緒に歩むスクールソーシャルワーカーがどのように彼らと

出会っていくのか、そしてまた、どのように関係をつむいでいくのかについて、「家庭訪問」というスクールソーシャルワークの方法的意義について考察したい。

2. 同和教育運動の教育実践の振り返り

　戦後間もない 1950 年当時、同和地区の子どもたちは、劣悪な居住環境と極端な貧しさ、歴史的な偏見や差別のもと、多くが長期欠席・不就学となっていた。同和教育運動の教育実践について東上高志は、「『社会的な虐待』を受けつづけていた、とさえ表現していい部落の子どもたちとの『格闘』をとおして、子どもとどうむきあったらいいのか、どう取り組んだらいいのか、を模索し続けてきました」と述べている[2]。そして、1969 年に同和対策事業特別措置法の制定から始まった同和対策事業が、地域改善対策特別措置法を経て 2002 年に地域改善対策特定事業財政特別措置法が終了するまで、30年以上にわたり取り組まれてきた同和教育運動の教育実践は、本研究で取り上げる養育困難家庭の子どもの学習権保障について、学ぶべき、また、継承されるべき豊かな実践を残していると考える。

（1）高知県における福祉教員

　同和教育のあゆみを概観してみると、高知県の福祉教員制度による長期欠席・不就学に対する取り組みが、同和教育の発見に至る前段階の大きなステップとして位置づけられている。長期欠席・不就学の子どもが多い学校区には被差別部落があった。1950 年に正式な制度として、出席督励のための級外教員（福祉教員）が高知県下 17 校に 18 名が配置された。1951 年には対象の子どもが 3,096 名いたという。貧困は学校においては出席簿にのみ記入されている子ども、姿なき義務教育の対象児童・生徒、「きょうも机にあの子がいない」といった形で表われていたのである（村越末男・横山嘉道）[3]。1954 年に出版された「きょうも机にあの子がいない」は、長期欠席・不就学と取り組んだ高知市の 5 人の福祉教員の実践をまとめたものであるが、そ

の一人である水田精喜は、長期欠席・不就学との取り組みを、以下のように述べている[4]。

　　わたしの毎日の仕事は、それこそ引き継ぎの時にあったように、欠席している子どもの家庭訪問です。毎朝欠席者を調べて（欠席簿というものも作りました）ほとんど一人残らず訪問します。……Ａ（筆者）部落以外の子の欠席理由はほとんど病気でしたが、Ａ部落では大ていが何らかの事故欠です。雨でも降れば欠席者は倍増します。傘がない。着る物がない。履物がない。……休んでいる子どもたちは、親の無理解とか、本人の怠惰とかの汚名をきせられながら、家庭の暮らしの手助けをしなくてはならない者が多かったのです。……その親たちにそれでも学校へよこせとどうして言えましょう。……こんな生活の中にある子どもたちを、学校に出て来させるようにする教育的な手だてとはどのようにすればいいでしょうか。休めば休むだけ学力はおくれます。学校ではそれを受け入れる態勢はまだまるでできていません。……そこでまず民生委員や福祉事務所への働きかけが必要な仕事になってきます。……そしてわたしといっしょに家庭調査をして生活扶助や教育扶助をつけることに献身的な努力をしてくれました。

　水田らがまとめた「きょうも机にあの子がいない」は、5人の福祉教員がそれぞれの事例を挙げながら問題を提起している。その教育実践は、水田が「福祉教育」と名づけた善意の教育だった。しかし、福祉教員のいる学校が出席率を競い合い、時には家庭の手伝いをしなくてはならない子どもを朝登校させ、出席をとったらすぐに帰宅させるというようなことまであったという。さらには他の教員から、せっかく休んでいるのにまた福祉教員が子どもを連れてきたとまで言われたという。こうした状況に、水田は、

　　この頃のわたしたち福祉教員の合いことばは「福祉教員の目的は福祉教員をなくすることだ」ということでお互いに励まし合い、このことを職場に広めるための努力を続けてきました。「担任自らが家庭訪問して

休んでいる子どもや問題の子どもたちの実情を知ることが、まず教育の
出発点であり、学級作りの必須条件である」ということを強調してきま
した。これはこの時代の職場の風潮からすれば他の教師たちとは仲間と
いう連帯感とは逆に、感情的な対立さえも生まれてくるような状態でし
た。

といい[5]、取り組みによって次第に長期欠席・不就学問題が解決していった
中で、教育内容の指導といった同和教育なるものを福祉教員が唱えていく
のである。そして、水田は福祉教員から教壇にかえり、小学校での実践を
「未完成の記録」[6]にまとめ、「教育は、教師はいったい何をすればいいのか」
という問題提起をしている。

（2）日本のスクールソーシャルワークの源流としての「福祉教員」

　高知県の福祉教員の仕事は、長期欠席・不就学の子どもの家庭を訪問し、
学校に来るように働きかけることだった。しかし、水田は、家庭訪問で地域
に出かけ子どもたちの生活を目のあたりにする中で、学ぶことの前に生きる
ことの課題が横たわっている現実があることを認識する。教師の役割を超え
て福祉事務所など外部機関と連携をして、生活扶助を受けられるよう子ども
の生存権保障のために奔走するなど、教育と福祉をつなぐ活動を広めていっ
た。その後、水田は教科書無償運動を起こし、社会改善のための活動もして
いる。
　アメリカのスクールソーシャルワークの起源が訪問教師制度にあるとされ
るが、訪問教師とも呼ばれた福祉教員制度は、日本のスクールソーシャルワ
ークにつながるものであると考える。水田の実践を振り返ると、スクールソ
ーシャルワークと重なる部分が多いのも事実である。本研究で取り上げる
「養育困難家庭の不登校」の子どもは、生きることそのものが脅かされてい
る子どもであり、さらに、親の放任により学ぶことが難しい状況に置かれて
いる子どもである。福祉教員は、子どもの生存権保障をすることで子どもを
学校教育につなげていった。養育困難家庭には、生存権保障として福祉サー

ビスにつなげるのみならず、意欲の低さなどから自ら教育にアクセスすることが難しくなっている不登校の子どもとその親に、"教育を届ける"手立てが必要であると考えている。

　高知県の福祉教員制度は、その後、同和加配教員として全国的に制度化されるが、1960 〜 70 年代にかけて長期欠席・不就学問題が一定の解決を見せる中で、同和教育の解決すべき課題は、差別問題や同和地区の子どもの低学力問題など、学校内のもの（本研究第 3 章第 4 章で取り上げるものとも関係する）に移っていった。

3．学校教育における「家庭訪問」

（1）教師による「家庭訪問」の位置づけ

　『現代学校経営事典』(1961 年、明治図書出版) によると、「家庭訪問というのは、学校と家庭との連絡の 1 つの方法」と定義づけられている[7]。その歴史は、近代的学校制度が発足した明治初期から行われていた。明治・大正の頃は教育に対する父母の認識も浅く、生活の貧しさ故に子どもを働かせなければならないということもあり、不就学・長期欠席となっている子どもの就学・出席を督促するために、教師は家庭を訪問しなければならなかった。それは、国家の事業としての義務教育を徹底するために行われる行政的活動でもあった。

　戦後の「家庭訪問」は、学校と家庭は子どもの教育を分担するものとし、教育の効果をあげるため、①家庭と学校の協力の基盤となる相互理解を深め、人間的な結びつきを緊密にすること、②貧乏と多忙のために、ＰＴＡや学校参観や学級懇談会には行けない父母と直接話し合うこと、③子どもに対する正しい認識と深い共通理解をすること、という目的に転換した。

　『新版現代学校教育大事典』(2002 年、ぎょうせい) では、「家庭訪問は、子どもたちの健全育成を図るために、教師が家庭を訪問し、その子の教育のあり方等について懇談し、教師と家庭の相互理解を深め、協力関係を築くことをねらいとした連絡の一方法である」と定義されている[8]。「家庭訪問」

の成果をあげるためには、①学校と家庭がそれぞれの役割を理解し合い、協力活動をすすめることによって教育効果を上げ、相互理解から相互信頼へと結びつきを深めるようにする、②保護者には、学校の教育方針や担任の指導方針や教育的信条等の理解を得て、子どもの問題について教師とともに考え、対応するように協力を得る、③教師は、子どもの生活環境や保護者の子どもに対する期待や願いを知り、具体的に子どもを理解すること、などが指摘されている。

　明治期・大正期における「学校と家庭との連絡」について論じている有本真紀は、学校からの直接的な働きかけとして、①文書による連絡（学校家庭通信簿、通知簿、学校と家庭とのはし（橋：筆者）など）、②学校への保護者招喚（父兄参観、運動会、学芸練習会、展覧会、懇話会、父兄会、母姉会など）、③家庭訪問、を挙げている。「往々にして、教師が特段の必要を感じる父兄ほど懇話会に出席しない」ので、「父兄が学校に来るのを待つのではなく、教師による家庭訪問が積極的に進められる」ようになったこと、「家庭訪問では児童の行動を尋ねるのみならず、家庭の様子を観察するよう」求められたこと、さらに「家庭調査」や「人物査定」が行われたことを記している[9]。

（2）不登校対策からみる「家庭訪問」の政策的・今日的動向

　ここでは、困難度が高い課題を抱える子どもが不登校という形で学校から離れている上、会うこと自体が難しいことから、文部科学省『今後の不登校への対応の在り方について（報告）』の中から家庭訪問の動向を探る。

　2002年[10]に文部科学省において発足した「不登校問題に関する調査協力者会議」の2003年報告書『今後の不登校への対応の在り方について（報告）』（以下、2003年報告書）では、不登校児童生徒数が過去最多を更新する中、「見守る」という不登校容認の風潮から、積極的な登校促進への方向性が打ち出された。この報告において、第1章―1「不登校の現状に関する認識」では、「不登校という状況が継続すること自体は、本人の進路や社会的自立のために望ましいことではなく、その対策を検討する重要性についても認識を持つことが求められる」、第1章―3「不登校の要因・背景の多様

化と教育の果たす役割」では、「不登校の要因や背景としては、……様々な要因が複雑に絡み合っている場合が多く、……この課題を教育の課題としてのみとらえて対応することに限界があるのも事実である。しかしながら、そうした点も考慮した上で、義務教育段階の児童生徒に対して教育が果たすことができる、あるいは果たすべき役割が大きいこと、……学校や教育委員会関係者等が一層充実した学校における指導や家庭への働きかけ等を行うことにより、不登校に対する取組の改善を図り、まずは公教育としての責務を果たそうと考えるものである」という観点から提言がなされている。

　まず、学校の取組として、第4章―2―（3）「家庭への訪問等を通じた児童生徒や家庭への適切な働きかけ」では、「学校は、……当該児童生徒が自らの学級・学校の在籍児童生徒であることを自覚し、関わりを持ち続けるよう努めるべきである。……学級担任等の教職員が児童生徒の状況に応じて家庭への訪問を行うこと等を通じて、その生活や学習の状況を把握し、児童生徒本人やその保護者が必要としている支援をすることは大切である」ことが指摘されている。また、教育委員会に求められる役割として、第7章―6「訪問型支援など保護者への支援の充実」では、「ひきこもりがちな不登校児童生徒や保護者に対しては、必要な配慮の下、訪問型の支援を積極的に推進することが期待される」ことが指摘されている。

　さらに、第7章―4「適切な対応の見極め（アセスメント）及びそのための支援体制づくり」では、「不登校の要因・背景が多様化しているため、対策を検討する上で、初期に適切な対応の見極め（アセスメント）を行うことは極めて重要である。そのためには、……専門知識をもつ外部の者等の協力を得ることが必要であり、……地域の体制を構築することにつき、各教育委員会は今後具体的に検討していく必要がある」ことが指摘されている。「養育困難家庭の不登校」は、児童虐待のカテゴリーの一つであるネグレクトによる不登校と大きな重なりを持つものであるが、児童虐待などについて第3章―5「保護者の役割と家庭への支援」では、「イ　不登校の要因・背景は多様化しており、虐待等の深刻な家庭の問題を抱えて福祉や医療行政等連携した保護者への支援が必要」であると記されている。

　ここでおさえておくべきことは、不登校が長引くことは望ましいことでは

なく、ただ待つだけでは状況の改善にならないという認識を持ち、働きかけることやかかわりを持つこと、虐待等を含め要因や背景が複雑化している不登校の課題の早期発見や解決を図る体制を整えるためには、積極的に家庭へ出向くこと、つまり、「家庭訪問」の必要性が文部科学省の政策文書のなかに打ち出されているのを確認できることである。

（3）親の就学義務

　2017年1月18日、大阪府警黒山署は、「ネットアイドル」として芸能活動をしていた中学3年女子の母親を学校教育法（就学させる義務）違反の疑いで書類送検した（学校教育法第144条は、就学義務不履行の処罰として10万円以下の罰金を規定している）。学校教育法施行令第21条は、保護者が就学義務を怠っているとき、教育委員会が児童生徒の出席を督促する（就学督促）と定めている。母親は、2015年9月から2016年2月まで、子どもが在籍する中学の校長から6回にわたり就学させるよう督促されたにもかかわらず無視し続け、子どもが通学しなかった理由も病気やいじめではなかった。警察の調べに対して、子どもはあまり学校に行きたくなかった、芸能活動がしたかったといい、母親は子どもの芸能活動をしたいという気持ちをバックアップしたかったと話したという（2017年1月18日産経新聞）。

　学校教育法第2章義務教育は、第16条で、保護者（親権者、未成年後見人）は子どもに9年の普通教育を受けさせる義務を負うとしている。第19条は、経済的理由によって就学が困難な場合は保護者に対して市町村が必要な援助を与えるとしており、第20条は、子どもを使用する者がその使用によって義務教育を受けることを妨げてはならないと、子どもが労働する場合について記している。さらに、第21条には、義務教育として行われる普通教育の目標が10項目にわたって書かれている。

　子どもに義務教育を保障するためのこうした法から見ると、上記事件は「就学義務不履行」といえるが、教育委員会がわずか6ヶ月に6回の「就学督促」をし、家庭の対応がなかったからではあるが警察に訴えたことには少なからず戸惑いを覚えた。本章の冒頭で触れたように、「養育困難家庭の不

登校」の子どもや親は、電話などで連絡を入れてもつながらず返信もされないなど、学校からの働きかけを無視したり拒否したり、接触すること自体が難しい場合が多い。おそらく配達の記録が残る郵便などによるものであっただろう「就学督促」は、欠席が長く続いている子どもに登校してほしいが故の事であったとは思う。しかし、学校からの働きかけに一向に応えようとしない子どもや親にしびれを切らした学校が、法を後ろ盾にして子どもや親を指導しようとするものではなかったろうかと思えてしまう。「就学督促」に至るまでに、どのような働きかけがなされていたのかが気になるところである。何よりも、長く学校を休んでいる子どもの安否について、子ども自身の姿を目にしていたのかどうかである。

　子どもが学校に通うためには、子ども自身が学校に行く気にならないところでは難しい。また、親が義務教育の大切さを認識し、子どもが学校に行こうとする気持ちをささえようとすることが求められる。親の就学義務から考えた、不登校と関連する「就学督促」という方法は、子どもの安否を確認することや、子ども自身から学校に行こうという気持ちを引き出し、親に子どもの気持ちをささえてもらう上で、あまり有効ではないように思う。

（4）「家庭訪問」の現状

　学校現場の様子から「家庭訪問」の種類を考えてみると、まず、年度始めに学校行事として計画された「家庭訪問」がある。次に、問題行動が起きた時に行うことが多い緊急時の「家庭訪問」や、家庭からの要請による「家庭訪問」がある。これらの「家庭訪問」に加えて、子どもの休みが 2・3 日続いたときに行う不登校の予防としての「家庭訪問」がある。日々忙しい状況にある教師が、子どもが良い行いをしたときなどに「家庭訪問」を行うことは難しいように思える。

　白石克己は、ある若手教師からの、家庭訪問週間がなくなってしまったという相談に答えている。文部科学省から、上記の 2003 年報告書が出された後のことである。白石は、「……私も今こそ、家庭訪問の持つ大切さに気づくべきだと思います。私の職場でも、電話や連絡帳で済ませる先生が増えて

きたような気がします」と記している[11]。こうしたことは、筆者も日々の実践上で感じていることである。

　学校において、不登校は、主に生活指導や教育相談で対応する場合が多いのであるが、それに関連するものを確認してみると、2003年報告書が出されたあと「家庭訪問」について取り上げたのは、学校教育相談研究所編（2005.8）『月刊学校教育相談』の「特集不登校の子どもへの家庭訪問」くらいであった。

　小野田正利は、学校現場がクレーム・トラブル時代にあって、「家庭訪問」が廃止になったり、「玄関先訪問」や「地域訪問」といった形態に変化し子どもの家の所在確認のためだけになっていること、親との有意義な情報交換の機会としての「家庭訪問」の必要性を指摘している毎日新聞記事に触れている[12]。

　近代的学校制度が発足した明治初期から行われていた「家庭訪問」は、実際のところ、学校現場で積極的に活用されていない現状があると考えられるが、近年『月刊生徒指導』（学事出版）上に、「家庭訪問」がもつ生徒指導上の機能を取り上げた論考[13]をいくつか目にするようになってきている。

４．スクールソーシャルワーカーによる「家庭訪問」

（１）スクールソーシャルワーカーによる「家庭訪問」の系譜

　教職員以外の学校関係者としては、スクールソーシャルワーカーによる「家庭訪問」がある。スクールソーシャルワークは、その発祥時から訪問支援活動がなされていた。20世紀初頭、アメリカのニューヨーク、ボストン、ハートフォードの３都市でほぼ同時期に始まったことにある。社会的経済的要因により教育への権利が保障されていない子どもへの支援活動であり、1913年になってロチェスターとニューヨークの教育委員会が初めて訪問教師プログラムを実施した。その後、訪問教師はスクールソーシャルワーカーと呼ばれるようになった[14]。

　こうした訪問教師活動は、セツルメント活動のセツラーによる家庭訪問活

動や学校訪問活動と似ている。個人の生活困難状況に対し、その困難を生み出している環境面での改善に目を向け、また、家族というものを全体として捉えるという考え方に立っていたセツルメントの活動は、ソーシャルワークの原形として押さえられる。

岩崎久志は、学校現場へのソーシャルワーク導入に関する研究の中で、カルバート（Culbert, J.）が、訪問教師の役割について「子どもたちが将来望んでいる生活に備えて教えていく。そのために、学校が近隣の生活を知ることができるように支援していく。そうすることで、児童・生徒を援助し、さらに教師が全人格として子どもを教えることができるようにする。……」と定義している箇所を引用している[15]。

また、リッチモンド（Richmond, M. E.）は、「訪問教師は、学業不振、不健康、不品行、遅刻、無断欠席あるいは不幸な家庭状態などのために学校から報告を受けた一定の数の生徒に対して、困難の原因となる要因を発見し、よりよい調整を図るよう試みようとする。訪問教師が最も頻繁に用いる方策には、個人としての影響力を駆使すること、両親の協力を勝ち取ること、多様な社会機関の助力を求めること、レクリエーションの便宜を利用すること、子どもの環境を変更することなどがあるのを知って、驚くにはあたらない。これらがすべてソーシャル・ケース・ワーカーによってもっとも頻繁に用いられている方策であることを、われわれは繰り返し見てきている」と述べており[16]、当時の訪問教師の活動内容とともに、訪問教師活動がソーシャルワークの中にしっかりと位置づけられていることがわかる。

このように、スクールソーシャルワーカーの「家庭訪問」は古くから実施されていた。さまざまな理由により学校へ行くことができない子どものところへ支援者が出向き、一人ひとりの子どもの課題に合わせた働きかけを行うということは、スクールソーシャルワークにとって重要な方法であると考える。

（2）スクールソーシャルワーク実践にみる「家庭訪問」の意義

ここでは、日々のスクールソーシャルワークを念頭に置き、それと重ねながら、大田なぎさのエピソード記述の中に見える「家庭訪問」の意義につい

て、特に接触が難しく困難度が高い不登校の２つの家庭への訪問の様子から考察していく。エピソード内の〔　〕は筆者加筆。

★エピソード１：大田なぎさ「家庭の経済的困難と不登校児童の背景──あつしくんとの関わりから」[17] より

　１年以上全く学校に行っていない子どもについて、家庭の様子が心配であるとの学校からの相談を受け、大田は「家庭訪問」を始める。

　　……あつしくん（仮名）の家庭は母子家庭なのですが、母が不在であったり寝ていたり、こちらの訪問を無視することが続きました。子どもたちも対応してくれることはありませんでした。ただ、玄関の鍵は掛かっていなかったので、中の様子を見ることができました。室内は散らかり放題、台所で調理している様子はなく、家族全員が下着姿のまま過ごしていました。一番気になったのは、家族間で会話らしいものがなかったことです。あつしくんは、極力母に接触しないようにしているといった状況でした。

　　三か月にわたり辛抱強い家庭訪問を続けていく中で、母が夕方から翌朝まで複数の仕事を掛け持ちしているのは、大きな借金を抱えているためだとわかりました。あつしくんへの働きかけの前に、家庭の安定が欠かせないと判断し、母に対して債務整理の提案をしました。母と法律相談へ出かけることができたのは、半年後のことです。債務整理が進む中で、生活保護受給や家事支援の利用を開始し、徐々に家庭環境が改善していきました。細々とでも母と相談支援関係ができ、家庭が安定してきたところで、働きかけの対象をあつしくんへと移していきました。

　　最初の家庭訪問から九か月が過ぎた頃です。その日の家庭訪問で、弟から母の不在を聞いている様子を、隣の部屋からあつしくんがそっと見ているのに気が付きました。学校に行っている弟に比べると、あつしくんは細く痩せていて顔色も悪く、いつもしょんぼりしている印象でした。「あつしくん、お母さん頑張ってるねぇ。今度はあつしくんの番かな。こっちに来て、私とお話しない？」と声をかけると、なんと目の前

に正座して、手を膝にのせたのでした。正直びっくりしましたが必死に平静を装い、それまでに学校と相談してきたことを、聴いてみました。「学校をお休みするようになって、長くなっちゃってるねぇ。そろそろ、学校に行く準備をしていこうか？」あつしくんは黙って聞いていました。「校長先生と相談しているんだけど、好きな図工の授業に行くとかぁ、放課後に校長先生が算数を見てくれるってよぉ。どうだろう？」しばらく返事を待ちましたが、黙ったままでした。そこで、「じゃあ、うん、とか、ううん、で答えてくれればいいし決められなければ決められないって、言ってくれればいいよ」と言って、「図工の時間に行ってみる？」あつしくんは、首を横に振りました。「放課後、校長先生と算数をする？」また、首を横に振ります。「じゃぁ、うちで、私と勉強する？」あつしくんが、首を縦に振りました。

　「そうか、じゃあ、どういう風に勉強していこうか？　毎日来てもいいの？」と尋ねると、今度は、「ううん」と声に出して、首を大きく横に振りました。毎日勉強するのはイヤだよという、正直な気持ちが見えたようで、ほほえましく感じました。結局、一日おきに午前十時から学習することになりましたが、午前中に約束しても起きられないだろうな、と内心思いながら、あつしくんが決めたことを大切にしました。……〔その後、大田は学校から預かったプリントで子どもと家庭学習を４か月ほど続けた。子どもと大田の間で感情の行き来を重ねていく中で、ある日、子ども自らが登校していった様子を記している。〕

★エピソード２：大田なぎさ「子どもの気持ちを感じ取り、子どもに気持ちを感じ取られること——けん太くんとの関わりから」[18]、「家庭生活の崩れとネグレクトの影響②——日々の関わりから見えるもの」[19]より

　いくつもの課題を抱えた母のネグレクトにより、すでに４年以上不登校となったまま、学校が子どもや親と全く接触できない状況が続いている家庭に大田は訪問を始める。中学進学に向けて、さまざまなやりとりが必要となってくる頃だった。この家庭もいつも玄関に鍵が掛けられていなかったが、大田は20数回目の訪問で、年の瀬も押し迫った頃、ようやく母子に初めて会

うことができた。

　……それまでの訪問で、時々、訪問した旨の手紙を置いてきていました。母はその手紙に目を通していたらしく、私が誰だか、すぐにわかった様子でした。ようやく会えた母に、あらためて自己紹介をし、取り留めもない世間話をしました。そのとき母は、私がどんな人物であるかを探っていたのだと思います。……けん太くん（仮名）の家庭は、すでに数年前から地域の相談機関が関わろうと働きかけていながら支援することができずにきていた、接触することが非常に難しい家庭です。四年近くも学校に行かないまま過ぎてしまっているけん太くん自身が、誰よりも一番不安で、自分のことが心配なのではないか、また、やっと会うことが出来た母が、どの部分であれば手伝わせてくれるのかを、探りながら働きかけを始めました。……〔その後、大田は週１回の家庭訪問を淡々と続けていく。家庭訪問をすれば、必ず子どもに会えるようになったのは、子どもが小学校を卒業となり、どこの中学に進学するのか決まっていない頃だった。結局子どもは、学生服を用意してもらえず入学式にも参加しないまま、５月の連休が明けた。〕

　……その日も玄関から声を掛けると、けん太くんとそう太くん（仮名弟）が二階から降りてきました。玄関前にいた地域ネコの話や、ずいぶんと暑くなってきたことなどについて、子どもたちに話を向けました。いつもなら、二人ともさっと二階に上がっていってしまうのですが、その日けん太くんは、階段と私との間を何度か行ったり来たりして、いつもと様子が違いました。……けん太くんが逡巡する様子を見て、少し粘ってみようと決めていました。そうした私の気持ちをけん太くんも感じとったのか、二十分程待ったと思いますが、けん太くんが靴を履いて、自ら玄関を出たのでした。……〔この日以降、大田は、けん太くんとそう太くんと教育センターに出向き、「遊び」を活用しながら、二人を家庭の外に導いた。けん太くんは情緒障害等通級指導学級への通級、そう太くんは図書館での活動に。そうした家庭へのお迎え訪問を重ねる中で、けん太くんの緊急事態に遭遇する。そう太くんとの図書館活動のために訪問した際、母

に病院に連れていってもらえず、虫歯のせいでマンガのポパイのように片方の頬が大きく膨れ上がり、何も入っていない冷凍庫のドアを開けて頬を冷やし、あまりの痛さに身の置き場がないといった状態のけん太くんを見るのである。〕

　……子どもが連絡をしたのでしょう、何年も別居している父が来ていて、病院に行こうと説得していました。頭も痛くなっているというので、虫歯菌が脳にいったら大変なことになることを伝え、必ず病院に行くように、私からも強く言いました。私は、出かける気満々のそう太くんと図書館に行きましたが、帰宅したときにけん太くんがいるようなら、救急車を呼ぼうと決めていました。この日、こんな状態の子どもを置いて、母は仕事に出かけたとのことでした。

　図書館活動を終え帰宅すると、けん太くんはいませんでした。病院に行ってくれたと思い、ほっとしました。この件を地域の子ども家庭支援機関の担当者に連絡し、病院のMSW（メディカルソーシャルワーカー：筆者）から連絡があるかもしれないことを伝えました。案の定、MSWから問い合わせが入り、情報を共有することができました。病院内では、歯科医からMSWに、「虐待ではないけれど、気になる子どもが来ている」との一報が入ったとのことです。「父親だというが、一緒に住んでいない人が連れて来ている。腫れが酷くて食事は摂れないだろうが、いつから食べていないか聞いても、子どもは何も答えない。念のため、小児科にも回ってもらう。」とのやり取りがあり、院内児童虐待防止委員会にかかることになりました。病院から、児童相談所にも連絡がなされました。……

　上述したスクールソーシャルワーク実践における「家庭訪問」の意義を、以下に分析した。

① 子どもの生活環境を知る

　子どもがどのような家庭環境の中で生活しているのかを確認する。生活の場に入れると様々なことがわかる。夏物冬物の衣類が洗われずに山積みになっている、台所が使われていないので買う食事なのだろうか、家中に物やゴ

ミが散乱している様子からは学習するスペースはあるのか、足を延ばして眠れるのだろうかなど、視覚や嗅覚をも使って、子どもの生活世界を理解しようとする。子どもが持っている力を十分に発揮していける環境なのか、それとも足を引っ張られてしまうものなのかが判断できる。家の中に入れずとも、家の佇まいや近隣の様子などを知ることで、子どもの生活を想像することができる。

② 子どもと親に直接会う

　何年もの不登校で接触することが困難な子どもや親には、こちらから出向いていかなければ直接会うことは難しい。生活の場所に出向くことは、会える確率が少しでも高まる。会えないことが続いてメモなどを残してくることも「家庭訪問」である。後のち会えたときには、その時が初めての接触ではなくなるのだ。「家庭訪問」は、相手の土俵に上がらせてもらっているという気持ちで行っている。

③ 家族の関係を知る

　親子一緒の場面、兄弟姉妹だけの場面、子ども一人の場面、さまざまな場面に出会えると、より家族の関係が見えてくる。その子どもにだけ辛くあたる親、差別がある兄弟姉妹関係、課題は抱えていても会話が多い家庭内であるのか、それぞれが息を潜めるように暮さなければならないのかなどである。子どもにとって、大きな環境である家庭が安心できる場でないときは、子どもへの働きかけのプロセスは難しいものになると考えなければならない。

④ 不登校の要因を探る

　不登校は、子どもが学校に行かない行けない状態であって、その要因はさまざまである。

　「家庭訪問」を続け子どもや親とかかわることを重ねる中で、子ども自身が抱える課題によるのか、家庭が抱える課題の影響を受けているからなのか、あるいは学校側にあるのかなど、不登校の要因となるものが少しずつ見えてくる。福祉の専門職であるスクールソーシャルワーカーだからこそ、社会が

厳しい状況にある中で家庭が抱える課題を見つけ出すことができるものと考える。

⑤ 働きかけの順番をアセスメントする

筆者は、子どもを学びにつなげることが、スクールソーシャルワークの重要な役割と考えている。しかし、教育や学習以前の問題が大きい場合には、そちらの解決なしには難しい。どの課題から働きかけを始めるのかをアセスメントする。

⑥ 支援の糸口を見つける

淡々と続ける「家庭訪問」を通したかかわりからすくい上げる何気ない会話やこぼれ落ちる言葉から、子どもの変化や親の変化をつかむことができる。どこなら手伝わせてもらえるのかを見つけることができる。

⑦ 「家庭訪問」で訪問学習を行う

学習環境がない家庭の子どもで不登校が長くなっている場合など、働きかけたからといってもすぐに登校することは難しい。「家庭訪問」で子どもと関係ができてくると、学習していないことに子ども自身が不安を抱えていることがわかってきたりする。そうした時には、教職員と協働しながら学校に来られない子どもに教育や学習を届けることも、子どもの未来のためには必要なことなのであろう。

⑧ 学校関係者だからできるアプローチ

困難度が高い家庭ほど、支援機関のかかわりを拒むことが多い。しかし、義務教育期間でありながら来るべき子どもが通ってこないという理由をもって学校関係者が訪問することは、家庭に不承不承でもある程度受け入れてもらえるものである。

⑨ 外の世界への扉を開く

家の中に居続け家族とのかかわりしかもてない、ときには、家庭の中でさ

えも無縁状態となっている子どもを、さまざまな模索をしながら外の世界へと導くきっかけとなる。そしてまた、スクールソーシャルワーカー自体が外からの風となる。

⑩ 緊急事態への対応

接触が難しい家庭に根気よくかかわり続けるからこそ、介入の機会をつかむことができる。子どもや親の状況は、粘り強いかかわりの継続によって把握できるのである。介入の機会を得られたときは、複数の相談機関が家庭にかかわれるときである。

⑪ 子どもや家庭がもっている力を測る

ここで一つ触れておきたい。★エピソード2の中で、虫歯によるあまりの痛さで、子どもが何年も別居している父を呼び、父が病院に行こうと子どもを説得している場面において、「必ず病院に行くように、私からも強く言いました。……帰宅したときにけん太くんがいるようなら救急車を呼ぼうと決めていました」という大田のソーシャルワークを考察したい。

けん太くんの緊急事態において、生存権保障を担うソーシャルワーカーである大田は、その時点で救急車を呼んでもよかったのではないか、との考え方もあると思う。しかし、その時けん太くんの実父が病院にいこうと子どもに働きかけていた。ソーシャルワーカーは、誰かに代わってすべてをやってあげる存在ではなく、本来やるべき人ができないときに、その人ができない部分をささえる役割を担うものであるとの判断があったと考える。大田は、けん太くんが父にヘルプを出せる力があるということを確認し、それに応えようとしている父が実際に対応できるかどうかをも確認しようとしていると考えられる。子どもにとって支援者となり得そうな人物の力を測るのは、その後の支援にとって極めて重要である。弟そう太くんとの図書館活動を終え帰宅した時、けん太くんと父の姿がなかったことで病院に行ったと判断し、次の段階として医療機関とも連携することに向けて、地域の子ども家庭支援機関に連絡を入れたものと考える。

　大田の実践では、債務整理などの法的対応、生活保護受給や家事支援など
の福祉サービスの利用支援、病院などの専門機関との連携といったことが、
「家庭訪問」をきっかけに行われている[20]。

　スクールソーシャルワークでは、すでに家庭にかかわっている相談機関な
どからさまざまな情報を得る。「家庭訪問」をすることで、それらの情報が
正しいものであるのかを確かめ、また、他の相談機関が把握していない新た
な情報を得ることも少なくない。どんなに事前に他から情報を得ていたとし
ても、スクールソーシャルワーカー自身が実際に目にしたものからアプロー
チしていくことが、その子どもや親にダメージを与えず、また彼らを尊重し
ていく上で重要である。他から得た情報をもって、子どもや親に何らかの提
案をしたところで、本人の了解のない所でまわりがつながっていると思われ
てしまうだけである。

　筆者にも、★エピソード１のようなスクールソーシャルワークの経験があ
る。不登校の子どものもとに「家庭訪問」を淡々と重ねる中で、ある日玄関
に複数の督促状を目にした。その状況に入れたことで、何かお金のことで困
っているのではないか、と母に問いかけたことから家庭とのかかわりが始め
られた経験がある。民事法律扶助制度を活用して債務整理を手伝い、借金の
返済に保護費が回されてしまう心配がなくなったところで、母と生活保護受
給の相談窓口に出向いた。経済面の課題が少しずつ減少していったところで、
日々の家庭生活を整えるために、子ども家庭支援センターの福祉サービスを
利用していった。これらスクールソーシャルワークの過程では、司法サービ
スや福祉サービスを利用するために利用支援や同行支援を行っている。母が
子ども家庭支援センターのサービスを利用し、支援センターが主体となって
母支援をすることができるようになってからは、筆者は子どもへの働きかけ
に専念できた。スクールソーシャルワークは、よく「つなぐ仕事」と言われ
るが、子どもや親とスクールソーシャルワーカーという個と個がつながらな
い限り、その先の人や相談機関などに子どもや親がつながってはいかない。

　★エピソード２の緊急場面に立ち入ることなどを含め、これらは、教師
（教育職）による「子どもたちの健全育成を図るため」の「家庭訪問」では
実践困難な、福祉職ならではの「子どもや親の生存権を保障する」実践であ

るといえる。

　「養育困難家庭の不登校」となっている子どもや保護者とは接触すること自体が難しい。会えないところからスタートしなければならないが、会える可能性があるところに出向き、どうしたら会えるのか工夫しながら子どもや保護者に直接働きかける。そうした働きかけの過程で関係をつむぎながら、子どもを取り巻く環境へのアプローチ、子どもの自己肯定感を高めること、そして、子どもを学びにつなげることをしていく。「家庭訪問」なしには、学ぶこと自体が始まらないのである。

（3）実践を発展させ、新たな実践を創る──「家庭滞在」の意義

　ここでは、大田の以下の実践報告を特に取り上げておきたい。それは、大田が「家庭訪問から家庭滞在へ」とタイトルをつけていることからもみえるように、「家庭訪問」を発展させ「家庭滞在」という実践を創造していると考えられるからである。長くなるが、多くの部分を引用しておく。

★エピソード３：大田なぎさ「家庭訪問から家庭滞在へ──特別なことをせずに子どもと遊び母親の声を聴く」[21] より
　ある日、顔に痣（あざ）を作って登校してきた子どもに養護教諭が痣について聞くと、子どもは「知らない」と答えるため、直接母に尋ねると「子どもを虐待している」と悩みを打ち明けたという。養護教諭から大田へ、母にスクールソーシャルワーカーを紹介したという連絡が入った。大田は母に電話をして約束の家庭訪問をした。

　　玄関で迎えてくれた母は、表情が硬く緊張しているように見えました。部屋へと続く廊下を歩いている時点で、「自分がやったって言っているのに、この前来た区の人に、随分注意を受けたんです。」と母が不服そうに言いました。その言葉に続いて、「あなたも同じように非難するの？」と言っているように、私には感じられました。……〔部屋の中には幼い弟妹がおり母にまとわりついていたため、大田は、まず子どもたち

の相手をした。〕……しばらく一緒に遊んだ後、「ママと少しお話しても
いい？」と尋ね、「いいよ」と許可を得ました。母は、長女に授乳し
ながら、その様子を見ていました。

　次男が一人で遊び始めたので、母の話に耳を傾けることができました。
かずき（仮名）くんを叩いてしまったことに、母自身が相当な後ろめた
さを抱えながら、辛い思いをしていることがわかりました。……〔母
の話から、次男が幼稚園の入園抽選からもれてしまい昼間は二人の子どもの
世話で忙しい事、家事は子どもたちが寝てからしかできないこと、夜中に長
女が何度も起きるので睡眠不足になっていること、こだわりが強いかずきく
んへの関わりが難しい事、仕事をしている父親をあまりあてにできないこと、
ママ友たちとの関係についてなど、苦労している様子がうかがわれた。〕

　……母の話がひと段落したことがわかったのか、次男がローラーブレ
ードのおもちゃを出してきて私の目の前で遊び始めたので、「それ、ど
うやって使うの？」と聞くと、「こうやるんだよ」と言いながら、私を
遊びに誘いこみました。長女も大好きなママのおっぱいから離れて、遊
びに参入してきました。子どもと遊んでいる様子をみていた母が、「保
育士さんなんですか？」と尋ねてきました。「いいえ」と応えると、「子
どもと遊ぶの上手ですね」と静かに言いました。こうした言葉や様子か
ら、母は、子どもたちとあまり楽しんで遊べないのかなぁ、と思いまし
た。生真面目そうな母だけに、子育てが重くのしかかっているように感
じました。そこで、家庭訪問で子どもたちと遊ぶこともできることを伝
え、手伝いが必要な時には母の方から連絡をもらえるようにお願いをし
て、その日の訪問を終えました。

　その後、母が私の訪問を希望していると養護教諭から連絡を受け、毎
回一時間程度の家庭滞在を継続しました。子どもと遊んだり家事の手伝
いをすることで、母の気持ちを少しだけ軽くできればと考えました。ジ
グソーパズルやブロック遊び、かるたやトランプなどで次男と遊んでい
るところに、長女もハイハイで加わってきて、邪魔をしながら仲間入り
していました。子どもたちと私が遊んでいる間に、母は家事を片付けて
いました。ひとしきり遊んで子どもがおやつを食べ始めたところで、洗

濯物を一緒にたたみながら、母と会話をしていきました。まだ若い母なのですが、すでに母方祖母は他界しており、子育ての苦労を安心してもらせる相手、子育てを気軽に手伝ってもらえる存在がいなかったことがわかりました。なにしろ生真面目な母でしたので、相談機関の家事支援サービスを受けることにも抵抗があったようですが、「人に手伝ってもらうことにも慣れていかなくちゃと思っています」という言葉が聞かれるようになりました。

　〔こうした家庭滞在を9か月ほど続けている間に、次男は翌年度の入園が決まり、長女もみるみる成長して、だんだんと母の切羽詰まった硬さが緩んでいった。学校では、子どもの特性を見ながら養護教諭がかずきくんのケアをしており、母が緩やかになっていくのと並行して、かずきくんが保健室に来ることが減っていった。〕……発達に課題を抱える子どもを育てることは、親への負担がさまざまに生じます。かずきくんの場合は、弟妹の育児の大変さも重なって、母が追いつめられてしまったのでしょう。療育的な関わりへのアドバイス等、特別なことは何もしない、ただその場に一緒にいて、時間を共に過ごすことで、母親の子育ての負担感がいくらかでも軽減できたかなと思えた関わりでした。

　上述したスクールソーシャルワーク実践における、「家庭訪問」を発展させた「家庭滞在」の意義を、以下に分析した。

① 行政とは違うスタンスで行う

　登校した子どもの顔に痣があり、痣について納得できる理由が子どもから得られないとなれば児童虐待を疑い、学校は、子ども家庭支援センターや家庭児童相談室、あるいは児童相談所等の児童虐待相談機関に連絡を入れることになる。かずきくんの場合には、養護教諭が直接母親に尋ねたことで、虐待をしてしまう母親の悩みを知ることになった。養護教諭は、母親にスクールソーシャルワーカーのことを伝え、児童虐待相談機関の他に大田にも連絡を入れていることを考えると、そこには、学校と関係機関とをつなぐ存在として、および、関係機関と連携して家庭にかかわる存在としてスクールソー

シャルワーカーを活用しようとすることはもちろんであるが、児童虐待相談機関の介入や指導などとは違った役割をスクールソーシャルワーカーが担うことへの期待を感じる。

　それは、養護教諭からスクールソーシャルワーカーを紹介された母親の方にも感じられることである。最初の「家庭訪問」で、「自分がやったって言っているのに、この前来た区の人に、随分注意を受けたんです」という言葉の後に、「あなたも同じように非難するの？」と母が言っているように大田は感じたと記している。母は養護教諭の話から、非難しないスクールソーシャルワーカーの姿を想像し、期待もしていたのではないかと感じられる。

　それぞれの支援者が担わなければならない役割がある中で、スクールソーシャルワーカーは、その役割同士のすき間を埋めるようなスタンスで「家庭訪問」および「家庭滞在」を行うことができると考える。

②　支援内容を創意工夫する

　大田は、子育てや家事に辛さを感じている母親に「家庭訪問で子どもたちと遊ぶこともできることを伝え、手伝いが必要な時には母の方から連絡をもらえるようにお願いをして」、最初の「家庭訪問」を終えている。上記①に関係することでもあるが、スクールソーシャルワーカーは「指導」するのではなく、あくまでも「提案」する存在であることが記されている。その後、母の希望で毎回1時間程度の「家庭滞在」が継続されていく。大田が母に提案した家事の手伝いや子どもと遊ぶことなどは、スクールソーシャルワーカーの専門性から検討した母のニーズに合致していたものであることに間違いないが、おそらく大田自身が、家事や子どもとの遊びが好きであったからであろうと考えられる。スクールソーシャルワーカーが提案する支援内容は、それぞれのスクールソーシャルワーカーの持ち味を生かして生み出される。

③　かかわりが難しい人と関係をつむぐ

　大田は、「家庭滞在」で子どもたちと楽しく遊び、洗濯物を一緒にたたみながら母と会話をしていった。そうした時間を数ヶ月積み重ねる中で、母が心細く不安であろう中で子育てをしている様子を知った。生真面目さゆえ、

行政のサービスを受けることに抵抗があった母だが、「人に手伝ってもらうことにも慣れていかなくちゃと思っています」というように、気持ちに変化が生まれている。大田の実践報告の中に記述があるわけではないが、児童虐待通告を受け「家庭訪問」をした支援機関とスクールソーシャルワーカーの連携は当然行われていると考えられる。大田は、「家庭滞在」で人とのかかわりがあまり上手ではない母との関係をつむいだ。母が大田とかかわることの延長に、支援機関の職員やサービスにつながる可能性を想像することができる。

　また、大田は、学校に行っているかずきくんについては、子どもの特性を見ながら養護教諭がケアをしており、母が緩やかになっていくのと並行して子どもの様子が落ち着いていったことを記している。教師とスクールソーシャルワーカーは、異なる場所異なる時間異なる方法で、ともに子どもをささえている。学校関係者である大田が「家庭滞在」で母との関係をつむいでいくことは、学校に行っている子どもにとって第一の支援者となる教職員と母との関係を強いものにすることにも幸いするはずである。

④ 特別なことをしないという専門性

　大田は、ただその場に一緒にいて、時間を共に過ごす、特別なことは何もしないという「家庭滞在」で、母親の子育ての負担感がいくらかでも軽減できたかなと思えたと述べている。そこには、あえて特別なことはしないという選択をするスクールソーシャルワークの専門性が見える。エピソード記述の文面からは、かずきくんがおそらく発達に課題を抱えた子どもであろうことがわかる。大田は、そうしたかずきくんには育てにくさがあるだろうこと、母がそれまでにも療育的な助言や指導などをいくつも受けてきているだろうことを想像し、あえて特別なことをしないという選択をしたものと考えられる。

⑤ 点（訪問）から線（滞在）へ──時間を共有することの意義

　大田の「家庭滞在」では、大田が子どもたちと遊んでいる背景で母が家事を片づけていたり、おやつを食べ始めたところで子どもたちから解放された大田と母が、洗濯物を一緒にたたみながら会話をしていったことが記されて

いる。その様子からは、大田が家庭の日常生活の時間の流れの中に身を置いていることがわかる。大田と母が洗濯物に視線を落としながら重ねる会話のなかで、母から心細い子育ての実情を漏れ聴いていく。こうしたことは、お互いに視線を直接向けあう「訪問」ではなく、一定時間共にあるという「滞在」だからこそ実現できるものであろうと考える。大田の「家庭滞在」は9ヶ月以上に及んでいるようだが、その人の日常生活に入らせてもらい、その人と関係をつむぎその人が心を開いていけるようになる上で、共有する時間を重ねていくことが重要であると言える。

　何か目的のある「家庭訪問」とは違う、「家庭滞在」だからこそできる、特別なことは何もしないという選択。行政とは違うスタンスでできる、その中身を創意工夫できる、関係を丁寧につむいでいける「家庭滞在」は、「家庭訪問」を豊かに膨らませた実践である。このように、実践現場では新たな実践が生み出されているのである。

５．「家庭訪問」・「家庭滞在」をスクールソーシャルワークに位置づける必要性

（１）不登校・ひきこもりへの訪問支援活動の効果を手掛かりに

　四戸智昭らは、福岡県立大学付属研究所不登校・ひきこもりサポートセンターで行っている訪問支援活動[22]について、40ケースの、主に当事者（子）の変化と家族（親）の変化に焦点をあて、2軸でレトロスペクティブに訪問支援の効果を検証している[23]。第1軸として子どもに良い変化（家族以外の人とコミュニケーションが取れるようになる、生活リズムが整うようになる、等）が見受けられたか、第2軸として親に良い変化（子への関心を持ち、理解するよう努力している、家族が支援者とともに積極的に問題を解決しようとする、等）が見受けられたか、によって評価しているものである。分析結果は、Aグループ（子：変化あり、親：変化あり）7ケース（17.5％）、Bグループ（子：変化なし、親：変化あり）9ケース（22.5％）、Cグループ（子：変化あり、親：

変化なし）14 ケース（35.0%）、D グループ（子：変化なし、親：変化なし）10 ケース（25.0%）となっている。

　また、対象ケースについて、該当する問題を複数回答可で抽出したところ、回答が 10 件以上あったものは、「母（父）子世帯」17 件、「両親離婚」16 件、「虐待」13 件、「昼夜逆転」13 件、「対人緊張」12 件、「家族の病気・障害」12 件、「家庭内の不和」10 件など、「当初予想していたよりも発達障害に該当するケースは少なく、家族機能に端を発する問題に該当するケースが多かった」と記している。

　この訪問支援活動によって 75.0% の子あるいは親に良い変化が見られることが確認でき、親の変化（40.0%）と子の変化（52.5%）の比較からは、子どもの方が訪問支援活動によって何らかの良い変化を促される可能性が高いことが予想される。さらに、C グループ（子：変化あり、親：変化なし）が、35.0% を占めていることに注目したい。調査対象となった家庭は、離婚や虐待、家族の病気や障害といった家族機能に課題を抱えていることが多く、そのことが子どもの不登校やひきこもりと強い関連があることがわかる。「養育困難家庭の不登校」となっている家庭の親は、支援者の働きかけによって変化することが大変難しい様子が大田の実践報告から推察される中で、子どもに良い変化を促せる可能性が高い「家庭訪問」は、重要で必要な支援方法であると言える。

（2）子ども福祉領域における「家庭訪問」を手掛かりに

　網野武博は、家庭訪問による支援の歴史について、頻繁に"訪ねる""訪ねられる"という開かれた環境から、近代家族の登場によって家庭生活がプライベートな閉じられた環境へ変化していったことを概観している[24]。そして、「……プライバシーの壁を強化し、みずからの家庭に外部の人々が訪ねることへの否定的感情を育んでいった。時には、訪問によるサービスや保護、介助そしてソーシャルワークが必要な場合であっても、関係者が入り込むことが非常に困難な例もみられるようになった」と述べている。また、ヒューマンサービスにおける支援の専門化についても触れており、「必ずしも望ま

れない訪問、時には強く保護者から拒否される訪問を担わなければならない役割を負っている」と、共助による家庭訪問が影を薄くするなかで、公助に基づく家庭訪問の役割について述べている。

さらに網野は、家庭訪問の意義の再確認と今後の展望について、「子どもとその家庭の何よりの生活基盤である一つ屋根の下に"訪ねる"というベクトルの再転換が求められてきている。……家庭訪問サービスを、ケアワークにおいても、そしてソーシャルワークや助産、医療、看護、保健、そして教育においても重要な機能として深く位置づけることの意義と実践の在り方を検討することである。具体的には、家庭医・訪問医、訪問保健、訪問養護、訪問保育、訪問教育の意義を再確認し、その子どもの個性、特性やニーズに寄り添ったサービス、その家庭の個別性、特性やニーズに適切に対応し得るサービスを展開する方向である」と結んでいる[25]。

網野が述べている訪問保育や訪問教育については、大田が家庭滞在で子どもと遊んだり、子どもと学習していることと重なるであろう。教育においても家庭訪問を重要な機能として位置づけ、さらに教育現場で福祉実践をする専門職サービスとして、スクールソーシャルワークの中に「家庭訪問」を位置づける必要がある。

6. 教育学における「家庭訪問研究」への問いかけ

以上、先行研究と大田の実践におけるソーシャルワークの「いとなみ」をつなげながら、スクールソーシャルワークにおける「家庭訪問」の意義と必要性を述べてきた。そこからは、もはや「家庭訪問」が「連絡の一方法」などといったものではなく、「養育困難家庭の不登校」の子どもの生存権保障と学習権保障のためにはなくてはならないものであり、「家庭訪問」をしなければ健康で文化的な生活ができない、学ぶこと自体ができない、といえるのではないか。

何らかの支援が必要でありながら、親が訪問を強く拒否するような、関係者が入り込むことが非常に困難な家庭であっても、学校の関係者であり、かつ、福祉の専門職としてのスクールソーシャルワーカーが担う「家庭訪問」

では、子どもや親に会うことができることもしばしばある。さらに、スクールソーシャルワーカーは教師と協働するため、単独での「家庭訪問」の様子を共有もするし、実際に教師とともに「家庭訪問」をすることがある。隠そうとしても隠し切れない家庭の状況や家族関係、人間的な環境と教育を奪われた子どもの様子を知り、また、目の当たりにすることで、学校で見える子どもの姿だけでなく一人の生活者として生きている子どもの姿が教師に見え始めるとき、教師の中に福祉的な視点が取り込まれ子ども観の転換がなされる。「家庭訪問」は、学校における教師の教育実践は子どもが学校に来たところから始まるのではなく、学校に来れるように、来られたら来続けられるようにと、学校における教育のあり方そのものの変換の必要を感じさせる。子どもの学習権保障にとって、「家庭訪問」は重要なきっかけとなるものなのである。

　スクールソーシャルワークとしての「家庭訪問」は、直接的に子どもの生存権保障と学習権保障のために働きかけるものであるが、子どもにとって大きな環境であり、子どもにとって重要な支援者ともなれる教師の子ども観の醸成に対し大きな影響を与える。しかも、その教師は、いくつもの福祉的機能（保護、保健、給食、生活指導・生活支援、非行防止など）を兼ね備えている学校において子どもにかかわる専門職なのである。本章でのスクールソーシャルワークにおける「家庭訪問」の意義と必要性の検討は、教育学における「家庭訪問研究」の必要性を提起している。

注

１）　大田なぎさ（2013.12 ～ 2015.10）「スクールソーシャルワーカーのしごと」『子どものしあわせ』No.754 ～ 776、本の泉社。
２）　東上高志（2006）「担任教師の役割を問う――同和教育運動の教育実践から」『人権と部落問題』No.742、106 頁。
３）　村越末男・横山嘉道編（1984）『高知県の部落問題と同和教育』明治図書出版、65 ～ 66 頁。
４）　水田精喜（1982）『草分けの同和教育』文理閣、32 ～ 34 頁。
５）　水田、同前、37 ～ 38 頁。
６）　水田精喜（1974）『未完成の記録』部落問題研究所出版部。
７）　細谷俊夫編（1961）『現代学校経営事典』明治図書出版、341 ～ 342 頁。

8）　安彦忠彦編（2002）『新版現代学校教育大事典第 2 巻』ぎょうせい、14 〜 15 頁。

9）　有本真紀（2013）「家庭の管理装置としての学校教育——明治期・大正期における『学校と家庭との連絡』」『立教大学教育学科研究年報』第 57 号、5 〜 26 頁。

10）　貴戸理恵（2011）『「コミュニケーション能力がない」と悩む前に——生きづらさを考える』岩波書店は、長期欠席出現率の変化から、① 1970 年代前半まで（長期欠席が低下傾向をたどる）② 1970 年代後半から 1990 年代後半まで（長期欠席率が上昇傾向をたどる）③ 2000 年前後以降（長期欠席率が頭打ちとなる）という三つの時期区分を示し、それぞれの時期区分において、「学校に行くこと行かないこと」がどのような意味を持ってきたかを、社会背景と照らしながら概観している。

　　　貴戸による第②区分の時期に出されている、不登校にかかわる国の答申や施策等を確認してみると、文部省（当時）は、1980 年代増え続ける不登校を「病理・逸脱」とする見方から、80 年代半ばの不登校の子どもや保護者らによる不登校の価値の捉え直しを図る運動を経て、90 年代には「どの子どもにも起こりうるもの」とする見方に改めた。不登校を「心の問題」として捉え、それまでの「登校強制」から「見守る」との対策が採られたが、その後ますます不登校は増え続けた。第③区分の 2000 年代に入り、「心の問題」だけでなく、「進路の問題」として捉える対策がとられている。その第③区分時期の始まりは、文部科学省において「不登校問題に関する調査研究協力者会議」を発足した時期と重なる。

11）　白石克己（2008）「学校づくりのステップ・アップ—— 3 私の学校では『家庭訪問週間』がなくなりました。いまこそ家庭訪問が重要な活動だと思うのですが？」『解放教育』No.489、59 頁。

12）　小野田正利（2015）「家庭訪問の縮小傾向と保護者対応トラブル」『内外教育』（6422）、4 〜 5 頁。

13）　池原征紀・中村豊（2016）「三度の TEL より家庭訪問」『月刊生徒指導』5 月号、68 〜 71 頁。根津隆男（2017）「家庭訪問のイロハ」『月刊生徒指導』4 月号、42 〜 45 頁。

14）　山下英三郎監訳・日本スクールソーシャルワーク協会編（2001）『学校におけるソーシャルワークサービス』学苑社、42 〜 44 頁。

15）　岩崎久志（2001）『教育臨床への学校ソーシャルワーク導入に関する研究』風間書房、104 頁。

16）　メアリー・E・リッチモンド著、小松源助訳（1991）『ソーシャル・ケース・ワークとは何か』中央法規出版、124 頁。

17）　大田なぎさ（2013.12）「家庭の経済的困難と不登校児童の背景——あつしくんとの関わりから」『子どものしあわせ』No.754、20 〜 25 頁。

18）　大田なぎさ（2014.4）「子どもの気持ちを感じ取り、子どもに気持ちを感じ取られること——けん太くんとの関わりから」『子どものしあわせ』No.758、34 〜 39 頁。

19）　大田なぎさ（2014.8）「家庭生活の崩れとネグレクトの影響②——日々の関わりから見えるもの」『子どものしあわせ』No.762、38 〜 43 頁。

20）　増山均（2014）「中間まとめ　スクールソーシャルワーカーのしごと　福祉と教育

と文化をつなぐ――スクールソーシャルワーカーがきり拓く実践の世界」『子どものしあわせ』No.766、21 ～ 27 頁は、「大田さんの実践から浮かびあがって来るのは、家庭訪問の重要性です」と述べ、「①家庭訪問から家庭滞在へ――接点を探り、支援の方策を定めるために」、「②外の風・社会の風を吹き込み、外の世界・社会への窓口になる」という「家庭訪問」の役割について指摘している。親からの働きかけや家族間での会話を失い、ゲームなどをして毎日を過ごしていて家から出かけることなく、人とかかわる機会や生活経験を積むことができなくなっている子どもが、「ＳＳＷｒ（スクールソーシャルワーカー：筆者）との出会いを通じて、一歩外に踏み出すこと。外の空気を吸い、人々と出会い、人と会話する機会がつくられること自体に大きな意味があります。ＳＳＷｒは子どもにとっても親にとっても、外の世界・社会へと生活と人間関係を広げる窓口であり、いっしょに時間を過ごすことの中で社会的なルールをきちんと伝える機会も生まれます」と、増山が述べていることに特に注目しておきたい。さらに増山は、「③生活支援・福祉サービスにつなぐ――家庭環境の改善のために」、「④『遊び』を重視する―解放力・主体性の取りもどしのために」、「⑤『学び』につなぐ――教育機会の保障」について述べているが、これらはすべて、スクールソーシャルワーカーの「家庭訪問」がきっかけとなり始まると言える。

21) 　大田なぎさ（2014.3）「家庭訪問から家庭滞在へ――特別なことをせずに子どもと遊び母親の声を聴く」『子どものしあわせ』No.757、43 ～ 45 頁。

22) 　平成 19 年度から福岡県の委託を受けて行っている事業で、看護や福祉を学ぶ学生たちがボランティアとなり、不登校で学校に行くことのできない子どもたちと交流したり（キャンパスキッズ）、教育関係者の協力のもとフリースクール（キャンパススクール）を開校している。また、子どもの支援だけでなく、親の自助グループを実施したり、家庭を直接訪問する訪問支援活動を行っている。

23) 　四戸智昭他（2014）「不登校・ひきこもりへの訪問支援活動の効果に関する一考察」『アディクションと家族』Vol.29No.4、350 頁。

24) 　網野武博（2011）「家庭訪問による支援の歴史、現状と展望」『世界の児童と母性』第 70 号、4 頁。

25) 　網野、同前、6 頁。

第2章　「遊び・生活文化論」
子どもの主体性を引き出す
──「遊び」の可能性

1．スクールソーシャルワークで「遊び」を取り上げるのは

　現在、就学前の保育や幼児教育、学童保育においては、「遊び」を取り入れた実践が日常的に行われている。また、児童館やプレーパークなどにおいて、子どもに「遊び」を保障しようとの取り組みがなされている。学校では、教師が教育活動の中に、心理職がプレイセラピーといった形で、子どもとのかかわりにおいて「遊び」を取り入れている。従来から「遊び」は、子どもの成長や発達の視点で捉えようとする教育学や心理学、民族の伝統文化の面から理解しようとする文化人類学、哲学や社会学など、さまざまな領域にまたがって取り上げられ研究されてきた。

　一方、ソーシャルワークの中では、精神医療や精神保健福祉領域においてデイケアや生活療法、社会復帰活動として展開されるものとして「遊び」が語られているが、研究対象として「遊び」が取り上げられることはあまり多くない。向谷地生良は、「相談援助のプロセスを堅苦しいものではなく、和ませる"余興"的な位置づけと思われていた"遊び"が、日常の平凡な一コマでありながら、実は私たちを身体が抱える内在化された危機から解放する可能性を孕んだ興味深い行為である」[1]と述べ、「遊び」がソーシャルワーク実践のプロセスの重要な要素であることを指摘している。

　本研究で取り上げる、家庭の養育力が著しく低いために長い不登校となっている子どもは、前述したように、幼い頃より親にかかわってもらえずにただ家庭の中に野放図に置かれ、家族や同年代の子どもを含めた人間関係は極端に薄く、電子ゲームなどをしながら一日を過ごしている。身体を使いのびのび遊んでいる様子や、精神がはつらつとなるような遊びをしている様子は、家庭訪問を重ねる中でも全く見えてこない。子どもは遊びのある環境でその成長発達を保障されるといわれてきているが、子どもらしい育ちが阻害され

る生育環境を余儀なくされている。

　岡本夏木は、現代の子どもの幼児期の遊びの欠如を「幼児期の空洞化」と呼び、幼児期の空洞化が児童期の空洞化をもたらす可能性があり、人間としての土台を育む大切なプロセスを失ってしまうと問題視している[2]。筆者が出会う上述の児童期の子どもは、岡本がいう「幼児期の空洞化」であった子どもであり、このままでは人間としての土台を育む大切なプロセスを失ってしまう子どもであろうと考えられる。また、ただ一人じっと座ったまま一日ゲームをしている子どもの姿に、鷲田清一が述べている「なにか身体の深い能力、とりわけ身体に深く浸透している知恵や想像力、あるいはそういう身体のセンスがうまく働かないような状況が現れているのではないか。そんな身体から、なにやら悲鳴のようなものが聞こえてくる」[3]とも感じている。

　前章においては、会うことが難しい子どもに出会い、課題解決に向けた過程を共に歩むきっかけとなる「家庭訪問」を取り上げた。「養育困難家庭の不登校」の子どものもとに「家庭訪問」をして目にするのは、家族以外に接する人がいない中で、来る日も来る日も家の中にただ居続けている子どもの姿である。そこには、彼らが活動する姿、何かに取り組もうとする姿はない。「家庭訪問」で彼らに会えるようになっていく中で関係をつむぎながら、活動しようとするエネルギーを生み出す、子どもの意欲を引き出すための働きかけを考えていかねばならない。そのためにも、スクールソーシャルワークは「遊び」に注目する必要があると考えている。

　前掲、仲間のスクールソーシャルワーカーらとの学習の場である研究会で「遊び」を通した子どもとのかかわりを取り上げた際に、スクールソーシャルワークに「遊び」を取り入れるといった視点を持っていなかったとか、意識していなかったが確かに「遊び」の要素を取り入れている、といった話し合いになったことがある。

　本章では、子どもの人間らしい育ちをささえるため、および、子どもの主体性を引き出すために、日常の支援において重要であると考える、子どもにとっての「遊び」の本質を探り、スクールソーシャルワークにおいて、どのように「遊び」を捉え実践に用いるかを考えてみたい。

2．子どもの「生活文化」から考える「遊び」

　本章では、ソーシャルワークにおいて重要視する「生活」と、ヨハン・ホイジンガが遊びを人間文化の本質だと位置づけた[4]「文化」とをつなげる「生活文化」の視点から「遊び」に迫った。子どもの「生活文化」の視点を豊かにしたスクールソーシャルワークのあり方について論を展開する。

　子どもにとって、「遊び」は生活の中心であり必要不可欠なものであるといわれている。「遊び」は、楽しさや喜びを伴った自主的で自由な活動であり、興味ある「遊び」の世界で十分に遊ぶことで子どもは解放感や満足感を得られる。「遊び」は、子どもの健康な身体と心、豊かな感情や社会性、意欲や態度を発達させ、子どもの人間形成に重要な役割を担っている。

　振り返ってみると、富国強兵政策を推し進め、より優れた人材を育成するといった教育的、目的的なことに重きをおいた明治以降、「遊び」は日常生活において副次的な位置づけとなり、子どもの成長や発達、学習効果を高めることに結びつけて問われることが多くなっていったのではないだろうか。しかし、ロジェ・カイヨワが「遊び固有の機能が能力の発達にあるのではない。遊びの目的は遊び自体である」[5]と述べているところからは、教育的意味を問わないところに「遊び」の意味があると考える。

　藤本浩之輔は、大人によってつくられ、子どもに与えられる「児童文化」と区別して、文化としての遊び（子どものつくる遊び）に「子ども自身の文化」という用語を提唱した[6]。藤本によれば、文化とは、文明度の高いもの、価値の高いものだけではなく、その社会の人びとの生活の中に根差しており、子ども自身の文化は遊びの領域のなかにあるという。

　「文化としての遊びは、長い年月にわたって子どもたちの工夫や知恵が付加され、おもしろさが練り上げられているからこそ、子どもたちを熱中させ、遊びの時間を長続きさせ、仲間同士をつなぎ合わせることができるのである。そのおもしろさに夢中になっているうちに（無意識のうちに）、身体の諸能力を養い、社会性や自律性を育て、知的能力や感情的能力を豊かにしていく」[7]と述べているように、生活に根差した子ども自身の遊び文化のなかにこそ、子どもの育ちの重要な部分があると考えるのである。

また、尾関周二は、「労働、コミュニケーション、遊び、これらの活動は、食べたり、飲んだり、寝たりといった、われわれの生理的生存に直接かかわる活動をのぞけば、だれもが日常生活において経験する活動であるが、これらがはたして人間的なものになっているかどうか、これをみてみる必要があろう」と指摘し、働き、遊び、コミュニケーションしてこそ、人間らしい豊かな生活とよべるのではないかと述べている[8]。

　「遊び」と「文化」と「生活」は、密接に結びついている。「遊び」の中に子ども自身の「文化」があり、「文化」は「生活」に根差している。本研究では、「文化」を、「児童文化」が持つ文化的影響という狭い意味を超えて、日常の生活習慣、労働、家庭の価値観、生き方等を含め、「生活」とつながる「生活文化」、「生活」の過程で繰り返される生活様式の積み重ねとしての「生活文化」という広い意味で捉えたい。

　「養育困難家庭の不登校」の子どもは、生活の中心であり、必要不可欠なものであり、人間形成に重要な役割を担い、生活や社会と深いかかわりをもっている「遊び」のある環境を得られず、子どもらしい育ちが阻害されている。子どもらしい育ちと人間らしい豊かな生活をささえるために、子どもの成長や発達あるいは回復という視点の土台に「生活文化」という視点を置いて、「遊び」について検討していこうと考える。

3．スクールソーシャルワークにおける「遊び」の実践

（1）スクールソーシャルワークにおける「遊び」への注目

　大田なぎさは、連載のなかでネグレクトされた子どもの問題を取り上げている。ネグレクトされている子どもは、身体的虐待に比べて児童相談所に保護されにくいこと、一日三食摂ることができないこと、環境面や身体面で大変不衛生な状態にあること、学齢児では不登校となり教育全般から離れ、人とのかかわりは薄く、遊ぶこともなくなってしまって、憲法第25条で保障されているはずの健康で文化的な最低限度の生活とは程遠い環境下に置かれている様子を記し、ある兄弟とのかかわりを、以下のようにエピソード記述

で綴っている。エピソード内の〔　〕は筆者加筆。

★エピソード4：大田なぎさ「『遊び』が持つ力——子どもの体と心を解き放つ」[9] より

　不登校となってからの4年間をほとんど家の中だけで過ごしていた子どものもとに淡々と訪問を重ねながら家から出ることを働きかけ、大田が働きかけ始めて10ヶ月が過ぎたころ、子どもが自ら家の玄関を出たときのことである。

　　その日、ようやく玄関を出たけん太くん（仮名）は、洋服のフードを深々とかぶっていました。フードを被ることで、いろいろな音や他人の視線といったものから、自らを守っていると感じました。けん太くんが私と一緒に出かけるのを見つけて、弟のそう太くん（仮名）も、私たちのずっと後ろからついてきていました。けん太くんと交差点の角で待ち伏せをして、そう太くんも私たちに合流しました。けん太くんもそう太くんも生活経験の積み重ねがないため、自転車に乗ることができません。私は歩いて三〇分ほどかかる教育センターに、二人を連れていきました。
　　……教育センターでは、プレイルームを利用しました。そこは、オルガンやリコーダーといった楽器類を始め、トランポリンや卓球台などの身体を動かせるものや、複数でやるゲーム、ひとりでできるプラレールなどの、道具があるところです。この部屋には靴を脱いで入るのですが、私が靴を揃えて脱いだのを見て、けん太くん、そう太くんとも、脱いだ靴をきちんと揃えました。以前、二人は保育園に通っていたのですが、登園状況の悪い子どもを、当時の園長先生が家まで迎えに来て、自転車の後ろに乗せて登園させていたということを、聞いたことがありました。子どもたちが、靴を揃えて脱ぐということができたのも、保育園時代の手当があったためでしょう。
　　子どもたちに、この部屋を使うルールを一つだけ伝えました。「けん太くん、そう太くん、次の遊びに移る時は、今やっている遊びを片付けてからだよ。」と。二人は、どんな遊び道具があるのかを見渡して、す

ぐにトランポリン台を見つけると、手を取り合って一緒に飛び跳ねていました。いくつかの遊びを経て、結局、そう太くんは私と海賊ゲームをし、けん太くんはNゲージで一人遊んでいました。

　……〔こうして1時間ほど遊んだ後で、大田は子どもたちを家に送っていくことにした。〕教育センターは、元小学校を利用しているため校庭があり、雲梯や鉄棒も残されていました。二人は建物から出るやいなや、校庭を小走りに一周したり、雲梯で遊んだりしていました。帰りも同じ道を三〇分かけて歩いたのですが、二人の様子は行きの道とは全く違うものでした。顔を上に向けて表情も明るく、言葉数も多くなり、その歩みも軽やかでスキップでもしているようなものでした。

　……〔その後、教育センターでの遊びは2か月ほど続く。〕教育センターでは、週に一度のペースで遊びを続けました。次第に暑い季節となっていく頃でしたが、往復一時間の道のりを二人と一緒に歩きました。迎えに行くと二階の窓から二人でこちらを見ていることもあり、来るのを待っていてくれていることを感じましたし、子どもたちは人との関わりを求めているのだとも思いました。教育センターへの往復では、子どもたちと「何でもない話」をするよう心がけています。確かに、食事はとれているのかとか、母は毎日帰ってくるのかなど、子どもたちの生活環境が心配ではあります。しかし、そのことにはあえて触れずにいます。子どもたちとは、地域で飼っているネコの話やテレビニュースについての話など、「何でもない話」をしていますが、こういった「何でもない話」をする相手がいないのだろうと感じています。こうしたやりとりの中で、ふと、家族の話や日常生活の話がでることがあります。大事な話というものは、聞こう聞こうとしているときよりも、話が終わった後や「何でもない話」の中で、語られるものかもしれません。……〔帰りの道で、母から何の世話もしてもらえないこと、長兄から掃除や洗濯を命令されていることなど、家庭内家族間の様子がうかがえるような言葉を、大田はけん太くんから受け取る。大田は、遊びを通して、子どもたちが日々ため込んでいる鬱々としたエネルギーをいい形で発散し、また、子どもたちが「やる気、その気」になるのを待ちながら、引き出しながら、彼らを学びにつな

げていく。〕

　大田の実践には、子どもにとっての「遊び」を考える上で注目すべき点が
いくつか浮かび上がる。一つ目として、プレイルームの利用にあたって一つ
だけルールを伝えたのみで、何をして遊ぶか、どう遊ぶかは子どもに任せて
おり、「遊び」が子どもの主体性を取り戻す、引き出すものとして捉えられ
ていることである。二つ目として、兄と弟がそれぞれの興味による「遊び」
に集中することから、「遊び」によって子どもが自分の世界を作りやすいと
いうことである。「遊び」に集中しているとき、この兄弟は、重く背負わさ
れている現実の生活を離れ、別の世界に身を置いていたことだろう。三つ
目として、「遊び」が子どもの心と体を解放するということである。日常生
活では、一日中電子ゲームなどをしながらどんよりと過ごしている子どもが、
「遊ぶ」ことを通して、のびのびと体を使い精神をはつらつとさせる。そう
した中に、子どもらしさの表現を見ることができる。四つ目として、子ども
が「遊び」によって心と体を解放することで、子どもの内面にある思いや願
いが漏れる、あふれ出るということである。この兄弟も、遊びのあとの「何
でもない会話」のなかで大事な話が語られたと大田は記している。これらは
みな、これまでにも言われてきているように、「遊び」が子どもの人間形成
に重要な役割を担い、発達の基軸であるということを示している。さらに大
田の実践の中からは、健康で文化的な最低限度の生活を営むことができてい
ない子どもに、子どもにとって生活の中心であり必要不可欠なものであると
いわれている「遊び」を届け、人間として当たり前の生活を回復させたいと
の願いが感じられる。

　ここに、もう一つの実践報告を挙げておきたい。

★エピソード５：大田なぎさ「仲間とともに、実践をつくる──一人ひとり
の子どもの『生きづらさ』をとらえるために」10) より
　大田は、同僚のスクールソーシャルワーカーらと相談し、子どもの学年や
状況を検討しながら、それぞれのスクールソーシャルワーカーが働きかけて

いる子ども同士もかかわり合えるようにしていこうとの取り組みを始めた。

　　家庭の養育力の低さが要因となって長い不登校状態にあるあき（仮名）
さんが、細々とでもつながれるところとして、筆者〔大田〕と教育センター
で活動を始めていました。それ以前から別のＳＳＷｒ〔スクールソーシャ
ルワーカー〕は、中学入学時での転校を機に不登校となっていたはる（仮
名）さんと活動をしていました。二人の子どもが同じ曜日に教育センター
に来ていることと、他の子どもとの交流がほとんどないこと、一学年上
のはるさんは優しく面倒目のよい子どもであることなどから、子ども同
士が交流できる時間を作ることにしました。

　　それぞれの子どもに、他の子どもが交じっていいかを確認の上、時々
一緒の活動をしています。活動のなかでよくやる『人生ゲーム』は、多
くの子どもたちに人気があり、支援者にとっても大変興味深いものです。
家にいる時は電子ゲームで時間を過ごしている子どもが、如何にもアナ
ログな人生ゲームに夢中になります。より安定的な職業を得たり保険を
かけて着実にゴールを目指す子どもや、反対にギャンブル的な道を選ん
でいく子どもがいたり、他の人のゲームの進め方を見ながらいろいろな
人生を選んで遊んでいます。ゲームを通して、子どもが持っている価値
観がうかがえたり、銀行の役割を担ったときに、頭の回転の速さや計算
の強さ弱さが表れたりします。ゲームに興じてくると、子どもが発する
言葉に家庭の文化度がうかがえたり、子ども同士が自分の家庭との違い
を感じたりしている様子がうかがえます。

　　あきさんとはるさんが初めて一緒に人生ゲームをした時、始めはぎこ
ちなく同じ場にいたのですが、あきさんが「あのぅ、『はるちゃん』て
呼んでもいいですか？」と言うと、「『あきちゃん』て呼んでもいいです
か」と、はるさんがすぐに応えました。二人はにっこりしてゲームを続
け、帰るときには、どこの学校なのか、どんな雑誌を呼んでいるのかな
ど、自然な会話が生まれていました。

ここには、大人が子どもをささえるだけでなく、子どもは子ども同士の

かかわりのなかで育つということが描かれている。「家庭の文化度がうかがえ」るような言葉を思わず発してしまうほど夢中になる人生ゲームを通して、人生の失敗や成功を楽しみ、それぞれが銀行などの役割を担ったり共同作業をしたり、時にはけんかや仲直りを経験する。そうした人間関係のさまざまな層を幾重にも積み重ねることができるのである。

　子どもたちの人生ゲームに見るように、「遊び」には本質的に繰り返しの楽しさが備わっている。夢中になって、あるいは、興味や関心をもって「遊び」を進める中で、人とのかかわりが生まれ、その場に合う遊び方を共に考えたりするなど、「遊び」が広がり深まっていく。分かるように言葉で伝え合う、時には起こったいざこざに我慢を強いられるなどを繰り返すことができる。「遊び」には、子どもの成長をささえ人間性を育む要素が含まれている。

　子どもが、人びとと交わりながら自立した生活を送れるような基礎をつくっていく上で、「遊び」は重要な糸口、切り口となる。

（2）「遊び」の保障に必要な「あそび心」

★エピソード6：大田なぎさ「日々の『通学』にもドラマがある──葛藤・決心・自分の世界」[11] より

　大田はまた、別の子どもへの登校支援において、その子どもに「自分の通学路」を案内されたときのエピソードを記している。

　　朝食と登校支度を整え、祖母に見送られ家を出ると、まさ也くん（仮名）が「こっち！」と、細い路地に入っていくのです。この日は雨でしたが、傘を小さく窄めなくては通り抜けられない細さでした。その路地を出たところで、「ここからも行けるよ。でも危険」と、別の路地を指さしました。「あら、何が危険？」と聞くと、「蚊に襲われる！」というので、路地を覗いてみると、なるほど、草がボウボウ生えていました。「確かに危険かもねぇ」と応えて、二人でニヤリと顔を合わせました。
　　そのあと、マンションの敷地に入っていくまさ也くんに、「関係者以

外は、立ち入り禁止だよー」というと、「おばちゃんが住んでるから大丈夫」といって、ズンズンとマンション内に入っていきます。急いでまさ也くんのあとについていきました。「ここ」と指さしたので、「ああ、チェリー（犬）のおばちゃんち？」と聞くと、「チェリーは別のところ」と応えました。どうやら、もう一軒、親戚の家が近くにあるようです。昨日の登校の際、近所に親戚がいるらしい話を聞いていましたが、今朝はそこに案内してくれたのでしょう。広いマンションの敷地を抜けると、校門のすぐ横でした。朝の探検？を終え、まさ也くんは元気に校門の中に入っていきました。

　大田はこの後、子どもの通学路を案内してもらいながら「なんだか、わくわくする気持ちがしていました」と記している。子どもの表現の仕方を楽しく感じ、この子どもがどきどきわくわくしながら「自分の通学路」を発見しただろうこと、誰か友だちも一緒の探検だったのだろうかなど、子どもの豊かな世界に思いを馳せている。子どもたちは、日常の生活圏の中に「秘密の場所」や「自分たちだけの道」などを見つけ、遊びの世界をつくり出している。現実の世界と空想の世界を行き来しながら心豊かに成長している。
　決められた登校時間までに学校に入らなければならないという、あわただしく気がせく時間帯にあって、大人にとっては余計な寄り道であり、一見無駄に見えるような、子どもがのんびりぶらぶら過ごす時間の中で、子どもにとって大切な想像力、空想力が生まれてくることに注目したい。想像力があれば、たとえ現実に困難を抱えていたとしても、未来の世界を想い描き、夢や希望を持ちながら困難を乗り越えようとすることができる。また、困難を抱えた人の苦しみや悲しみに想いを寄せることができるのである。豊かな想像力は、人生を切り開き、社会の人々と交わり共に生きる力の源である。
　子どもの内的世界を大切にし、子どもが楽しむ姿を見てスクールソーシャルワーカー自らが楽しむ姿をみせるという働きかけのあり方。子どもの「遊び」を保障するには、「遊び」そのものの前に、子どもの世界に入って一緒に楽しむ心の余裕が必要となる。「あそび心」「心の余裕」は、教育や福祉や文化の営みにとって、すぐに結果を求めず、じっくりと待つことができる根

拠なのである。

4．子どもにとっての「遊び」と「発達」の本質

　ここでは、上述したスクールソーシャルワーク実践の分析で注目した点について、文献により理論的に紐解いていく。

（1）子どもの「遊び」理解①──古田足日の「子どもと文化」論より

　子どもの成長、発達を、「教育」とは異なる「文化」の視点から探った古田足日は、「"おもしろい、楽しい"──精神の集中、躍動、美的経験」を児童文化独自の視点として提出した[12]。この見解を、古田は「子どもの遊び」を例にとって次のように説明している[13]。

　　子ども・子どもたちが砂山をつくりトンネルを掘る時、彼らは一つの世界に集中し、一つの世界をつくりあげている。彼らがその世界をつくることに集中した痕跡は彼らの手、体のなかに残り、それはわざ以前のわざや、困難な物事に立ちむかう態度や、持続力を形成していく一つの要因となるだろう。しかし、それは結果であり、悪くいえば子ども時代を大人の準備期間ととらえてしまうおとし穴におちこんだ見方であるかもしれない。
　　その児童文化的見解の出発点は、第一にはやはり「おもしろいから、楽しいから」遊ぶということであり、第二には今子どもがつくっているのは砂山でありトンネルであるだけではなく、一つの「世界」である、ということだと思う。

　古田は、子どもが「遊び」に集中するときに生まれる空間と時間は、子どもにとってもう一つの別の世界であり、彼らがつくりあげた世界には、充実した時間、豊かな時間があることを指摘している。子どもがその「遊び」に集中するのは、「おもしろい、楽しい」からであり、「遊び」の場がもっとも

豊かに子ども自身を表現できる場であるからである。砂を掘ることから出発した砂山に道や川、トンネルができ、山が姿をかえ、怪獣が出現したりもする。子どもはファンタジーの世界で遊ぶ。「遊び」がおもしろければおもしろいほど、楽しければ楽しいほど、子どもは精神の集中、躍動に満たされる。

　古田は、「子どもの遊び」に関する以上の考察から、「自己を表現（形成を含む）しつつ豊かな時間を生きることは多くの人間の願いであろう。子どもの将来から遊びの価値をいうことは大切だが、子どもの現在にとって遊びはいっそう大切である」[14] と述べている。

　古田は、また、自身の竹トンボづくりの例を記している[15]。

　　不器用なぼくはまめになやまされ、また何度も指に切傷をつくりながら竹トンボづくりに熱中した。すると、その到達点には青空に竹トンボが舞いあがったという喜び——精神の高揚があったという経験である。これは海賊ごっことはちがって何十日かのあいだに断続しているが、それでもやはりはじまりがありおわりがあり、竹トンボづくりという世界に身をおくことによって、純粋化された時間を持ったという、美的経験の一つである。

　古田は、子どもの頃、自分がつくった竹トンボがはじめて空に舞いあがった時の経験を振り返り、「今ある自分を乗りこえる喜びを積み重ねて子どもは成長する」と記している。

　「とばしたい」という一心で竹トンボと一体化している時間は、「純粋化された時間」であり、その世界を自分自身のものとして経験することを「美的経験」と表した。まめができるほど手に痛みを感じながら、手指を切らないよう緊張しながらも竹を削ることに熱中する心地よさ、自分の持てる想像力と創造力、わざを総動員して竹トンボづくりに格闘すること、竹トンボを回して空中へ放つタイミングや力加減の工夫の上に、ようやく竹トンボがとんだ瞬間の「とんだ！」という高揚感と達成感は、自らの人生を切り開いていく力を育むことになる。古田は、子どもの時の「美的経験」が、将来における認識、行動等の枠組みの原型や、価値観の基本的なもの、精神の柔軟さを

つくり、その経験の質によって何かを創造しようとする態度の形成に働くのではないかと指摘している[16]。

　自分が従事している行為に自分自身を没頭させること、それは、自分の可能性を実現することに全力を注ぐ姿である。「遊び」には、真剣さや本気さが伴う。

（2）子どもの「遊び」理解②——増山均の「アニマシオン」と「子どもの文化権」より

　増山均は、古田の言う純粋化された美的経験との関連から、「アニマシオン」という概念を日本に本格的に紹介した[17]。アニマシオンについて増山は、次のように説明し[18]、子どもの保護（プロテクシオン）と子どもの教育（エデュカシオン）とともに、アニマシオンの重要性を指摘した[19]。

　　　子どもの成長・発達のためには、栄養のある食物の摂取によって〈身体〉機能の発育が必須であり、科学的真理と人間的価値に裏付けられたすぐれた教材を学習することによって〈頭脳〉を発達させ、知識を獲得することが必要であると同時に、人間性豊かな文化・芸術に主体的に参加することにより、〈精神〉を活性化させ、心（魂＝アニマ）を踊らせ（イキイキ、ワクワク、ハラハラ、ドキドキ）ながら楽しむこと、すなわちアニマを活性化（アニマシオン）させつつ生活を楽しむことが不可欠なのである。

　さらに、増山が子どもの文化権について指摘したことに注目したい。増山は、子どもの権利条約第 31 条の内容について、①休息権・余暇権、②遊び権・レクリエーション権、③文化的生活・芸術への参加権の全体を、「子どもの文化への権利（文化権）」と呼んで、子どもの文化権とアニマシオンについて、次のように述べている[20]。

　　　子どもの権利条約第 31 条は、子どもたちが毎日の生活の中で時間の主人公となり、生き生きと躍動する魂・アニマシオンをもって生活を充

実させ、人々との関わりを深め、地域社会を形成する一員となって、未来への希望をつちかうという大切な内容を持った権利なのです。

　北島尚志の「まちまち探検！」は、子どもの権利条約第31条への取り組みとして、上記のことを具体的に表すものである[21]。

　　僕たちの最終地点は、○○公園。2時間後にはそこに行かなくてはなりません。今日は各チームで相談し、どのような道で目的地に向かうかを決め、それをやりきるというものです。あるチームはすぐに車という障害物が現れ、緊急会議を重ねながらその場に応じて対処しています。また、あるチームは、まちの人に尋ねながらいこうと決定しました。まちに出て、人を探してみますが、こういうときに限ってなかなか人と会わないのです。「そんな人はいないな！」やがて1人2人と尋ねることができました。ものすごく親切に教えてくれたり……、家に戻って地図で調べてくれたり……。「なにやってるの？」と声をかけていく人がいたり、明らかにうそっぽく教えてくれたり、どう見ても日本人のおばあちゃんだけど、なぜか英語で答えてくれたり……。僕らは思った。このまちの人は面白い！

　ここには、「絶対目的地にたどり着くぞ！」という子どもたちの思いと、どの道で行くのか、だれに道を聞くのかなどといった一つひとつの選択を主体的に重ねる中に、子どもたちのハラハラ、ドキドキ、イキイキ、ワクワクがあふれ、子どもたちが面白さの時間を、今、その時の時間を生きていることが表れている。道を尋ねたまちの人のそれぞれの反応の違いに、さまざまな感情が子どもたちに生まれる。子どもたちは、まちを訪ね人に尋ねながら、地域や人を身近に感じ、何かに気づき、発見し、想像が広がり、活動のエネルギーが生まれる。子どもたちは想像によって別の世界を創造し、その世界にとどまり続けることによって自分の可能性を実現している。その世界を真に楽しもうと、自分の存在を広げ自分を超え出ていく。子どもは「遊び」の世界を存分に生きている。

　アニマシオンは、精神を活性化することによって、人間が自ら主体的に生き、育っていく上で最も必要なエネルギーを生み出す根源的な営みだと言える。

　また、天野秀昭の「被災地に『遊び場』をつくる」活動を取り上げておきたい[22]。

　　　私たちが〔被災地に〕入ってから 1 ヶ月が過ぎたころから、大人たちは自分の被災体験を猛烈な勢いで話すようになりました。1 時間でも 2 時間でも話すのを聞きながら、「やっとこうして言葉に置き換えられるようになったのかもしれない」と感じ、早く子どもにもそういうときがくるといいなぁと、そのときに思ったのでした。

　　　さらに 1 ヶ月が過ぎるころ、そのシーンは衝撃的に訪れました。手づくりの机の上に子どもが何人も乗り、スクラムを組み一斉に揺らしだしたのです。「震度 1 じゃ、2 じゃ……」。そして「震度 7 じゃ!!」と叫ぶと同時に揺れは最高潮に達し、机の脚を折る。ぱたっとつぶれる机。「わーっ!」という歓声が一斉に上がりました。また、こんなシーンもありました。端材を地面に並べ、間に新聞紙を丸めて熾火をつけ、うちわで扇ぎながら「燃えとる、燃えとる、町が燃えとる、学校が燃えとる!」ここでも大きな歓声が。

　　　この遊びは、避難所に移動してきた大人たちの不快感を大いに誘いました。「何でこんな遊びをやらせとるんじゃ!」「やめろ!」と直接子どもをどやす人も。「やっと出た」と思った私たちは、この遊びは子どもにとってはとても重要な遊びであることを話し、頼むから止めないでほしいとお願いしました。

　子どもたちは、あまりにも圧倒的な体験となった被災で傷ついた心を表す言葉を持ち合わせていない。震災ではどうすることもできなかった崩壊や火災を、「震災ごっこ」と名づけられた遊びの中で、机を揺らしてつぶし火をつけて炎を大きく燃やし、自らコントロールできるものに置き換えてい

く。「遊び」を通して、自らが癒されていくのである。困難を抱えた子ども
が、生き生きした生活を創造するためには、閉じ込められた精神が自由に動
くようになることが必要である。

　増山は、「遊び」の本質は、面白いこと・楽しいこと、すなわち、魂・生
命の躍動が人間としての輝きを生み出し、生きる力を発展させるということ
にあると述べた上で、生きる力の育成を、教育学のみでなく「アニマシオン
の人間学」で考えていこうとしているのである。

　ここまでに、古田足日、増山均を通して、子どもにとっての「遊び」の本
質について検討してきた。子どもの文化権の一部である「遊び」は、だれも
が等しく持つことのできる権利であり、保障されるべきものである。子ども
の成長や発達、教育や形成といった、今日より明日の向上やプラスの変化
を意識せず、「精神の集中、躍動、美的経験」や「アニマシオン」といった、
面白さ・心地よさ・楽しさを繰り返す子どもの「今」と向き合うことが、子
どものびやかな育ちに必要であると言える。

（3）「遊び」のなかにある子どもの「発達」の本質——大田堯の「逸脱のエネルギー」と「その気」への注目

　ここで、大田堯の「逸脱のエネルギー」と「その気」について取り上げて
おきたい。増山がその第31条を「子どもの文化権」として捉えた「子ども
の権利条約」には、「子どもの最善の利益」という言葉が繰り返されている。
「利益」として訳出されているインタレストについて大田堯は、次のように
述べている[23]。

　　私たちがこの条約で用いられているインタレスツ〔原文では、このよ
　うにインタレストを複数形で表している〕を、法的利益というものさしだ
　けで理解しますと、可能性と創造性に富んだ子どもの関心や、ある目あ
　てをめざして、その気になって没入していくばあいの興味、という意味
　を本来含んでいるインタレストという味わい深い言葉の意味が、ぬけ落
　ちることになって、たいへん困るのです。つまり法マニュアル、校則や

92

法律や制度上のきまりで割り切られて、そういうものからも溢れ出るほ
どの、子どもであることのあかしでさえある、子どもの "その気" や、"逸
脱のエネルギー" を見殺しにすることになるからです。

　……子どもはときに、大人の既成の観念からはみ出し、逸脱ともみえ
る新鮮なものの見方、感じ方、行動の仕方で自分を表現します。それが
子どものねうちであり、社会進歩の可能性の担い手でもありうることを
頭に入れて、大人たちはそれに "響き合って" 生きる能力をもつことが、
ほんとうの「子どもの最善の利益」にかなうことになるのだと思われま
す。

　このあとの文章で大田堯は、開高健の『裸の王様』を紹介し、継母の厳し
いしつけを受け、まるで「よく手入れのとどいた室内用の小犬」のように育て
られた太郎と、画塾の教師との間の生きた響き合いについて記している。大
人の勝手なマニュアルに抑え込まれ、自分を貝のように閉じ込めていた子ど
もが、画塾の教師との川遊びをきっかけに、自分のカラを自ら押し破って成
長しようとする姿がある。そこには、子どもの生命のほとばしりに共鳴し、大
人が押し付けるマニュアルからの「逸脱のエネルギー」の発露を助け、子ど
も自身の感性が捉えたイメージの表現を励ます大人の存在が描かれている[24]。

　また、大田堯は、以下のように述べている[25]。

　子どもは大人にくらべてはるかに、"その気" があるはずなのです。
子どもは "やる気" の束といってもよく、おどろく心、好奇心にみちみ
ちています。子どもは何かの "その気" を必ず持っているはずなのです
が、それが大人の視野に入ってこないのです。
　とくに五歳くらいまでの子どもは、"その気" の固まりです。これなに、
あれなにと、好奇心にみちみちている。それに大人のマニュアルをはみ
出そうとする。そのすごいエネルギーをもって生きている。直立二足歩
行を身につける。言語を身につける。
　五歳までの子どもの持っているあのやる気、その気の固まりから道徳

性が生まれ、知性が生まれ、芸術性が生まれ、自分の体を自分でコントロールする知恵が生まれるという具合に、そこには"その気"の泉があって、その泉からいろいろな能力というものが芽生えてくる。ヒトが人になるエネルギーがそこに見られるのです。

　大田堯は、生きる目あての底にあるのは「その気」であり、人間の生命の特徴であると述べている。上述の太郎の例をみても、子どもの「発達」の源である「やる気」の束は、子どもの内面にうごめく、ワクワク、ドキドキといった無心の「あそび心」のなかに含まれているといえるであろう。
　子どものなかで、大人の既成の観念からはみ出す、新鮮なものの見方、感じ方、行動の仕方で自分を表現しようとする「逸脱のエネルギー」が、勇気と気力と努力を獲得すること、思い切ってする力、人が人らしくあることの証である「その気」を生み出す。子どもが「その気」になった時、その子どもなりに変わる可能性が高まる。「子どもの最善の利益」を保障するために、私たち大人は、子どもの感性の高みに近づき、子ども性に響き合って生きる能力をもつことを大切にしたい。

5.「遊び」の可能性へ注目する必要

　本章では、「遊び」がソーシャルワーク実践の重要な要素であるとの認識のもと、子どもにとっての「遊び」の本質を探り、スクールソーシャルワークにおいてどのように「遊び」を捉え実践に用いるかについて、「生活」と「文化」をつなげる「生活文化」の視点から考察した。
　研究からは、「遊び」に何らかの効果を求めるのではなく、「遊び」を「遊び」として楽しむことの重要性が浮かび上がる。「遊び」の効果はあくまでも結果であり、効果を求めることから如何に自由になるかが問われる。本来「遊び」は、だれもが等しく持つことのできる権利であって、成長や発達、向上や回復ということを意識せず、心地よいを繰り返す子どもの「今」を大切にできるものであり、そのことが子どものびやかな育ちに必要なのである。豊かな「遊び」が子どもを育てる。

　「遊び」には、子どもが楽しみや喜び、さらなる発見や驚き、達成感など
を追求しようとする、明るく前向きな活動を引き出し実現できる可能性があ
る。「遊び」の行為の中に子どもの意志があり、「遊び」を通して人とのかか
わりが生まれる。「遊び」には、子どもの情動を動かし、成長をささえ、人
間性を育む要素が限りなく含まれている。

　憲法第 25 条で保障されているはずの「健康で文化的な最低限度の生活
を営む」ことのできていない子どもに出会うスクールソーシャルワーカー
は、教育と福祉（生活）をつなぐだけでなく、生活と文化をつなぐ役割を担
うことが求められるであろう。特に養育力が崩れている家庭の子どもにとっ
て、日常の生活習慣や生き方など、「生活」の過程で繰り返される生活様式
の積み重ねとしての「生活文化」の立て直しは不可欠である。その「生活文
化」の立て直しには、子どもの主体性や能動性が発揮される「遊び」に注目
する必要がある。子どもに寄り添い、子どもが「その気」になるのを待ちな
がら、また、その子どもの「その気」が引き出されるように働きかけを工夫
して、子どもが「その気」になる環境を演出することが求められる。

　スクールソーシャルワーカー大田なぎさの実践報告の中で、ネグレクトさ
れている兄弟は、自転車に乗れなかったため教育センターまでの道を往復 1
時間歩いている。この子どもたちが外遊びをしたり、大田の他に外遊びを豊
かに膨らませるスクールソーシャルワーカーも「遊び」に一緒に入るといっ
たような、自然や人間関係を工夫した働きかけをすることによって、もし彼
らが自転車に乗れるようになったとしたら、それは生きていく上での重要な
生活手段を得ることになり、彼らはその後の行動範囲を大きく広げることが
できるであろう。自転車に乗れるようになることも、「生活文化」を高める
ことの一部分である。また、初めて教育センターの部屋に入った時に、大田
が靴を揃えて脱いだのを見て、子どもたちも脱いだ靴をきちんと揃えたと記
されている。生活習慣や社会における振る舞いを身につけていない子どもが
大人のまねをすることで、加藤理が指摘する「文化[26]の身体化」[27]をしてい
けるのである。そうしたことが、「遊び」や子どもと大人が同じ時間と空間
をつくり出すことの中で可能となる。

　本研究で取り上げている「養育困難家庭の不登校」は、児童虐待の一つの

カテゴリーであるネグレクトが要因となる不登校と大きく重なる状態である。子どもは、家族をも含めて人間関係が薄く、家庭の中にただじっと居続け、来る日も来る日も電子ゲームだけをして過ごし、一日が終わり次の一日になっていく。「"おもしろい、楽しい"——精神の集中、躍動、美的経験」や「〈精神〉を活性化させ、心（魂＝アニマ）を踊らせ（イキイキ、ワクワク、ハラハラ、ドキドキ）ながら楽しむ」ことがなく、「逸脱のエネルギー」も「その気」もない状態となっているのである。こうした子どもの精神を揺り動かし蘇らせ、子どもの主体性を引き出す上で、「遊び」はとても重要な価値を持っている。

　子どもは、さまざまに表現することを繰り返しながら自分の世界を獲得していく。そうした中に、生きる実感や手応えがある。したがって、自分の世界を築けない子どもの魂は漂うことになってしまうのである。生活上の課題のために活気ある日常が送れない子ども、「遊び」の世界を十分に生きられない子どもに、「遊び」で育つ環境を作ることが求められる。

　「養育困難家庭の不登校」の子どもの傍らにいるスクールソーシャルワーカーは、本来、子どもがさまざまな可能性を秘めているしなやかな存在であること、あらゆる可能性を実現しようとするエネルギーに満ちた行動力を持っている存在であることを意識しながら、元気を失わざるを得ない状況にいる子どもに「遊び」を保障することを、真剣に取り組む必要がある。

　これまで主に福祉と教育の領域で捉えられてきた児童虐待や長期不登校などの課題を、子ども文化問題の中で取り上げる必要がある。スクールソーシャルワーカーは、「遊び」が持っている本質的価値を重視し、ソーシャルワークにおける「遊び」の可能性に注目する必要がある。

　本章は、スクールソーシャルワークにおける「遊び」を取り上げたものであるが、今後は、子どもの育ちに「生活文化」がどのように関わるのかを探求していきたい。

注

1 ）　向谷地生良（2014）「ソーシャルワーク実践における“遊び”の再考」『精神保健福祉』第 45 巻第 2 号、82 頁。

2 ）　岡本夏木（2005）『幼児期』岩波書店、2 頁。

3 ）　鷲田清一（1998）『悲鳴をあげる身体』PHP 研究所、4 頁。

4 ）　ヨハン・ホイジンガ著、高橋英夫訳（1963）『ホモ・ルーデンス──人類文化と遊戯』中央公論社、12 頁。

5 ）　ロジェ・カイヨワ著、清水幾太郎・霧生和夫訳（1970）『遊びと人間』岩波書店、245 頁。

6 ）　藤本浩之輔（2001）『遊び文化の探求』久山社、19 頁。

7 ）　藤本、同前、12 〜 14 頁。

8 ）　尾関周二（1992）『遊びと生活の哲学──人間的豊かさと自己確証のために』大月書店、177 頁。

9 ）　大田なぎさ（2014.5）「『遊び』が持つ力──子どもの体と心を解き放つ」『子どものしあわせ』759 号、38 〜 43 頁。

10）　大田なぎさ（2017.2）「仲間とともに、実践をつくる──一人ひとりの子どもの『生きづらさ』をとらえるために」『子どものしあわせ』792 号、32 〜 33 頁。

11）　大田なぎさ（2014.9）「日々の『通学』にもドラマがある──葛藤・決心・自分の世界」『子どものしあわせ』763 号、38 〜 39 頁。

12）　古田足日（1982）「子どもと文化」五十嵐顕他編『講座・現代教育学の理論　第 2 巻』青木書店、177 頁。

13）　古田、同前、175 〜 176 頁。

14）　古田、同前、176 頁。

15）　古田、同前、177 頁。

16）　古田、同前、180 〜 181 頁。

17）　増山均（1994）『ゆとり・楽しみ・アニマシオン──「子どもの権利条約」をスペインで考えた』労働旬報社。

18）　佐藤一子・増山均編（1995）『子どもの文化権と文化的参加』第一書林、30 〜 31 頁。

19）　佐藤・増山、同前、30 頁。増山は、「子どもの健やかな成長・発達をうながす〈子育て〉の概念は、第一に、子どもの命・身体・心をやさしく守り育てるということ、すなわち、愛護・保護しつつ育成すること（プロテクシオン）。第二に、子どもの技術や学力、技能や能力をていねいにひき出し育てていくということ（エデュカシオン）。そして第三に、子どもたち一人ひとりがありのままで、その精神を自由にのびやかに輝かせながら、生き生きとした生活を築きあげていく過程をいっしょに楽しんでいくこと（アニマシオン）の三つの内容によって成り立っていると考えられる」と述べている。

20）　増山均・齋藤史夫編著（2012）『うばわないで！　子ども時代──気晴らし・遊び・文化の権利（子どもの権利条約第 31 条）』新日本出版社、37 頁。

21）　北島尚志（2012）「生き合う力を育む遊びの世界！」増山・齋藤、同前、67 〜 68 頁。

22）　天野秀昭（2012）「被災地に『遊び場』つくる」増山・齋藤、同前、100 〜 101 頁。

23)　大田堯（1997）『子どもの権利条約を読み解く』岩波書店、141 頁。

24)　大田、同前、145 〜 147 頁。

25)　大田、同前、170 頁。

26)　古田、前掲、148 〜 149 頁。

　　　古田は、個の生存のために子どもが獲得し、内面化していかなければならない「文化」として、①顔を洗う、服を着る、トイレに行くなどの基本的な生活習慣の系、②体の自然に即しながら体を自由に操るという自分の体の操作の系、③道具を使うといった「手」の系（後の、ことばとイメージの系と結合して技術を生み出していく）、④社会の規範、制度、慣習などの認識と行動の系、⑤自分・他人の社会的位置・役割の認識とそれに基づく行動様式、⑥自分のまわりのものについての基礎的な認識と、それに対する態度、行動の仕方、⑦自分の行動範囲の地図となる空間認識、⑧読み書きの力といった文化遺産の習得、⑨ことばとイメージを操る系、の項目を挙げている。

27)　加藤理（2016）「文化の内面化と子どもの育ち――『文化の身体化』と『生きる力』の獲得」増山均・汐見稔幸・加藤理編『ファンタジーとアニマシオン――古田足日「子どもと文化」の継承と発展』童心社、49 頁。

　　　加藤は、古田足日が提出した重要なキーワードである「文化の内面化」を引き取り、「文化は個人の内部に取り込まれて存在（be）へと変容し、血となり肉となって個人の根源を形成していく。これらのことを考えていくと、『文化の内面化』をさらに一歩進めて、『文化の身体化』という表現の方がより適切だと考えることができる。出会った文化によって個人の内部に保持された〈知識〉を〈所有（have）〉することから、自らの〈存在（be）〉の一部へと知識を変容させて、思考したり行動したりする力を形成することが、『文化の内面化』『文化の身体化』であり、文化を身体化する過程は、ヒトとして生まれた私たちが、ある個人としてその根源を形成し、人間になっていく過程に他ならない。ヒトは、遺伝による生得的な特質を持って誕生するが、さらに、さまざまな文化体験の中で出会った文化を身体化しながら、新たな自己を形成していく。そうして日々新たな自己を形成している個々人が相互に関わり合いながら、子どもは成長していくのだと考えられる」と述べている。

第3章 「ケアリング論Ⅰ」
子どもを学校につなぐⅠ
――スクールソーシャルワークと教師の「ケアリング」

1. 学校におけるケアを取り上げるのは

　近年の子どもと学校を取り巻く状況を見てみると、さまざまな取り組みにより改善は見られるものの、子どもの貧困率が13.5％[1]の高さを示していることや、子どものいるひとり親世帯数が72万世帯以上であることなど（厚生労働省『令和元（2019）年国民生活基礎調査』）は、子どもの生活基盤の脆弱さを表している。児童虐待相談対応件数が193,780件（厚生労働省『令和元（2019）年度福祉行政報告例』）に増加していることからは、子育て家庭が抱えるストレスの高さがうかがえる。発達に課題があると思われる子どもは約60万人いると推定され、日本語指導が必要な外国籍の児童生徒が小学校中学校で36,576人、そうした子どもの母語もポルトガル語、中国語、フィリピン語、スペイン語、ベトナム語、英語、韓国・朝鮮語、その他と多言語にわたっており（文部科学省『平成30（2018）年度日本語指導が必要な外国人児童生徒の受入状況等に関する調査』）、さまざまな背景をもった子どもが通ってくる学校では、一人ひとりの子どもに向き合う必要性が確実に高くなっている。

　しかし、久冨善之によると[2]、教育改革や学力テストの影響などから、教師の教育における自由度は狭まり教育の標準化や学力向上に重きが置かれ、細かすぎる学習評価や煩雑な事務作業にもおわれる教師には、子どもと細やかにかかわりにくい状況があり、教育活動における人間的なかかわりが衰退している。

　本研究で取り上げている、会うことさえ難しい「養育困難家庭の不登校」の子どもとどのように出会い、関係をつむぎ、子どものその気を引き出していくかについて、スクールソーシャルワークにとって重要であると考える「家庭訪問」と「遊び」について前章までに述べてきた。それは、「養育困難

家庭の不登校」の子どもの生存権保障と学習権保障にとって、「家庭訪問」はなくてはならないものであり、子どもの文化権保障として「遊び」を「遊び」として楽しむことが子どものびやかな育ちには必要であり、スクールソーシャルワークは「遊び」の可能性に注目する必要があるということであった。

　待っていても会える可能性が低い子どもや親と「家庭訪問」によって出会い、日常的なかかわりの積み重ねの中で関係をつむぎ、「遊び」を通して子どもの精神が活性化して「やってみよう」という「その気」が生まれるよう働きかけることによって、何とか子どもが学校につながりそうな段階になると次の課題が現れてくるのである。それは、長く学校から遠のいていた子どもを学校が受け止めるときに生じる困難であり、せっかく子どもの気持ちが学校に向き始めていても、その一人ひとりに丁寧に対応することが難しい状況にある学校につなげることの困難である。

　こうした状況に置かれた子どもが学びを取り戻し、学びの主体へと育ち、自分自身の人生を切り開いていけるようささえるために、一人ひとりの子どもと教師とのケア的なかかわりを学校に位置づける必要があると考える。

　本章の目的は、さまざまな課題を抱えた子どもを学校がささえていく上で、学校教育にケアリングを位置づける必要があるということと、スクールソーシャルワークと教師の教育実践におけるケアリングの関連性について検討することにある。

　教育学の領域におけるケア研究の第一人者であるネル・ノディングズは、家庭がケアリングの要求に応えることができないとすれば、他の制度がその要求を充たさなければならないと指摘し、その中心的な役割を学校が果たすべきであると主張している。さらに学校は、子どもたちにケアリングと緊密で持続的なかかわりを提供することなしには、学業の目的を達成できないとも主張しているのである[3]。

　本章では、ノディングズらのケアリング理論等を確認し、学校におけるケアリングという機能に焦点を当てるとともに、子どもの生活と学びの視点から、スクールソーシャルワークと教師のケアリングについて、スクールソーシャルワーカー大田なぎさの実践報告を手掛かりに考察する。

2．ケアおよびケアリング

（1）子どもはケアを必要としている

　大宮勇雄は、現在までの保育の流れを作り「幼児教育の父」と呼ばれた倉橋惣三が、養護と切り離した教育は成立せず、幼児期の教育を「保育」と規定したことに触れ、「養護は、子どもの生命や健康・安全の確保という点で教育の前提をなすだけでなく、子どもを取り巻く関係性を形作るという点で教育にとって不可欠の構成要素をなしているものです」と述べている[4]。さらに『保育所保育指針』では、保育所保育の特性を「養護及び教育を一体的に行うこと」と明確化している。これら「養護」という言葉にケアという概念があることは想像に難くない。筆者は、養護と教育を統一的に行うことを端的に表しているのが「保育」という言葉であると考えている。

　では、「保育」は幼児期のみに必要なのであろうか。網野武博は、保育はケアの神髄を包含する意識、態度、行為の典型であり、すべての子どもはそもそも保育を必要とする存在であると述べている。保育という言葉が意味するものは、子どもにとっての安全基地の提供としての「保護」、子どもの自立性への信頼と見守りとしての「養育」、子どもの個性を把握した自己実現への援助としての「教育」という内容を持っていて、その対象は、分別、自己決定、自己の意見表明が真に可能になってくる15歳頃までの中学生までをも含むとしている[5]。

　こうした網野の主張からは、小学生を対象としている学童保育（児童福祉法に位置づけられている「放課後児童健全育成事業」）においてだけでなく、年齢的には中学生にまで、放課後だけでなく学校においても、「保育」、つまりケアを子どもに提供していくことが望まれるのである。もちろん、特に「保育」を必要とする学童前期の子どもや一人ひとりの子どもによって、依存から自立、そして自己実現への向かい方もそれぞれであり、必要なケアもそれぞれであることは言うまでもない。

（2）ケア概念の広がり

　近年、「ケア」あるいは「ケアリング」という考え方が、医療や看護、福祉や教育などをはじめとしたさまざまな領域において広がっている。特に、医療や看護の領域では、キュア（cure）との不可分な関係のなかにケアが強調されてきた。その背景には、医学の進歩や発展、治療の効率性や経済性、医療を援助する看護の効率化が求められ、患者の人間的営みがおざなりにされていた状況があるといわれている。

　ケアの概念を最初に検討したのは、アメリカの心理学者であるキャロル・ギリガンの『もうひとつの声』（1986 年、川島書店）であると言われている。ギリガンは、フェミニストの立場から、理性的で客観的な「正義の倫理」に対して、関係的で心情的な「ケアの倫理」を主張した。具体的な他者への思いやりや共感、配慮や世話などは、正義という倫理原則にかなった行為に劣らず価値ある行為であると主張したのである。

　それを受け、哲学者であるミルトン・メイヤロフは『ケアの本質』（1987 年、ゆみる出版）を著し、ケアをケアする側から論じた。ケアするとは、他者の成長や自己実現を助けることであり、その過程をとおしてケアされる側ケアする側が同時に成長すると述べた。そこでは、専心[6]がケアにとって本質的なものであり、専心が失われればケアすることは失われると述べている。

（3）ノディングズによる学校におけるケアリングの位置づけ

　ギリガン、メイヤロフらの影響を受けたネル・ノディングズは、ケアリングをケアする者とケアされる者との関係において捉えた[7]。ケアリングを「専心没頭」と「動機づけの転移」という二つの概念で意味づけている。「専心没頭」とは、ケアする者がケアされる者に全面的に注意を傾け、自分自身のなかに相手を受け入れ、その人とともに見たり感じたりすることである。「動機づけの転移」とは、この「専心没頭」によってケアする者が受け入れられたとき、自分にとっての可能性への動機づけがケアされる者に転移

し、ケアする者とケアされる者が相互に結びつく作用である。さらにノディングズは、ケアリングを自然生起的な「自然なケアリング」と目的的に行われる「倫理的なケアリング」に分類している[8]。ノディングズのケアリング理論はさまざまな論文[9]でも取り上げられ、現在、もっとも大きな影響を及ぼしているといえる。

　哲学者、教育学者であるノディングズは、ケアリングを学校教育の中心に位置づけなおすことを提案している。「学校の第一の仕事は、子どもたちをケアすることにある……。私たちは、すべての子どもたちを有能さにむけてだけでなく、ケアすることにむけても教育すべきである。私たちの目的が、有能で、ケアをし、愛情に満ち、愛される、そうした人に成長するよう促すことに置かれるべきである」[10]と述べている。また、「他のひとの抱いている倫理的な理想に必然的にかかわるような職業にあっては、わたしは、なによりもまず、ケアするひとであって、二次的に、専門化した任務を果たしているにすぎない。教師としては、まずケアするひとである」と述べ、「授業で教師が問いを投げかけ、それに対して生徒が応答するとすれば、その教師は、『応答』だけではなく、生徒をも受け入れている」と続けている。学校は、子どもたちをケアする場であり、子どもがケアする者に成長する場であることと、教師は子どもの能力を評価するだけでなく、子どもをケアする役割があるのだと、ノディングズは述べている[11]。

　「ケア」と「ケアリング」について瀧澤利行は、「ケアは客観化・対象化が可能であるがゆえに、代替可能であり、システムのもとでの提供ができ、それゆえに社会においてその内容や質的水準を共有できると考えられる。……行為の過程としてのケアリングは、ケアの行為主体と離れて論じられる事象ではなく、きわめて個別的で文脈依存性の高い再現不可能な現象であるととらえられる」[12]と述べている。

　本研究では、「ケア」を「他者との関係性を土台にして、相手に対して心を砕き、その人の苦しみや脆さや弱さに受容的共感的に応え、活動や生活、成長や自己実現をささえること」と定義するとともに、担い手と受け手の関係性に重きを置く概念である「ケアリング」に焦点を当てて論じていく。

3．学校教育におけるケアリング

　本節では、教師が丁寧に対応することで救われる子どもがいるということ、しかし、現実はそれが難しい状況にあるということを記した上で、ケアリングを土台にした教育の必要性を述べ、国の政策の中でも学校教育にケアリングが求められていることを確認していく。

（1）先行研究にみる教師によるケアリングの実際

① よりどころとなる教師のかかわり

　ここで、長谷川眞人らがまとめた児童養護施設等で暮らす子どもたちの作文集[13] から、高3女子の手記の一部を紹介しておきたい。複数の養父たちからの身体的虐待や性的虐待、弟が死んでしまうのではないかという恐怖に怯える日々、実母から首を絞められ意識がなくなったこと、生活環境の劣悪さゆえ異臭を放っていたため学校でもいじめを受け孤立していった様子などが痛々しいほど記されている。

> 「……でも、そんな私にも助け船を出してくれた先生がいたのです。小学校の恩師、橋本先生でした。橋本先生は毎朝、不登校気味の私を起こしに来てくださって、私を学校まで車で乗せて行ってくれたうえ、ワッフルを朝食にご馳走してくださいました。その他にも、なかなか教室に入ることのできない私の背中を押してくださったり、いじわるを言う子たちから守ったりしてくださいました。……」[14]

　こういった生活をしている子どもを見かねた橋本先生が児童相談所に通告し、子どもは児童養護施設に措置されたが、その後の生活も困難がつきまとっている。弟の非行、違う養父の登場、借金による夜逃げで家族がバラバラになったこと、子ども本人が精神の病を抱えてしまったことなどである。
　この作文を書いた当時の子どもは19歳になっているが、それまでの人生を振り返り、小学校時代に出会った先生がどのように自分にかかわってくれ

たのかについて記している。困難に覆われたような生活の中で、橋本先生という存在をかすかな光として感じ、先生とのかかわりあいが子どもにとって大きな救いとなっていたことだろう。子どもは19歳の時点で小学校時代の先生の名前を憶えており、また、恩師とも言っている。「他者との関係性を土台にして、相手に対して心を砕き、その人の苦しみや脆さや弱さに受容的共感的に応え、活動や生活、成長や自己実現をささえること」といったかかわり方によって、厳しい状況にある子どもにとって、教師がどれほどのよりどころとなっていけるのかを示している。しかし、今日、こうした教師の教育実践におけるケアリングは困難な状況になっている。

② ケアリングを阻むもの

　教師が職業として成立した近代以降、時々の社会情勢が教師の教育環境に影響を与えてきた。学校の希少性が教職の権威をささえた時代が、1970年代に入って大きく変わっていく。学校や教師への反発や離反などの兆候が、校内暴力や登校拒否などとして表れてきたのである。1980年代になると、金属バット事件（1980年）、中野富士見中学いじめ自殺事件（1986年）、校門圧死事件（1990年）など、学校の混乱を象徴するような事件が続発した。その後、臨時教育審議会以降の教育改革や、教育改革国民会議から教育基本法改正を経ながら時代は重なっていく。以下に記すのは、いずれも2010年代に入ってから教師により表された学校の実態であるが、1980年代の管理教育全盛期を思い起こさせるような、学校現場が子どもにとっても教師にとっても依然多難であることを示している。

　公立小学校の教師である大河未来は、「教師が、子どもたちの声を丁寧に聞き取りながら、学びを生み出していくことを阻害する状況を現場から発信する必要が、やはりあると思って書きます」と言って学校現場のありようを記している[15]。問題を起こした子どもを見つけるために、まるで犯人捜しをするような状況が生まれる。困難を抱える子どもが集まっている学級の担任を、管理職を含め学年の同僚が攻撃する。子どもを締め上げる教師が、児童管理がうまい、力があると言われる。こうしたことが学校のなかで起こって

いるのである。

　大河は、大変な学級ではあるが、子どもたちの粗暴さは情動を隠さずに表現していると捉え、押さえこませずにつながりあう学級にしたいと考えていた。しかし、学校では「今の子どもたちを甘えた努力の足りない存在として考え、知識を叩きこんでいる」と、教師の子ども観の問題を挙げている。子どもの声を聴きながら学習を組み立てていこうとする大河は、授業計画に沿って粛々と授業を進めることに重きを置く学校教育全体を覆う流れの中で、いつの間にか孤立し息が詰まりそうになったことが何度もあったと吐露している。「文部省から下りてくる上からの統制に、おかしいとみんなで声をあげていた時代は、思えば幸せだったのかもしれません。私を苦しめるのは、横からの統制です」と、学校と教育の閉塞感を記している[16]。

　しかし、大河は、子どもと教師が共に学級で暮らす中で分かり合い、子どもと教師だけにしか味わうことができないものがあると、厳しい状況の中でも教師を生きる覚悟を述べている。

　やはり公立小学校の教師である石垣雅也は、「学校がしんどい。子どもたちは、そのしんどさを例えば『不登校』や『荒れ』や、『いじめ』などで表現している。学校の『しんどさ』は子どもにとってだけではない。教師も学校のしんどさの中で苦しんでいる」と書き出し、採用1年目当時を振り返って、「一か月の超勤は100時間を軽く超え、日付が変わっても学校にいた日が数日続いたこともある。自分一人が置いて行かれるような感じだ。職員室の仕事とそれをこなすスピード。ひと言でいうと圧迫感のある仕事の雰囲気。……仕事のスピードを緩めることも、これ以上こなすこともできない状況」だったと記している[17]。

　石垣は、クラスで問題行動を起こす子どもに対し、問題を起こさないよう具体的に指導することを学校内の指導教員から指導される。しかし、子どもの生活背景を考え、言葉遣いや態度だけを取り上げて叱ることに反発する石垣は、人間関係をつくる中でこそ指導が成立すると考えるのだった。

　「しんどさ」を自分個人の能力や資質の問題と思い、誰かに相談するという発想さえ頭に浮かばないほど余裕をなくしていた石垣だったが、先輩教師

からのアドバイスや言葉に、決して孤立無援ではないと救われた思いを持った。その後、若い教師が集まり、子どものことや授業のこと、職場のことを気兼ねなく話ができる場として、「(仮)センセの放課後」というサークル活動に取り組んでいく。

　これらからは、学校現場の慌しさや過重労働、困難を抱える子どもの存在、管理職や同僚からサポートされないどころか攻撃されることもあること、子どもの声を聴くことや子どもとの関係を作ることが丁寧にできないといった、学校の中の圧迫感・閉塞感、教師のゆとりのなさや孤立感がうかがえる。教師自身が辛い思いをすることは、教師とともにある子どもが辛い思いをすることになるのである。

　しかし、大河が厳しい状況のなかでも教師を生きる覚悟を持っていることや、教師の困難や苦しみに寄り添い共感しながらつながりを取り戻そうとする石垣の取り組みなどからは、厳しい学校現場の中にも、子どもたちをささえようとする教師らの強い思いを感じることができる。

（２）学校にケアリングを位置づける必要性

　医療や看護の領域で、キュア（cure）との不可分な関係のなかでケアが強調されてきたように、教育の領域でも、さまざまな研究者が学校教育におけるケアリングの意義と必要性について論じている[18]。そのなかの佐藤学は、「私たちが『ティーチング』として意識している教育の前提には、人類の歴史にわたる『ケアリング』のいとなみがある……近代の出現は、そこから『ティーチング』の機能だけを純化して抽出し、学校教育として制度化している。……『ケアリング』に付随していた『ヒーリング（癒し）』の機能も喪失して、ストレスの多い仕事へと転化してしまった……」と、現代教育が陥ってしまった課題を述べた上でいくつかの実践を挙げ、教育の実践が実践として成立しているところでは、ケアリングとティーチングのつながりを見ることができると続けている[19]。
　また、佐藤学が述べているように[20]、学校は、もともと子どもたちを効率

的に教育しようとする場であり、教育は、国家の繁栄を目的に、それを競争による個人の社会移動に求めてきた。学校では計測可能な学力が重視され、学力テストの全国調査によって、都道府県や各自治体、さらに各学校の順位までが明らかにされる状況となっている。管理主義的、能力主義的な価値観が浸透している学校教育で傷つき、疲れ果てた多くの子どもが、学びから逃走している。

　しかし、本来、教育は、一人ひとりの子どもの葛藤や困難あるいは願いに応え、子どもの学びと暮らし、成長と発達をささえようとするいとなみである。成果主義を土台にした学校教育のあり方の見直しが求められ、その解決として、ケアリングという他者との関係性を土台とした教育の必要性が指摘されている。

　大河が記しているように、教育におけるケアリングのいとなみはもはや機能することが困難な状況であることや、佐藤が述べているように、ティーチングの役割が肥大化しすぎてしまっているという学校の現状がある。しかし、長谷川らがまとめた児童養護施設で育った子どもの手記からは、子どもの生活と学びをささえ、子ども一人ひとりの困難や願いに応えようとする教師が、子どもにとって大きな救いの存在となっていることがわかる。そして、学校には目の前の子ども一人ひとりに誠実に向き合おうとしている教師が確かにいることを、筆者は日々のスクールソーシャルワークを通して確認している。

（3）生徒指導をめぐる政策動向

　鈴木庸裕が、「生徒指導は教師（大人）が決めた尺度で子どもを指導する教育行政用語である。一方、生活指導の考え方は、生活や慣行が子どもを『指導』するものである。これは『ゼロトレランス』や児童生徒の排除締めつけに頼りがちな指導とは大きく異なる」[21] と、生活指導は生徒指導と別物であると指摘していることをふまえつつ、生徒指導に関する政策動向においてもケアリング的な要素について語られていることを確認しておきたい。

　2010年文部科学省は、生徒指導に関する学校・教職員向けの基本書として『生徒指導提要』を作成した。そのなかで、生徒指導は小学校から始まる

ことや、生徒指導は学校の教育目標を達成するための重要な機能の一つであること、問題行動への対応という消極的な面だけにとどまるものではなく、学校全体で進めることが強調されている。

　文部科学省（2011）『生徒指導に関する教員研修の在り方について（報告書）』は、『生徒指導提要』を踏まえて、教職員が学校教育の各場面に応じた生徒指導を実践することができるよう、必要な力量を習得させるための教員研修の在り方について検討している。そのなかで、生徒指導を展開するために必要な能力について、「まず、児童生徒一人一人と信頼関係を構築する能力である。そのためには肯定的な児童生徒観に立脚した共感的態度や尊重的態度が必要となる。また、児童生徒の置かれている実態や発達の在り方は極めて多様であり、ニーズも異なる。教職員にはその個別性や多様性を尊重する姿勢とともに、……一人一人、あるいは子ども集団の状態や心理を理解し、ニーズを特定する能力が求められている」と記されている。

　国立教育政策研究所生徒指導研究センター統括研究官である滝充は、家庭や地域の教育力の低下を踏まえた学校の対応として、「人格が大きく形成されていく時期に、生命の危機に脅えることなく、安心かつ安全な日々を過ごし、その中で他から愛される体験はもとより、他を愛する」体験を、学校が提供することを求めている。そして、「特段の問題を抱えているとは思われない不特定多数の児童生徒が、生徒指導に関わる問題状況を示す事例が増えている」と述べ、特別な子どもだけが問題なのではないと指摘している。すべての児童生徒の自発的・主体的な成長・発達を促すためには、「児童生徒を特定して効率的に指導をすませたいと考えてしまうことをやめられない」といった、そのかかわりについての問い直しを全教職員に求めている。また、滝は「生徒指導と学習指導は、……不可分の関係、表裏一体の関係にあって、教育課程をともに進めていく役割をになっている」と述べ、さらに、「経済的理由や虐待などで食事や睡眠も満足にとることができなかったり、……学校が解決したり関与したりすることが困難な場合」には、他職種との連携や協力が必要になると述べている[22]。

　文部科学省（2012）『子どもたちの未来をはぐくむ家庭教育——家庭教育支援の取組について』は、「私たちは、これまで、保護者同士や、地域の子

育ての先輩、学校、PTA、民生委員・児童委員など、様々な人々のつながりにより、子育ての悩みや喜びを分かち合い、学び合う、社会全体での家庭教育支援の取組を進めてまいりました。……現在、児童虐待の相談対応件数の増加、社会格差の問題、若者の引きこもりなど、家庭と子どもの育ちをめぐる問題は複雑化しています。子どもたちの健やかな成長のためには、こうした社会動向を踏まえた効果的な家庭教育支援施策が一層求められる状況にあります」と述べている。そして、孤立しがちな家庭など、支援が届きにくい家庭へのアウトリーチも含めた支援をする「家庭教育支援チーム」を中心とした取り組みを挙げ、そのチームのなかにはスクールソーシャルワーカーも位置づけられている。

　ここで確認しておくべきことは、家庭や地域の教育力の低下などを踏まえ、他者から受け止められ他者を受け止める経験を、学校教育全体を通してすべての子どもに提供することが必要であり、そのためには、全教職員が子どもとのかかわり方を問い直す必要があるということ、学校教育においてもケアリングが求められていると読み取れるのではないだろうか。そうした教育の実現のためには、スクールソーシャルワーカーの働きかけも必要となっているということが、政府関係文書のなかに打ち出されていることである。

4．スクールソーシャルワーク実践の分析

　上述した、児童養護施設で暮らした子どもの手記に登場した橋本先生のかかわりは、生活環境が厳しい子ども宅に訪問し登校支援をするといったスクールソーシャルワーカーの働きかけとも重なる。山本敏郎は、スクールソーシャルワークと生活指導の共通性について、「生活指導は、スクールソーシャルワーカーと同じく『特定の役割を期待』せず、『ありのまま受け止め』、彼ら彼女らの『ニーズを明確化し』、彼ら彼女らが『自らニーズの充足に向かうのを側面から援助』しようとする」ものであることと、「『子どもの権利と利益を最優先』するという価値をスクールソーシャルワークと教育とは共有可能だという認識が協働の出発点である」[23]と述べている。本節では、課題を抱えた子どもへの支援をスクールソーシャルワーカーと教師が協働する

中で、スクールソーシャルワークと教師のケアリングの関連性について分析する。

　分析にあたり、ここでもスクールソーシャルワーカー大田なぎさの実践を手掛かりにした。大田は、日々のスクールソーシャルワークを通した教師とのかかわり、そして教師と子どもとのかかわりをエピソード記述によって記している。そこには、教師とともに子どもを救いあげようとする協働の様子が描かれている。その様子は、一人ひとり違った固有名をもった子どもをささえようするものである。

（1）エピソードとその分析①

★エピソード7：大田なぎさ「学校におけるケアについて──通級指導学級担任の関わりから見えるもの」24) より

　親のネグレクトによって不登校となり、何年も家庭の中だけで過ごしていた子どものもとに家庭訪問を始め、10ヶ月後ようやく家を出ることができた子どもに「遊び」などを取り入れて働きかけ、大田は学校の教職員と相談しながら、家族以外の人とも接触し再び学んでいけるようにと、情緒障がい等通級指導学級につないだ。エピソード内の〔　〕は筆者加筆。

　　……それまでのけん太くん（仮名）との何でもない会話の中で、近々行われる地域のお祭りに興味を持っているらしいことや、彗星の接近や日食などの天体の動きに関心があるらしいことがわかりましたので、通級学級担任に私から予め伝えておきました。通級学級担任は、一緒にインターネットを利用して調べ学習をすることで、日本の神話や祭りの歴史にまでけん太くんの興味を広げ、中学校で実際に使っている歴史教科書にも触れさせていました。また、星々の並びや距離などを調べることからは、数えられない数があるということなども、けん太くん自身が発見できるような教え方をしていました。こうした体験通級を四回ほど重ねることで、次第に緊張が緩み、けん太くんが通級を続けることを了解したのでした。

……けん太くんへの働きかけについて、新年度を前に先生たちと検討しました。私の方からは、何らかのツールを介せば、けん太くんとやりとりができるのではないかとお話ししました。面と向かった人とのやりとりは難しいけん太くんですが、通級学級担任と学習できているのは、パソコンというツールを介しているからだと考えました。在籍校の担任は技術科担当、学年主任は理科担当であり、それぞれものづくりや実験などを通して、この先けん太くんと関わっていけるのではないかと提案しました。また、保護者からの働きかけがほとんどない中で、けん太くんの生活経験が積み上がっているはずもなく、通級学級の担任からは、けん太くんの生活面への働きかけをしていくという方針が出されました。

　〔依然として、けん太くんは、母に制服をはじめ中学の学用品を何も用意してもらえず、荷物も持たずに私服で通級していた。〕

　……ある時通級学級担任が、業者から見本でもらったという上履きを、よかったら履かないかとけん太くんに勧めてくれました。それまでの通級の際、けん太くんは来訪者用のスリッパを使用していました。スリッパでは、非常時避難の際に滑りやすく、また脱げてしまうので、四階にある通級学級から逃げるには危険なため、家にある靴を一足上履きにしたらどうかと、私からけん太くんに話していたのを知ってのことでした。丁度サイズが合っていたお蔭で、けん太くんはすんなりと受け入れました。真新しい靴を履くことに、恥ずかしさと嬉しさが伴っているように見受けられました。ただ、けん太くんは靴ひもを結ぶことができなかったらしく、その後何度も靴ひもを結ぶ練習を通級学級でしてもらったようでした。

　また、けん太くんを買い物に連れて行きたいという話は、通級学級担任から聞いていました。好き嫌いの多いけん太くんが給食を食べられるように、ふりかけなどを買いに行こうと誘っているとのことでした。ある日通級からの帰り道で、けん太くんが「あの時買った飲み物のゴミはどうしたのかなぁ。」と気にしていましたので、「今日買い物に行ったの?」と聞いてみると、「〇〇まで行った。先生がジュースおごってく

れた。」と応えてくれました。「お買い得品、なんかあった？」と聞くと、「広告、持ってった。」とのことで、実際に買ったものを思い出しながら教えてくれました。

　……けん太くんは10か月ほどの間、通級学級担任と一対一の学習を重ねていましたが、同じ時間帯には、いつも三〜四人の生徒が通級してきていました。ある日、私が帰りの迎えに行くと、けん太くんが給食の後片付けをしていました。私が、「今片付けなんだぁ。いつもよりゆっくりだね。」と言うと、「今日は給食当番。」と、応えました。通級学級担任の働きかけがあり、どうやら、いつの間にか小グループの活動ができるようになって、他の子どもたちと一緒に給食を食べている様子でした。……少しずつ人との関わりを持てるようになってきているけん太くんの成長を、頼もしく思いました。月に一度、けん太くんの様子を見にきた在籍校の担任が、小グループ活動ができるようになったけん太くんを嬉しく思い、私が迎えに行く時間まで残っていることもありました。

　……新年度を前に検討したように、けん太くんへの働きかけは、生活経験を積み重ねる支援に重きを置いているといった状況です。生活経験を重ねられるよう働きかけることや、少しずつかかわりを持てる人を増やしていくことは、この先けん太くん自身が自立した生活を送る上で、大変大切なものであると考えます。通級学級担任は、スーパーの広告を用意した上で、実際にけん太くんに買い物の経験をさせています。小学二年生から四年間不登校であったけん太くんは、百分率や割合の勉強をしておらず、ダイレクトに“値引き”表示がない場合には、お買い得品を見つけることは難しいでしょう。以前、たった二つのパンを選ぶのに五分かかってしまっていたことからすると、実際に買い物をする経験は、けん太くんにとって生きることそのものの学びとなります。……

　この記述からは、ようやく子どもが学びにつながれそうな段階になった時、スクールソーシャルワーカーがそれまでの子どもとのかかわりの中から、子どもに関する情報を教師に提供していることがわかる。長い期間不登校となっていて家の中だけで過ごし、家族以外のかかわりがほとんどなかったため

人とのかかわりが大変難しい子どもと、新たにかかわる教師との関係生成へのきっかけとできるような情報である。また、長い間学びから遠ざかっていた子どもが学びを再開し、学び続けられるようにするためには教師側の工夫が必要となる。どのようなことを提供すれば学ぶことで出来そうなのか、どのようなかかわり方をすれば学んで行けそうか、子どもと教師の学習場面の創造に向けて、教師とスクールソーシャルワーカーが協働している様子が読み取れる。

　また、子どもへの働きかけは教師が主として担うことを意識しているスクールソーシャルワーカーと教師の協働の様子がうかがえる。子どもが背負っている困難な生活状況や手当されないことによる生活経験の不足は、靴のひもを結べないことや自転車に乗れないといった何気ないかたちで表れる。それらは教師が見ようとしなければ見過ごしてしまうような現実だが、スクールソーシャルワーカーはその事実を教師が可視化でき共有化することを助ける可能性を持つ。

　また、子どもが社会とのつながりを持ち自立した人生を送れるようになるために、人とのかかわりや生活経験を重ねるといったことを重視し、より生活と結びついた学びを創造していくことについて、スクールソーシャルワーカーは教師と一緒に検討することできる。一人ひとりの子どもの状況に対応し、子どもの興味を引き出し学びにつなげていく。教育というものを広く捉え、学校の外での活動や他者との出会いと交流を含みながら、生活科や総合学習などといった教科を主として活用して子どもの学びを広げていく上で、スクールソーシャルワーカーとの協働が教師の教育観・教科観・学習観を深めるきっかけとなる可能性があると考えられる。

　この通級学級担任の子どもへの働きかけは、大変福祉的なかかわりである。看護や福祉の領域はケアワークというイメージが強くあるが、子どもが学んでいく過程、および、子どもが学ぶことのできる状況を作る上で、学校（教育）においてもケア的なかかわりが必要となっている。

（2）エピソードとその分析②

★エピソード8：大田なぎさ「学校の先生に福祉の視点を取り入れてもらうこと――子どもの生活と家庭環境に目を向ける」[25]より

　電話してもつながらない、家庭訪問してもそこに住んでいるのかわからない、といった家庭の子どもに対する安否確認レベルの相談を学校から受けた大田は、その後同じ自治体内で何度も転居を繰り返す家庭へのかかわりを続けた。以下は、支援により子どもが登校できるようになってきたときのエピソードである。

　　〔2つ目の学校に転校して〕いつものように家を出たもののわかなさん（仮名）の足取りは重く、学校に着いてもなかなか校舎に入れず、私の服の袖口をつかんだまましくしくと泣いているところに、通りかかった養護教諭（A）に導かれて保健室で様子を見ることにしました。しばらくすると、クラスの二人の子どもがわかなさんを迎えにやってきて、「わかなちゃん、行こうょ」としきりに声を掛けてくれました。その子どもは、私がわかなさんから聞いている仲良しさんではありませんでした。おそらくクラスの中でもよくできる子どもを、担任がよかれと思い、迎えによこしてくれたのだと思います。わかなさんは一層私の袖口を強く握りしめ、目と口をへの字にゆがめながら泣いていました。私には、「大田さん、何とかして」と、わかなさんが訴えているように感じました。
　　その様子を見て、養護教諭（A）は「うちは、直接の保健室登校は許可していません。一旦は教室に入らなければ、保健室には来させない」と言うのです。わかなさんの精一杯の気持ちを何とかしたいとの思いと、学校内は先生たちの領域という気持ちが、私の中で交差していました。「学校の中のことは、先生にお願いするよ」と伝えると、私の袖口をつかんでいた手が力なくほどけ、両脇を先生に抱えられ階段をのぼっていくわかなさんの後ろ姿を、私は複雑な思いで見送りました。
　　保健室でのエピソードの数日後です。わかなさんと一緒に通学路を登校しているところに、担任が後ろから追いつきました。「おはようござ

いま〜す」と先生に挨拶をすると、唐突に、「大田さんは仲良くなって
はいけませんよね。一番の仲良しは担任でなければなりませんよね。二
番目は養護教諭でなければならない……」と、緊張した面持ちで言うの
でした。わかなさんが、その様子をじっと聞いていました。私は、この
やり取りを聞いていたわかなさんに心配かけたくないことと、担任の先
生との関係を悪くしたくないという気持ちから、「わかなちゃん、ここ
から先生と一緒に行ったらどお？先生、お願いします」と言って、二人
で登校してもらいました。

　二人と別れた後、私は心の中でいろいろ考えたのでした。「仲良しは、
一人だけがいいのだろうか。大勢いた方がいいのではないか。仲良しに
順番をつける必要があるのだろうか。順番をつけるとしたら、それは、
子ども自身の心の中のことではないだろうか……」などです。先生は、
担任としてご自分がしっかり子どもに関わらなければという責任感か
ら、あのような言葉になったのだろうと思います。ですが、私としても、
子どもとの関係ができて仲良しにならない限り、一緒に学校に行くこと
はできません。宅急便の荷物を運んでいるわけではないのです。何にで
も順番をつけようとする感覚は、お若い先生であっただけに、競争社会
の中で成長してきたためなのだろうなぁと、感じたのでした。先生自身
が、子どもの仲良しになるよりも、子どもにたくさんの仲良しさんがで
きるように、関わって欲しいのです。そして先生も、どうぞ子どもと仲
良しになって下さい。また、ご自分だけでやろうとせずに、他の人の力
を借りて下さいね、とお伝えしたいと思いました。

　……〔大田は、わかなさんにとって４つ目の学校の養護教諭（Ｂ）と、家
庭訪問をした。〕訪問の前に、予め、家の中の状態について伝えていまし
た。養護教諭（Ｂ）は、家族を前に家の中を見た時には平静をよそおっ
てくれたものの、一歩家を出たところで、「こんな家もあるんですねぇ」
と、思わずもらしたのでした。確かに、教員になるには、大学の学部あ
るいは大学院を出たということになります。こういった学歴を得るには、
それなりの生活を送ってきたということなのです。それぞれの子ども期
に、自分の家庭と大きく異なる家庭を目にすることがなくなってきてい

る時代でもあり、教員になって初めて、子どもの置かれている不安定な家庭環境を目にする場合も多いでしょう。そういった教員に、生活すること自体に困難を伴う家庭があること、また、その家庭に育つ子どもがいることを認識してもらうため、先生に対しても、一つひとつ根気強い働きかけが必要となるのです。

　……〔その後、わかなさんのいとこも、わかなさんの2つ目の小学校に上がった。子どもは、就学前教育を安定的に受けていない上、生活の基本習慣がほとんどなく、お風呂にもあまり入っていない様子で肌も薄黒く汚れ、衣類もにおっているといった状態での入学となっていた。〕学校内でも、養護教諭は頻繁に連絡を取り合う教員のお一人です。その日は、違う子どものことで学校に出向いた際に、保健室に立ち寄った時のことでした。小さな子どもの衣類が一式、下着を含めて丸ごとが干されているのを目にしました。私がその洗濯物をチラリと見たのに気が付いたのか、わかなさんのいとこのものだと、養護教諭（A）が言うのでした。「においがきついときもあるので、登校したら学校のものに着替えさせて、着てきたものを洗って干して、帰るときに着替えさせている」とのことなのです。

　わかなさんが転校して間もない頃、「うちは、直接の保健室登校は許可していません。一旦は教室に入らなければ、保健室には来させない」と言っていた養護教諭（A）が、学校に来るだけですごいことなんだと思わざるを得ない子どもがいることを、理解して下さっている様子を心から嬉しく思いました。しかも、「着てきたもので帰す」という、家庭への影響がない形を取りながら子どもをケアしていることが、ベテランの先生だなぁと、つくづく感じ入りました。

　この記述からは、学校で活動するスクールソーシャルワーカーが、教師との関係においてさまざまな葛藤を抱えているであろうことがうかがえる。「（子どもの）精一杯の気持ちを何とかしたいとの思いと、学校内は先生たちの領域という気持ちが私の中で交差していました」と大田は記している。また、担任から「大田さんは仲良くなってはいけませんよね。一番の仲良しは担任でなければなりませんよね。……」と言われたことについては、「何に

117

でも順番をつけようとする感覚は、お若い先生であっただけに、競争社会の中で成長してきたためなのだろうなぁ」と、悔しい思いを自分の中に押しとどめて、精一杯担任を理解しようとしている姿が浮かんでくる。この担任と大田とは、クラスの誰にわかなさんを迎えに来てもらうかの選択において違いがあった。同じ場面にいる教師とスクールソーシャルワーカーが違う見立てをする時こそ、お互いの見方や考え方を理解しあいながら、新たな視点を双方が取り入れていく重要な機会としたい。

　このように、スクールソーシャルワーカーは、時には教師との緊張関係を経験しながらも、少なくない時間子どもに直接働きかけができる教師との協働は重要である。

　養護教諭（B）の記述部分からは、自分の家庭と大きく異なる家庭を目にすることなく成長してきた教師も多い中、子どもが背負わざるを得ない背景があることや、生活すること自体に困難を伴う家庭があるということを教師が認知し、子どもが学校で見せる姿だけでなく、子どもの生活全体を捉えようとする視点を取り入れてもらえるよう、スクールソーシャルワーカーが教師に働きかけていることが分かる。そして、養護教諭（A）が３年近い大田との関わりを経て、家庭の力を当てにできない子どもの衣類を洗濯している記述からは、教師の子どもに対する見方が受容的なものへと変容していることがうかがえる。また、「においがきついときもあるので、登校したら学校のものに着替えさせて、着てきたものを洗って干して、帰るときに着替えさせている」と大田に話しているが、「着てきた服で家庭に帰す」という家庭への影響がない、より細やかなケアが生成している。教師が、スクールソーシャルワーカーと協働することを通して子どもの学校以外の現実に出会い、教師自身の考えで子どもに働きかけ、その応答を通して教師自身が変化していった可能性が読み取れる。

　以上、大田の実践の分析から、教師と協働することを通してスクールソーシャルワーカーは、①教師と子どもの関係づくりや学習場面を作り出すことへ働きかけられる、②教師が見ようとしなければ見過ごしてしまうような現実を可視化し共有化することを助ける、③学習内容や学習教材をより生活に

結びついたものに工夫するといった、教師が教育観・教科観・学習観を深めることや、教師のケアリングがより細やかになるきっかけとなる可能性を生む、④教師が自分とは異なる階層の子どもと向き合うことを通して、生活や文化に関する教師自身の見方に気づき、子どもに対する見方や願いが変容していくことにかかわる。教師が日常の教育実践における子どもとの関係をケアリング的なものにしていくこととスクールソーシャルワークには、深い関連性があることがわかる。

　前掲、山本が、スクールソーシャルワークと生活指導の共通性について述べていたが、大田実践から浮かび上がるのは、生活指導とは異なる学校におけるソーシャルワークの意味についてである。それは、ともに「子どもの権利と利益を最優先」するという価値を大切にしながらも、養護教諭（A）の対応が変容したことに見られるように、学校が持つ福祉機能を発展させ、すべての子どもをささえるための学校教育のあり方を問い直す可能性を持つという、スクールソーシャルワークの独自性であると考える。

5．スクールソーシャルワーカーと教師の協働の中にある関連性

　本章は、さまざまな課題を抱える子どもをいかに学校がささえていくかについて、子どもの生活と学びの視点から、学校教育にケアリングを位置づける必要があるということと、スクールソーシャルワークと教師の教育実践におけるケアリングの関連性について検討しようとしたものである。文献研究からは、ケアリングは特定の子どものためだけでなくすべての子どものために必要であるということと、スクールソーシャルワークと生活指導に共通性があることがわかった。スクールソーシャルワーク実践分析からは、スクールソーシャルワークと教師のケアリングに深い関連性があるということと共に、教師の生活指導とは異なるスクールソーシャルワークの独自性を見出すことができた。

　本章は、「養育困難家庭の不登校」の子どものように、さまざまな課題を抱えた子ども、長く学校から離れていた子どもを学校がささえていく上で、

学校教育にケアリングを位置づける必要があるとの問題意識のもと、スクールソーシャルワークと教師のケアリングについて論じた。しかし、個々の教師という単位ではなく学校全体にケアリングを位置づけていくためには、スクールソーシャルワークにおける校内体制づくりが重要である。子どもや学校教育が置かれている状況が厳しい中、学校における教育実践にケアリングを位置づけるためには、校内委員会や学年会、研修会、事例検討会や校内ケース会議、日常的には職員室などの場で、教師らがケアリングについて共有していくことが必要となる。より豊かな子ども観、教育観を共有すること、子どもを生活世界全体から捉えようとすること、生活と結びついた学びの創造などについて、教師同士が語り合うことを通してそれぞれの実践を問い直していくことが必要である。また、ノディングズが、学校は子どもがケアする者へと成長する場であるということに触れているように、教師と特定の子どものケアリング場面を目撃したほかの子どもが、その子どもに向けるまなざしに変化が生まれるなど、教師と子どものケアリング関係だけでなく、子ども同士のケアリング関係についても考えられる。これらについての検討は次章にて行う。

注
1） 厚生労働省『令和元（2019）年国民生活基礎調査』によると、子どもの貧困率は2018年に13.5％となった。前回の2015年調査で13.9％となり、前々回の2012年調査からは2.8ポイント改善した。子どもの貧困率は、2003年の13.7％から上昇が続き、2012年の調査では16.3％に達していた。全世帯の年間平均所得が151,000円増えたことなどが背景にある。しかし、ひとり親世帯の半数以上が貧困状態のままとなっており、依然7人に1人の子どもが貧困の中にいる。

2） 久冨善之（2011）「日本の教師と学校は強過ぎる圧迫を受けている」『教育』No.785、70〜77頁。

3） ネル・ノディングズ著、佐藤学監訳（2007）『学校におけるケアの挑戦——もう一つの教育を求めて』ゆみる出版、41頁。

4） 大宮勇雄（2015）「子ども子育て支援制度の『教育』『保育』観を問う」日本子どもを守る会編『子ども白書2015』本の泉社、43頁。

5） 網野武博（2006）「保育の原点」網野武博・無藤隆・増田まゆみ・柏女霊峰著『これからの保育者にもとめられること』ひかりのくに、13〜18頁。

6） メイヤロフは、専心について以下のように述べている。「他者の成長に従っていきながら、むしろ私は自分自身の動きに対してもっと応答性を高めている——ちょうどそ

れは、音楽家がその音楽の求めるところに没頭するとき、自分自身に対する応答性が高まるのと同じなのである。私が他者に与えるどのような方向づけも、その他者の全人間性に対する私の尊重の念に従って支配され、その他者がさらに成長するように意図されているのである。そしてその尊重の念を、私は次の二つのことによって証するほかない。それは、自分の行動が、実際に他者のより一層の成長に役だっているかを決める際に私が払う深い関心と、私が見い出したものによって自分が素直に導かれている状態にあること、である。」ミルトン・メイヤロフ著、田村真・向野宣之訳（1987）『ケアの本質——生きることの意味』ゆみる出版、23〜24頁。

7）　ネル・ノディングズ著、立山善康ほか訳（1997）『ケアリング——倫理と道徳の教育　女性の観点から』晃洋書房、13〜26頁。

8）　ノディングズ、同前、124〜127頁。

9）　橋迫和幸・池水佐智子（2003）、中村頌（2012）、中村麻由子（2014）など。

10）　前掲、ノディングズ（2007）、17〜18頁。

11）　前掲、ノディングズ（1997）、271〜271頁。

12）　瀧澤利行（2007）「ケアの思想と自己決定の思想——その相補性と相剋性」日本生活指導学会『生活指導研究』No.24、65頁。

13）　長谷川眞人監修、日本福祉大学長谷川ゼミナール編集（2008）『しあわせな明日を信じて——作文集乳児院・児童養護施設の子どもたち』福村出版。

14）　長谷川、同前、157頁。

15）　大河未来（2011）「それでも、なお、教師でいたくて」『教育』No.785、87頁。

16）　大河、同前、92頁。

17）　石垣雅也（2012）「学校の『しんどさ』とどうつきあうか——『（仮）センセの放課後』のとりくみから」グループ・ディダクティカ編『教師になること、教師であり続けること』勁草書房、242〜243頁。

18）　ネル・ノディングズ（2007）をはじめ、ジェーン・R・マーティン（2007）、佐藤学（1995）、中野啓明・伊藤博美・立山善康（2006）、庄井良信（2014）など。

19）　佐藤学（1995）『学びその死と再生』太郎次郎社、162〜164頁。

20）　佐藤学（2000）『「学び」から逃走する子どもたち』岩波ブックレット、No.524。

21）　鈴木庸裕（2010）「スクールソーシャルワークとその職務がもつ目的と課題」米川和雄編著『スクールソーシャルワーク実習・演習テキスト』北大路書房、101頁。

22）　滝充（2011）「小学校からの生徒指導〜『生徒指導提要』を読み進めるために〜」『国立教育政策研究所紀要』第140集、305・308〜311頁。

23）　山本敏郎（2011）「教育と福祉の間にある教師の専門性」日本生活指導学会編『生活指導研究』No.28、61頁。

24）　大田なぎさ（2014.6）「学校におけるケアについて——通級指導学級担任の関わりから見えるもの」『子どものしあわせ』No.760、34〜39頁。

25）　大田なぎさ（2015.3）「学校の先生に福祉の視点を取り入れてもらうこと——子どもの生活と家庭環境に目を向ける」『子どものしあわせ』No.769、28〜33頁。

第4章 「ケアリング論Ⅱ」
子どもを学校につなぐⅡ
——ケアリングを土台とする校内体制づくり
—同和教育実践を手掛かりに

1.「河瀬実践」を取り上げるのは

　前章にて、一人ひとりの子どもと教師とのケアリングを学校に位置づける必要と、スクールソーシャルワークと教師の教育実践におけるケアリングとの関係性について検討した。それは、スクールソーシャルワークの3つのレベルの働きかけのうちミクロレベルの個別支援を中心に論じたものであるが、個々の教師という単位ではなく学校全体にケアリングを位置づけていくためには、スクールソーシャルワークのメゾレベルにおける校内体制づくりとしての教師との協働が必要となる。

　スクールソーシャルワークの中で出会う「養育困難家庭の不登校」の子どもは、家庭の生活基盤の脆弱さ、不安定さなどにより、衣食住に関する最低限の基本的生活習慣を身につけることができずに、自立して生きていく基盤が崩されている。生活というものを経験し積み重ねることができず、学校に行ける状況にもない。長い間家庭の中だけにとどまることで人が生きていく上で必要な基本的な学力を得られないばかりか、同年齢異年齢の子ども同士の人間関係を失い、健康的な大人とのかかわりも薄れ、社会生活を営んでいくためのコミュニケーション能力が育たなくなってしまっている。自尊感情が育たずに、未来に向かっての夢や希望を描けない状態から抜け出せなくなってしまい、今日が明日に移っていく中を毎日漂うように生きている状況が現れている。

　これらの状況は、船越勝が、佐藤学を引用しながら述べている「学びからの逃走」と「生活からの逃走」、「現在からの逃走」と「未来からの逃走」[1]と深くつながるものであると考える。

　こうした子どもは、すぐに生命の危険があるというわけではないことから

123

児童相談所には保護されにくく、長い不登校という形で学校から遠くはなれ、福祉からも教育からもこぼれ落とされているのである。

　序章第4節（2）「同和教育の歴史と実践に学ぶ」で述べたように、本研究では、差別構造の下、必然的に「養育困難家庭の不登校」を生じてきた典型的事例として同和問題を捉える。長期欠席・不就学問題への対応から始まり、教育をめぐる社会的不平等の克服を目指し、学力保障の実践を積み重ねてきた同和教育実践を検討することを通して、学校全体にケアリングを位置づけるためにスクールソーシャルワークが果たす役割への示唆を得たいと考える。

　ここでは、滋賀県彦根市の小学校における河瀬哲也教諭（1980年代当時）の教育実践を振り返りたい。いわゆる「河瀬実践」とは、河瀬哲也の実践と、彼がリードした河瀬小学校の学年教師集団の格闘と、当時の河瀬小学校職員集団の実践を総称している[2]。多くの優れた同和教育実践の中から河瀬実践を取り上げるのは以下の理由による。その一つは、河瀬の実践は、校区に同和地区を抱える小学校におけるものであったが、河瀬が記したものの中に「同和」という言葉はほとんど出てこない。1980年代の同和教育実践において同和を語らずに同和教育実践をしたところに、河瀬実践の意義があると考える。

　同和教育は、子どもの学習意欲と学力が、家庭の文化レベルによって規定されるという事実に対して、父母はもとより行政に働きかけ、家庭生活そのものの改善をつくり出そうとしてきた。森田満夫は、「戦後同和教育は、我が国における『人民の生活と結合された教育の構造化』（以下、『生活と教育の結合原則』）を志向し」、「『集団教育』という生活綴方的教育方法を深化させ」たと述べている[3]。本章で生活綴方について深く立ち入ることはできないが、河瀬の実践は、生活と教育の結合の鍵となる生活綴方を重視し、子どもの生活の認識と意欲の表現として綴方を捉え、子どもの生活を綴方を通して教材化し、学級だけでなく、学校全体、家庭や地域を巻き込んだ取り組みであったことが、二つめの理由である。

　河瀬は自身の教育実践を1年生から6年生の学年ごとに記しているが、それらの中でも、スクールソーシャルワークと共通性がある生活指導を取り上

げた『人間になるんだ（上）生活指導』（1983 年、部落問題研究所）や、『明日を拓く』（2014 年、部落問題研究所）、『育ち合う教育学』（2015 年、部落問題研究所）、そして、河瀬氏へのインタビューなどを通して検討していく。

　「河瀬実践」の中に、教育の場で生起するケアリングそのものがどのようないとなみであるのかを考察したい。さまざまな格差や課題を克服してきた同和教育が生み出した 1980 年代のこの教育実践を振り返ることは、困難を深めている現代の教育と、教育と福祉をつなげるスクールソーシャルワークにとって多くの示唆を得られるものであると考える。

２．「河瀬実践」にみるケアリング──『人間になるんだ（上）生活指導』より

　以下では、「河瀬実践」の検討を通して、子どもと教師間、子ども間、教師間におけるケアリングについて論じていく。

（１）教師と子どもとの一対一のケアリングを学級のケアリングへと広げる

　学校には、課題を抱えた子どもに熱心にかかわろうとする教師が少なからずいる。しかし、教師と子どもとのケアリングが一対一の関係の中だけに閉ざされているとき、教師にとっても子どもにとっても困難がつきまとうことになるだろう。もちろん、教師が細やかにかかわることは、子どもを励まし、勇気づけ、力を強める存在として、子どもにとって重要な意味をもつ。しかし、そうした仕事は教師に過重な負担を感じさせ、深刻な苦悩をもたらすこともしばしばである。時には、抱えきれなくなり休職に追い込まれたりすることもあり得る。また、子どもにとっても、学級のなかに教師の他に拠り所がない状況では、豊かな学校生活を送ることは難しいであろう。ここでは、さまざまな子どもが存在する学級のなかにケアリング空間が広がっていくための手掛かりを探りたい。

　河瀬が担任する満は、幼少で母親と死別して以来、仕事先まで連れられな

がら父親の手ひとつで育てられた。入学後まもなく交通事故に遭い数ヶ月入院した。生活基盤の不安定さ、就学前の生活体験や生活訓練の不足、入学早々の長期欠席などにより、満は大きなハンディを背負っていた。基本的生活習慣は身についておらず、学校でのルール無視や粗暴な行為、小学5年生の時点でかなの読み書きも不十分といった具合だった。

　はじめは、満を特別視することでトラブルを避け、見せかけのバランスをとっている学級だった。再三家庭訪問して子どもの目の前で父親と話し合い、社会で通用する人間に育つよう励まし続けた河瀬と満とのつながりが少しずつ強くて太いものになっていく中で、学級で粗暴な言動をする満への非難が集中するといったことが起こった。河瀬は、満の生い立ちについて学級の子どもたちにありのままを伝えた。人一倍勉強ができるようになりたいと思っているのに、小さいときから重なった不利のなかで満がもがいていること、もし自分が満だったらどう思うのか、どうしたら満が仲間になり学力を高め生活態度を変えていけるのかを、子どもたちに問いかけていった。満のことを自分たちとは違うと放置していた学級の中に、涙を流して鼻水をすすりながらじっと河瀬の話に聞き入っている子ども、食い入るように真剣な眼差しを向ける子どもがでてきたのである。

　その後、まずは満の班のメンバーによって、そして班という括りを越え、学力回復のためのさまざまな方法を子どもたちが見つけ出しながら満に働きかけ、次第に学級集団が一つになっていった。以下は、そうした働きかけの様子を綴った子どもの日記である。

　　　「ありがとう　　今日、班勉強の時、満君がちゃんとやってくれた。はじめはやってくれなかったけど。漢字を点線で書いたプリントを二枚、わたしと昌子さんでつくった。正君が満君を教えてやってくれた。うれしかった。ほかの班の人が、私らの班の人を教えてくれるのははじめてだったのでよけいにうれしかった。満君は、あとからすごくまじめになってやった。プリントを二枚ともやった。満君、よかったなあと思った。勇司君、正君、いっしょに満君を教えてくれて、どうもありがとう。茂子」[4]

　教師と子どもとの間に一対一のケアリングが生まれていたとしても、まわりの子どもたちがその子どもを特別視している状況では、その子どもは学級の中で周辺におかれ排除される存在のままであろう。しかし、学級の中で、教師が一人の子どもから感じ取っている葛藤や願いについてまわりの子どもたちに迫るよう働きかけていくとき、教師とその子どもの間にある関係が学級のほかの子どもたちの前に立ち現れたとき、教師とその子どもとのケアリングが開かれ、まわりの子どもたちはその子どもへの見方を揺さぶられる。

　一人ひとりの子どもが個性を生かせるためには、その一人ひとりを取り巻く集団の中でそれが保障されなければならない。それは、教師だけではできないことであり、子どもたちのいろいろな取り組みを通してやることが大切となる。河瀬学級では、満の頑張りが学級の自慢になるほど、満が学級の中に位置づけられた。学級全体のささえのなかで、満の意識は変化し行動が変わっていった。そこには、満を励まし続ける河瀬の「専心没頭」が学級全体に広がり、それに応えようとする満のなかに「動機づけの転移」を見ることができるし、安心と喜びにつながる関係が成立している。しかも、子どもの日記で感じ取れるように、学級全体の課題への挑戦が子どもたち自身の喜びや楽しみとして、軽やかさや明るさをもって取り組まれていくことは重要であろう。教師と子どもとの一対一のケアリングは、学級のケアリングを生み出す契機となる。

（２）学級におけるケアリングを保護者と分かち合う

　保護者のなかに、子どもや学びの見方についてさまざまな捉え方があることは言うまでもない。自分の子から学級のなかで秩序を乱す子どもの様子を聞いた保護者から、その子どもを何とかするよう学校に申し入れがあったりする。学級のなかで、教師と子ども、一部の子どもと子どもの間にケアリングが生成していたとしても、子どもに影響を与える保護者が課題を抱えている子どもを排除しようとするような場合には、学級全体をケアリング空間とすることは難しいだろう。ここでは、ケアリングを保護者と共有していく意

味を確認していく。

　幸子は、父の病気療養のために都会から転校してきた。父親の病状が悪化
し入院したことで母親は病院で付き添うことになり、幸子は預けられた親戚
の家からの登校となった。河瀬は、自分の家とのくらしぶりの違いに戸惑い
悩みを抱える幸子を励まし、気兼ねしている親戚の家にも何度か足を運び、
その家の人たちとも話をしたりした。そうした中、自分の家庭が一瞬にし
てなくなってしまった悲しみと苦しみを綴った幸子の日記を、河瀬は一枚文
集に掲載した。いつもの一枚文集の授業で、はじめ元気よく読み始めた幸子
は、次第に小さな声になり、つまりながらも、歯を食いしばり泣きじゃくり
ながら最後まで読み通した。学級全体が幸子のさびしさやつらさを受け止め
た。子どもたちは、幸子と一緒に勉強したり遊んだりすることを通して、幸
子親子を励ました。
　幸子の気持ちを受け止めたのは、学級の子どもたちだけではなかった。一
枚文集は子どもを通して家庭でも読まれ、以下のような保護者からの声が一
枚文集に載せられた。

　　「おばさんもかげながら祈っていますよ　　幸子さん、お父さんの病
　気でお母さんが付き添う、家の中にだれもいないさびしさ、ほんとうに
　つらいだろうね。今日、幸子さんの日記を読んで、涙が出てしかたなかっ
　た……。一分でも一秒でもお母さんと一緒にいたい気持ち、よくわかり
　ます。でもね、いやな事ばかりじゃないのよ。また、いい事がいっぱい
　出来てくるよ。お父さんの病気が早くなおって、幸子ちゃん達親子三人
　が、楽しくすごせるよう、みんなでお祈りしようね。それまで元気を出
　して勉強してね。幸子ちゃんには五の四の"さるっ子"が、みんながつ
　いているんだからね。おばさんも、かげながら祈っていますよ。幸子さ
　ん、元気を出してがんばってください。　　成美・母」[5]

　先の満に対する実践では、河瀬が、子どもの自立を促すことは教師だけの
力では限界があるとの認識を持ち、学級集団の力を満に作用させていった。

128

さらに幸子に対する実践では、父母集団の力も作用させていったことが分かる。学級通信や授業参観などを通して、わが子の作品やそれへの他の子どもの反応を知ること、学級の一人ひとりの子どもやその背景に思いを寄せること、具体的な子どもの姿や行動を通して子どもの願いや要求が保護者に受け入れられていくこと、成美の母のようにひとりの保護者からの声が、また学級通信をとおして他の保護者たちと共有されていくという実践がなされていたのである。学級におけるケアリングを保護者と分かち合うことは、保護者が子どもの見方や学びの捉え方を膨らませ学級づくりに大きな力添えをするだけでなく、学級のなかを越えたケアリング空間を広げていく上で重要となる。

（３）信頼のコミュニケーションで教師がつながる

　課題を抱えた子どもを一人で背負わなければならない学級担任の中に、子どもにかかわらざるを得ない者としての苦しみや葛藤を見ることが少なくない。学校現場の多忙化の中、教師間で子どもの姿や行為の意味について語り合う場面が失われているようにも感じる。スクールソーシャルワークでは、担任一人ではなくチームで取り組むよう学校に働きかけていく。その際に重要であると考えるのは、教職員集団のあり方であり、教師間の協働である。ここでは、校内でケアリングが共有されていくためにはどのようなことが必要なのかについて探っていく。

　河瀬が担任を引き受けた学年はいわゆる荒れた学年で、担任を希望するものがだれもいなかった。最終的には、前学年から持ちあがった野田、野田に望まれた河瀬、他校から転任してきた佐藤、臨時講師の大川という、強力とは言えない教師集団で子どもたちに臨むことになった。
　始業式の日、佐藤学級で孝夫の姿が教室から消えた。「どこかの学級に問題が起こったら、四人で力を合わせて速やかに処理しよう」との申し合わせの通り、対処への役割を分担して佐藤と河瀬は家庭訪問をした。佐藤は、母親に叱られる孝夫をドライブに連れ出し心を通わせ、翌日からの登校の約束

ができた[6]。

　こうした子どもの問題行動に出会うたびに、4人（大川・河瀬・佐藤・野田）の連帯と団結が強まっていった様子がみえる。「先生らは、いつもいっしょやな。この間も四人で“どさん娘”で、ラーメン食べながら会議みたいなことしていたやろ。お父さんが言うてたわ。熱心やなあって」と、子どもも保護者も認めているほどであった[7]。

　それぞれの教師には男女の違いや、得意不得意もある。一人ひとり違う子どもや親を相手に、一人の教師が完璧に仕事をこなすこと自体難しいと言える。校内でケアリングが共有されていくためには、教師が子どもとの関係で経験する葛藤や苦しみ、そして楽しさや喜びを共有し、その意味を問い直して学び合っていけるような場が重要となる。河瀬らの実践の中からは、次のような場が浮かんでくる。

　一つめは、作戦会議や特定の子どもに対する具体的な働きかけを検討する場である。上述したように、荒れた学年を担任することになった河瀬らは、新学期を前に連日話し合っている。4人の教師の個性や力量、個人的な事情を配慮しながら学級編成をしていった。その過程では、それぞれの教師がお互いの思いや弱点を他の教師に開くなかで、一人ひとりの子どもの状況を捉え直し、話し合いを重ねながら結びつきを強めていっている様子がわかる。また、「問題行動を起こす子どもが出たら、……問題の対処のみにバタバタするのでなく、その子の生活や心の中まで入りこんで、……その子は何を一番必要としているのか感じとろう、そしてその子の立場に立っての的確な働きかけをしよう、と話し合っていたこと」[8] が、実際の孝夫の問題行動への対応の際に生かされていたのである。

　二つめは、日常場面での何気ない会話である。孝夫の家から戻った佐藤と河瀬は、待っていた大川、野田と合流して昼食に出かけ、6人前をペロリとたいらげたと記されている。そこでの4人は、「どこかの学級に問題が起こったら、力を合わせて速やかに処理しよう」との申し合わせの通り対処できたことを実感し喜び合うとともに、一緒に取り組む仲間がいることに安堵したことだろう。食事をとりながらの会話、職員室や廊下での立ち話などで交

わされる何気ない会話も、子どもに対する見方の捉え直しへの契機となったり、それぞれの教師をささえたりすることになる。

　三つめは、定期的な学年通信の活用である。河瀬は、同学年の学級について、お互いが何をしているのかそっと伺い合ったり、子どもの中に他の学級との対立心を持ち込む働きかけをしたり、どの学級でもやれないことはやめようと求める教師がいることを記している。河瀬が学年の教師集団の中で大切にしたのは、4人の教師が、連帯と団結を強め同じ方針に基づいて同じ姿勢で実践に臨むことであった。学年の方針を4人で練り上げながら、持ち回りで最低週1回の学年通信を発行することは、各学級の取り組みの課題や具体的な取り組みについて絶えず交流をはかり、教師集団の連帯の輪を広げ、各学級での取り組みを強めたり、とりかかれなかった仕事に急いで取り組むことになった。また、河瀬らが目指した、成長する子どもの姿、父母・教師の声の見える学年通信は、それぞれの学級での取り組みが子どもや父母に伝わり、学年全体の集団と父母を高めてもいったのである。

　四つめとして、毎日困った時に相談でき即実践に移せる、学校の実態に即した実践を学び合う場としての職場サークルである。目の前の子どもたちのありのままの姿に、何をどう進めていけばよいのかと戸惑う若い教師に対する先輩教師からの具体的な実践例の提示や、子どもからの反応にびっくりし職員室に飛び込んできて対応に悩む教師と一緒に考えていくことなどを通して、教師らは自分の学級の子どもだけでなく学校全体の子どもの様子が見えてきたのである。また、河瀬の学年の4人の教師の協力体制や出てくる問題への対処について、他の学年の教師たちから励ましや批判が出ていたが、取り組みには直接参加していなくてもその取り組みを近くで見ている教師がいるということである。校内の一部におけるケアリングであっても、学校全体に広がっていく可能性を持っている。

　大変な子どもはどの学級にもいる。つらさを学級担任一人に背負わせず、助けてと言える関係をつくり、教師がお互いにささえ合いながら力を合わせていくことが必要である。そのためには、具体的な子どもに対する作戦会議や日常場面での何気ない会話、教師集団の基礎単位としての学年集団の取り組み、そして、先輩教師と若い教師の学び合いを通して、河瀬らがラーメン

屋で見せた姿からうかがえるように、「何かあっても（起こっても）大丈夫」と思い合える、信頼のコミュニケーション[9]で教師がつながることが必要であることが浮かび上がる。

3.「『河瀬実践』にみるケアリング」を可能にしたもの ——河瀬氏へのインタビューから

「河瀬実践」は1980年代だからできたのだろうか。こうした河瀬らの実践は過去のものではなく、現在の教育実践に対して多くの可能性を秘め、今も追及され続けられるべきものであると考えた。以下は、3回にわたり河瀬氏の元を訪れ、話をうかがった[10]ことから注目したことである。それは、河瀬の子ども観であり、教育観であり、二つのそうぞう力（想像力・創造力）である。

（1）子ども集団の中にとけ込むこと

インタビュー時において、河瀬は「教師は子ども集団の一員」と表現した。また、「子どもは学んで発達する権利の主体」であるという。それは、「どの子研」[11]が目指した「主権者を育てる」ことを受け継いでいる。何がしか課題を抱えている子どもは特に、身体・心・精神・生活感覚・生活能力など、大人よりも複雑な中で生きている。教師は、そうした子どものなかに、成長や発達、どのような願いを持っているのかを見つけていく必要がある。そのためには、子どもと同一水平面にたち、子どもの中に入って学びながら、子どもの全面発達を保障していかなければならない。

「教師は子ども集団の一員」という位置づけは、教師と子どもが基本的には指導—被指導の関係にあり、教育学的には成立しないと言えるかもしれないが、河瀬はインタビューのなかで、「『指導』とは、子どもと一緒に考える、一緒にやることである」、「子どもに学んで、もっと広い視野で見られるようになっていった」と語っていた。教師は子ども集団の一員であり、相互に尊敬しあい権利を認め合い、子どもの暮らしの中にある思いや願いを大切にす

るところから教育実践が始まるのだという子ども観を、河瀬は持っている。

　河瀬は、「教師らしくない教師」、「先生だからできた」実践といわれるようなことも多かったようだ。だが、子どもと向き合うときに子どもに学び、子どもとともにある自分を育て続けたからこそ、河瀬だからできる実践を創造していけたのだろうと考える。

（2）主体的に生活する子どもを「育てる」ために「教える」

　河瀬は、「子どもの生活の現実を教育の原点に据える」、「子どもには、学習する権利、より明るく生活する権利がある」、「生活を読める力が学力である」という。上述の、子どもの暮らしの中にある思いや願いを大切にするところから教育実践が始まるということに引きつけると、生活と教育を結びつける必要があること、学力が人間の生き方を確立していくこと、主体的に生活する子どもを「育てる」ために「教える」ことが教育であると考えていることがわかる。

　ところが、「若い教師は、『教える』ことは『おさえること』と学んでいる」と河瀬は言う。また、「子どもを理解しようというやさしさだけでは、子どもは満足しない」とも言っている。確かに、『人間になるんだ』で記されているのは、子どもを育てるために、教育の指導性のもとあえて子どもに高い要求を出しながら、子どもたちを励まし続け一つひとつの達成を積み重ねさせていったところには、子どもを信じ切り、子どもや親、そして教師らとともに、嬉しい、楽しい教育実践を共有しようとする、河瀬の教育観が見受けられる。

（3）学んで身につけたものを総動員させて取り組む

　河瀬は、「教育実践には、二つのそうぞう力が必要である」という。子どもと向き合った時に、子どもがどのような思いや願いを持っているのかを受け取るには、子どもの表情や言葉の端々から想像することが必要だろう。そして、子どもを全面的に受け入れながら、どのような目標を定めるのか、ど

のように働きかけるのかその方法を創造し工夫していくことが、子ども支援者である教師にとって重要となる。

　先の幸子に対する実践では、幸子の明るい笑顔や歯切れのよい東京弁のなかに差し込む影を感じとり、自分の家庭が一瞬にしてなくなってしまった悲しみと苦しみを想像した河瀬は、転校してきた幸子のさまざまな思いを共有できる学級づくり、幸子が学級の仲間の一員としての自覚と誇りを持てるような取り組みを、一枚文集を通して創造していったのである。

　この想像力と創造力を豊かにすることを、子どもとともにあるなかで学び、学んで身につけたものを総動員させて、子どもに向き合うのである。

4. スクールソーシャルワークにおける校内体制づくりへの示唆

（1）「河瀬実践」から得るもの

　河瀬は、「……満の実践はもう三〇年も前の実践である。部落差別もほとんど解消し、同和教育は終結した。でも、……満のような子どもはいないのか」と投げかける。「周囲からの温かい目、援助の手は減る一方の社会風潮から考えれば、一昔前より『酷い』状況におかれている子どもではないだろうか。時代の違いは『姿』『形』をかえているかもしれないが質的にはなんら変わりない、いや、深刻さを増している」と指摘している[12]。筆者が日々のスクールソーシャルワークを通して出会う子どもや親は、まさに河瀬が指摘しているような状況に置かれている。

　本章は、教育をめぐる社会的不平等の克服を目指し、学力保障の実践を積み重ねてきた同和教育実践を検討することを通して、閉塞感が漂う現代の学校においてケアリングを基盤とした教育実践を位置づけるため、スクールソーシャルワークが校内体制づくりに果たす役割への示唆を得ることを目的とした。そこから見出されたことは、教師が、子どもの生活と学びに対する見方を省察し、その問い返しを分かち合ってゆく信頼のコミュニケーションで結ばれていくことが必要であり、このことがケアリングを学校に位置づける上で重要となるということである。それは、目の前の子どもがどのような願

いを持っているのかを想像し、ゆたかな教育実践を創造していくこと、葛藤や苦しみを一人で抱えず、学び合い成長し合う同僚性のある教師集団、職場をつくっていくことである。また、何よりも、ケアリングを学校に位置づけるための校内体制づくりは、教師やスクールカウンセラーあるいはスクールソーシャルワーカーだけの仕事ではなく、子どもと父母とともに作りあげていくものであるということ、学校と地域によりケアリングを発展させていくものであるということであった。そこには、生活と教育の結合、集団主義教育、教育参加ということが、キーワードとして浮かび上がる。

これらをスクールソーシャルワークに引きつけて考えると、まずは、課題を抱えている子どもを担任一人に背負わせるのではなく、校内でのケース会議等や日常会話の中で、教師集団の基礎単位である学年や学校全体でかかわるよう、一人の子どもへの対応を特別支援コーディネーター、養護教諭、管理職を含めて複数の教師に働きかけることが必要である。その際に重要なのは、教師が子どもの生活に対する視点を豊かに膨らませることができるよう働きかけることである。スクールソーシャルワーカーが家庭訪問等で見つけたり感じ取ったりしていること、どのような環境の中で生活しているのか、学校では見せない子どもの姿などについて、教師と共有していくことである。また、教師との小さな話し合いの場が発展して、サークルのような学び合いの場、信頼のコミュニケーションで繋がれる場を作ることを意識したい。

また、学級をケアリング空間にしていく上で、学級集団の力を作用させることを教師と共有したい。以前、スクールソーシャルワークの中で何年も不登校になっている子どもとかかわったが、その子どもの机が教室からなくなっているということを経験した。第1章で触れた高知県の福祉教員水田精喜らがまとめた『きょうも机にあの子がいない』とは、全く逆の状況であった。家庭環境における課題が深刻であったため、大きな社会資源である学校に何とかつなげたかったのだが、その子どもが学級の一員であるとの位置づけは消えていた。

第1章第3節（2）「不登校対策からみる『家庭訪問』の政策的・今日的動向」で確認したように、「学校は、当該児童生徒（不登校の子ども：筆者）が自らの学級・学校の在籍児童生徒であることを自覚し、関わりを持ち続け

るよう努めるべき」ことが求められているはずだ。しかし、その学校現場の実情は、文部省（当時）の政策と異なるどころか、学級・学校から排除している状況となっていたのである。

　不登校など学級で不在になっている子どもへの関心を他の子どもたちのなかに生み出すような働きかけは、スクールソーシャルワーカーでは難しい。学級全体へのそうした働きかけを担える学級担任とスクールソーシャルワーカーが信頼のコミュニケーションでつながることは、大変重要である。

　そして、家庭や地域が教育に参加するよう、学級担任を通して家庭に働きかけたり、スクールソーシャルワーカー自らが学校主催の研修会等の場で地域に働きかけていくことも可能であろう。家庭、学級、学校、地域といったそれぞれの空間におけるケアリングはらせん状に影響しあい発展していくものと考える。

　子どもとの関係において、教師が苦痛や葛藤を感じることは少なくない。しかし、楽しさや喜びを味わうこともできる。学校の中で、子どもの主たる支援者である教師らが信頼のコミュニケーションでつながり、楽しい、嬉しい教育実践を共有できるよう、スクールソーシャルワーカーもそのネットワークの中に入っていることが重要である。

　以上のように、『人間になるんだ』やインタビューの検討からは、同和教育実践が民主主義教育の質を高めてきたことを確信する。傷つき、弱められ、不安を抱えながら身動きがとれず、ものも言えなくなっている子どもや親を気にかけ、その子どもや親が自分の足で立ち上がることをささえるために同和教育実践が果たしてきた役割と、さらに、子どもの権利条約以前の同和教育実践において、子どもの権利に根差した取り組みがなされていたことに注目する必要がある。

　河瀬は、「育ち合う教育学研究室」の第1回研究会で、教育をどうやって豊かにしていくのか、どのように希望を見出していくのか、どうしたら現場の教師を元気づけられるのか、気づく教師を増やしたい、どのように仲間を増やしていくのかについて、参加者とともに熱く議論していた。河瀬らの実践はまだまだ続いている。かつて「河瀬実践」で学年担任の一人であった元

教師が、同和教育の長い歴史と財産に胸を張る姿がとても輝いて見えた。スクールソーシャルワークのなかで、河瀬のように「子どもの喜びは僕の喜び」と言える教師集団が広がり、そうした教師らと協働していけることを目指していきたい。

（2）スクールソーシャルワーク研究に引きつける

スクールソーシャルワーク研究においても、校内体制づくりに関する論文は複数見受けられる。

池田敏は、スクールソーシャルワーカーが、不登校傾向の子どもとのかかわり合いが最も強い養護教諭へストレングスの視点を活用したケースコンサルテーション[13] を行うことで、教職員間でその子どもに関する情報が共有されるようになり校内協働[14] が促進されたこと、そして、校内協働が促進されたことも影響し、その子どもが安定して登校するようになり主体的な言動も見られるようになったことを実践報告している[15]。その中で池田は、「養護教諭が本来有している専門性をＡ（不登校傾向の子ども：筆者）への支援において有効に活用できたことや、公務分掌において位置付けられている『特別支援委員会』を活用したことは、学校教育現場の本来有している専門性を有効に活用できた実践である」と考察している[16]。こうした取り組みは、スクールソーシャルワーカーから教師への一方的な助言とはならず、教師が持っている専門性に焦点を当てることになり、教師が子どもとのかかわりにおいてその専門性をこまやかに発揮していくことにつながるものであると考える。

また、西野緑は、学校が子どもや家庭の変化に気づきやすい場であり教職員がチームで対応できる場であることに注目し、小学校の教職員（コーディネーター、養護教諭、校長）への聞き取り調査から、子ども虐待における組織的対応の成果とスクールソーシャルワーカーの役割についてまとめている[17]。その中で西野は、「数人でもコアチーム会議を毎週実施することにより、子どもや家庭の状況確認や情報共有ができ、直近のことがわかり、役割分担による丁寧な対応で支援が途切れない効果がでて」、「コアチーム会議で決まっ

たことを学年会や職員会議等でフィードバックすることにより、情報が校内で共有され、学校全体で話す雰囲気ができている」と、コアチームから学校チームへと変化することを述べている。そこでのスクールソーシャルワーカーの役割として、「学校に福祉の視点を導入すること」、「俯瞰的・客観的・専門的な立場から教職員をエンパワメントすること」などを挙げている[18]。スクールソーシャルワーカーから、子どもや親の生活を気にかける質問を受ける教師らが、「家庭の問題だからしょうがない」で終わらせていたものを「家庭の状況を知るところから始まる」というように認識を変化させられるものと考える。また、スクールソーシャルワーカーは、大変な課題を抱えている子どもにかかわる教師らがめげることなくかかわり続けることができるように、日頃の働きかけをねぎらい共に働きかけることをとおして、教師らをエンパワメントすることは重要である。

　こうした池田や西野らの研究は、校内検討機能や校内体制づくりを促進させるスクールソーシャルワーカーの支援内容を明確にする手掛かりになるものである。上述してきた河瀬実践の検討から得られた知見と結びつけ、教師の専門性と教師集団の力を重視した協働を目指したい。

（3）教師にしかできないことにエネルギーを注いでもらうために

　堀井雅道は、教育委員会による「スクールソーシャルワーカー活用事業」の全国的な動向や課題を明らかにすること等を目的として実施された「スクールソーシャルワーカー活用事業に関する意識・実態調査アンケート」[19]の調査結果をもとに、スクールソーシャルワーカーの専門性やその活動成果等に関する、教育委員会の同事業担当者の認識を分析している[20]。

　文部科学省がスクールソーシャルワーク制度に着目した契機は「児童虐待」問題の解決であったが、調査結果では、教育行政が事業導入の契機としている課題は「不登校」と「児童虐待を除く家庭の問題」という回答が多かった。本研究でも取り上げているように、「不登校」の背景には、親の考え方や家庭の生活状況はもちろん、養育の放任や怠惰といわれるネグレクトがカテゴリーの一つに区分される児童虐待とも深く関連しており、「不登校」

の背景に福祉的課題があるのかを見極めるため、その福祉的課題に対応するために、スクールソーシャルワーカーを活用しようとしていると捉えることができる。また、スクールソーシャルワーカーの活用の成果として、「学校内にチーム支援の意識が生まれた」という、本章のテーマでもある校内体制づくりに関連する回答が6割を超えていた。これらからは、教職員が学校教育を円滑に進めていくためにも、スクールソーシャルワークが学校に位置づいていけるものと考えられる。

　しかし、堀井は、教職員がスクールソーシャルワーカーのような福祉の視点に立った活動ができればスクールソーシャルワーカーは不要という考えがあることを挙げた上で、「学校や子どもをめぐる様々な問題が、継続的に発生している現状をみると、学校・教職員が全て対応するのは、その方法面や体制（労力）面からしても限界を迎えていることは明白である。そのように考えれば、社会福祉という新たな視点で子どもや学校の問題を捉えていき、実際に行動していくための新たな職制やそのための人員は必要だといえよう」[21]と述べている。

　筆者は以前、定時制高校においてスクールソーシャルワークをした経験がある。定時制高校にはさまざまな生活課題を抱えた子どもたちも多数いるため、教師がソーシャルワーク的なことを担わざるを得ない状況が少なくないだろう。しかし、教師が行うソーシャルワーク的なこととスクールソーシャルワーカーのソーシャルワークとは違うということを強く思うことがあった。

　例えば、欠席がちの子どもについての次のようなことである（おおまかなところで）。子どもの家庭は生活保護（以下、生保）を受給している母子世帯であったが、母は生保ワーカーとの折り合いがとても悪かった。転居を希望する母への支援として教育相談担当の教師が転居先を探したり、自治体を移ることなどを生保ワーカーに連絡していた。そうした中で、生保ワーカーから生保を打ち切ることになるだろうとの連絡を受け、教師が慌てて筆者のところに相談しにきた。

　生保を受給することで受給者にスティグマを感じさせてはならないが、生活の立て直しのために受給者は生保ワーカーとの約束事などを守る必要がある。どの自治体が保護費を支給するかに関連することでもあるので、勝手な

転居は認められるものではない。子どもが高校生になっていることや家庭に生保ワーカーの指導が入らないというところで、生保打ち切りも当然あり得ること、どんなに嫌であっても、母から直接、担当の生保ワーカーに相談しない訳にはいかないことを教師に伝えたことがあった。福祉が法律規定を軸としていることを、教師に理解してもらうことも重要である。

　この教師は定時制高校において長らく教育相談を担ってきたベテランだけに、いつの間にか教育よりもソーシャルワークに重きが移ってしまっているのではないかと感じた。親を支援することは子どもを支援することにつながっている。しかし、子どもは欠席がちではあったが登校してきており、教師たちによって授業や学級の子ども同士のかかわりを豊かにしていく働きかけをすることで、学校で学び続ける意味を子ども自身が認識し、継続した登校へと導いていけるような子どもの学びへの支援を、スクールソーシャルワーカーとしては考えるところだと思った。

　人の生活はさまざまな領域から成り立っている。その生活をささえる領域ごとに担う役割を熟知すること、それぞれの役割を尊重することが、ソーシャルワークには求められる。「子どものために」「家庭のために」との思いで動いたことが、その子どもや家庭に困難をもたらすことになってはならないだろう。

　教師は、カウンセリング的な視点やソーシャルワーク的な視点を持ちながらも、スクールカウンセラーやスクールソーシャルワーカーになってはならないと考える。教師はスクールカウンセラーやスクールソーシャルワーカーと協働しながら、教育の専門職として、学校生活全体を通した子ども理解のもと、授業づくり、学級づくり、子どもが安心して学べる環境づくりを通じて子どもの学習権保障を担うべきであると考える。

　前章や本章で述べてきたように、学校にケアリングを位置づけるには、子どもと教師、子ども同士、教師同士の間などで、細やかなかかわりあい、ささえあいが必要となる。また、「養育困難家庭の不登校」の子どものように、長く学校を離れていて学習の進みが極端に異なる子どもが再び学校に結びついていくためには、授業の工夫、教材の研究、安定した学級運営など教師にしかできないことが少なくない。こうした教師にしかできないところに教師

が力を注ぐことができるようにするためにも、子どもが抱える課題のすべてを教師に担わせようとするのではなく、教職員やスクールソーシャルワーカーあるいはスクールカウンセラーがそれぞれの役割に少しずつの重なりを持ちながら、役割を分担していくべきであろう。

注

1）　船越勝（2007）「集団づくり・ケアリング・セルフヘルプグループ」『和歌山大学教育学部教育実践総合センター紀要』No.17、34〜35頁。

2）　東上高志・河瀬哲也編（2015）『育ち合う教育学——戦後日本教育の核心』部落問題研究所出版部、20頁。

3）　森田満夫（2011）「同和教育に内在する『生活と教育の結合原則』」部落問題研究所編『部落問題解決過程の研究　第二巻　教育・思想文化篇』部落問題研究所、51・60頁。

4）　河瀬哲也（1983）『人間になるんだ（上）生活指導』部落問題研究所、154〜166頁。

5）　河瀬、同前、201〜207頁。

6）　河瀬、同前、66〜70頁。

7）　河瀬、同前、107頁。

8）　河瀬、同前、69頁。

9）　宮台真司（2009）『日本の難点』（幻冬舎）61頁は、社会学者のニクラス・ルーマンを引きながら、「おかしなことは何も起こりません」という期待が安心、「いろいろあっても大丈夫です」という期待が信頼であり、前者は脆弱であるが後者は強靭であるとし、対面コミュニケーションを信頼ベースにするべきであると述べている。

10）　河瀬氏を訪問したのは、2015年2月24日（月曜日）、6月20日（土曜日）、12月23日（木曜日）である。はじめの2回は、氏の自宅において、一対一でそれぞれ4時間ほど話をうかがった。3回目は、氏が2015年2月に立ち上げた「育ち合う教育学研究室」の第1回研究会（於：大津びわ湖館）において、おもに関西各地から集まった11名の研究員を含め、話をうかがっている。河瀬氏からは、インタビュー内容の文章化について了解と確認を得ている。

11）　1974年、全国60余りの地域サークルが加盟する研究団体として誕生した「同和教育における授業と教材研究協議会」（略称・同授研）が組織改変と同和教育終結を主張して、1995年より「どの子も伸びる研究会」（略称・どの子研）と改称した。研究会が追求してきた実践は、日本の民主教育の質を格段に高めてきた（『明日を拓く』刊行のことばより）。

12）　前掲、河瀬（2015）、74〜75頁。

13）　門田光司（2010）『学校ソーシャルワーク実践——国際動向とわが国での展開』ミネルヴァ書房、170頁。
　　　門田は、学校ソーシャルワーク・コンサルテーションとして、児童生徒個人の状況改善に向けた「ケースコンサルテーション」、学級運営においてすべての児童生徒の状

況改善に向けた「クラスコンサルテーション」、学校運営においてすべての児童生徒の状況改善に向けた「学校運営コンサルテーション」があるとしている。

14)　門田光司・奥村賢一（2009）『スクールソーシャルワーカーのしごと──学校ソーシャルワーク実践ガイド』中央法規出版、114 頁。

　　門田・奥村は、子どもの抱える課題を教職員間で共通認識し、担任教師一人で抱え込まずに教職員が協働して取り組んでいくことを、「校内協働」と定義している。

15)　池田敏（2016）「不登校の予防に向けた校内協働における学校ソーシャルワーク実践──ストレングスの視点を活用した学校ソーシャルワーク・コンサルテーション」日本学校ソーシャルワーク学会『学校ソーシャルワーク研究』第 11 号、41 ～ 53 頁。

16)　池田、同前、52 頁。

17)　西野緑（2015）「子ども虐待におけるチーム・アプローチの成果とスクールソーシャルワーカーの役割──教職員への聞き取り調査から」日本学校ソーシャルワーク学会『学校ソーシャルワーク研究』第 10 号、2 ～ 14 頁。

18)　西野、同前、12 頁。

19)　喜多明人（研究代表）他（2010）『スクールソーシャルワーカー活用事業に関する意識・実態調査アンケート〈調査結果集〉』早稲田大学。

　　調査は、2008（平成 20）年度に文部科学省のスクールソーシャルワーカー活用事業の委託を受けた都道府県教育委員会 46 団体と、市区町村教育委員会 293 団体を対象に、教育行政における同事業の主管課担当者宛にアンケート調査を実施している。

20)　堀井雅道（2010）「スクールソーシャルワーク制度の形成と発展の可能性──教育行政における実態及び認識に関する調査分析を通じて」子どもの権利条約総合研究所編『子どもの権利研究』第 17 号、116 ～ 125 頁。

21)　堀井、同前、125 頁。

第5章 「ネットワーク論」
子どもの育ちをささえる地域につなぐ

　「養育困難家庭の不登校」となっている子どもが、人生を主体的に送るために重要となる「学び」を取り戻していく場として、学校はもっとも身近なところである。長く離れていた学校に子どもが再び通えるようになるためには、子どもと教師がケアリングの関係になること、そのケアリングが学校全体に広がること、学校と地域によりケアリングを発展させていく必要を第3章第4章にて述べた。

　しかし、「学び」の場は学校だけではなく、子どもは生活全体を通して学んでいる。本章では、子どもにとっての「学び」、そして「かかわり」という視点から、子どもの暮らしの場である地域がもっている、子どもの育ちをささえる力とケアリングを発展させる可能性、スクールソーシャルワークはそうした地域が持っている力や可能性に注目し積極的に活用していく必要について論じていく。

1．地域につなぐスクールソーシャルワーク実践

★エピソード9：大田なぎさ「地域の『子どもの居場所』への期待——父子家庭への関わりから」[1] より

　大田は、父子家庭に育つ中学3年生の子どもについて担任から相談を受けた。高校受験を前にして欠席がちである理由を尋ねると、家事をしなければならないからと子どもが答えたという。具体的には、夜遅く仕事から戻る父と兄の食事の支度や、二人が寝た後に洗濯をしなければならないこと、そうすることで就寝が遅くなる上、朝5時に兄を起こして仕事に送り出しており、父と兄が仕事に出かけた後の登校時間までの間に寝てしまい、学校を休むことになってしまっているという、ヤングケアラー状態であることがわかった。学校から地域の子ども家庭相談機関にも相談をしながら、大田は子どもに受

143

験勉強の時間を作ろうと、子どもと一緒に家事をすることを通して、家事を
こなしていく上での段取りの仕方や上手に手を抜いていくことなどを伝えて
いった。以下は大田の記述である。

　　父と兄の部屋は手を付けなくていいとのことだったので、何回かの片
　づけでリビングはきれいになっていきました。担任からの働きかけで、
　たけしくん（仮名）の登校状況は改善し、家庭訪問を一旦終了しようと
　考えていた頃です。
　　訪問をすると、たけしくんがぎこちない手つきで体操服に名札を縫い
　付けているところでした。もう二時間もかかっているというので、続き
　を引き受けました。名札を縫い付けている私の手元をじっと見ているた
　けしくんに、進学希望の高校について聞いてみると、お父さんと同じ職
　業に就くことを考えており、専門学科のある高校の名前を具体的に挙げ
　たのでした。私は、たけしくんが家族をとても大切に思い、健気に日々
　の生活を送っているのだろうと感じました。
　　部屋はだいぶ片付きましたが、たけしくんの家事量が大幅に減ってい
　るわけではなく、父と兄が帰宅するまでの時間を、ひとり家の中で過ご
　していることから、子どもの生活そのものに気を配ってくれるような人
　に、たけしくんを繋ぎたいと考え、私も少しだけかかわりのあった、地
　域にある中高生の居場所を紹介することにしました。
　　この居場所は、「学校でも、家庭でもない、その二つを結ぶ『地域』」
　「中学生、高校生が自由に集える場所」「夕食を提供する家庭的な雰囲気
　の場所」「自立に向けた自分作り（生活や学習）をサポートする場所」を
　目指して、社会福祉協議会の協力を得ながら、地域の人たちが運営して
　いる居場所です。
　　週に一度の居場所活動ですが、毎回十人前後の中高生がやってきてい
　ます。子どもたちは、おのおの自由な時間を過ごしています。提供され
　る食事は、主に、元お母さんたちが手作りしています。フードバンクや
　地域の方が、食材を提供しても下さいます。子どもの学習には、ボラン
　ティアスタッフが関わります。大学生から七十代の方までが参加してお

144

り、子どもの人数よりもスタッフの方が多い時さえあります。このように、地域の子どもたちのことを気にかけてくれる人は決して少なくなく、個人事業をしている方から、場所の提供もいただいています。

　私は、たけしくんと父に、学習支援をしてくれる場所があることを伝え、居場所の利用を提案しました。中学三年生のたけしくんには、「学習」を提案することが、居場所を利用するのに一番ハードルが低いと考えました。しかし、実のところは、子どもの生活を支えてくれる部分などを利用して欲しいと思ったのです。活動の中心となっている方に、たけしくんが父と兄の食事の用意をしていることを伝えると、居場所からの帰りに、おそうざいを持ち帰らせてくれました。たけしくんと「あのおばちゃんたちにお願いすれば、この前のお裁縫なんかも、きっと喜んでやってくれそうだね」と話をしながら帰りました。

　子どもの貧困対策では、親から子どもへの貧困の連鎖を断ち切るために、多くの自治体が学習支援を取り入れていますし、中でも、中学三年生を対象としたものが多くあります。それは、子どもたちが義務教育から高等教育へ移行するため、その際に乗り越えなければならない高校入試を見据えており、学力をつけるための支援となります。

　この居場所にも、何某かの課題を抱えた子どもが来ており、そのほとんどが学習に取り組んでいます。学習を終えた後の食事の時間では、リラックスした雰囲気のなかで自然な交流が生まれています。子どもたちは、子どもだけでなく大人との会話も通して、人との距離を知る経験を積んでいます。さまざまな世代と関わり、いろいろな価値観に触れることができます。お醤油を取って渡すような単純な場面でも、自然な「ありがとう」という言葉が重なることで、子どもの自尊心が高まります。居場所を利用している子どもに話を聞くと、「もっとみんなと話したい、宿題は早くやるし、受験勉強をがんばる」や「勉強、外遊び、のんびりの時間などで、メリハリをつけられたら、なお良いと思う」「友達に紹介するなら、食事のことを伝えたい」などと言っていました。学習を進めるためには学習以外の時間が大変重要であると考えます。

大田のこの記述からは、大田が教師と協働しながら子どもを学校教育につなげると共に、子どもが育つ暮らしの場である地域にもつなげ、地域の人々によって子どもをささえてもらおうとしていることがわかる。子どもに「学力をつけるため」であることはもちろんだが、「子どもの生活そのものに気を配ってくれるような」ささえを地域に期待している。

　大田が子どもをつなげようとしているのは、「学校でも、家庭でもない、その二つを結ぶ『地域』」「中学生、高校生が自由に集える場所」「夕食を提供する家庭的な雰囲気の場所」「自立に向けた自分作り（生活や学習）をサポートする場所」を目指して、地域の人たちが運営している中高生の居場所であった。大田は、特に、この居場所で食事を共にすることの中にある支援の力について触れている。

　近年、子どもの貧困への対応の一つとして「こども食堂」2) が全国に広がる動きを見せている。筆者もかかわっている、こども食堂が知られるきっかけをつくった豊島子ども WAKUWAKU ネットワークの栗林知絵子を実行委員会代表とする「広がれ、こども食堂の輪！」全国ツアー実行委員会は、こども食堂の活動のすそ野を広げるため全国ツアーを行い活用ブック3) をまとめた。活用ブックには 11 の取り組み事例4) が載せられており、そこに寄せられたこども食堂を利用している子どもの声を取り上げてみたい。

　東京都世田谷区の住宅地の公園で週１回子どもたちが自主的に活動する「烏山プレーパーク中高生夕食会」の事例には、「学校ではこいつとは全然話さないけど、ここでは話すよ、な。『地雷ふんじゃった』って学校で思うときがあるけど、ここには地雷は埋まっていない（笑）。」という子どもの言葉が載っており、このプレーパークでは子どもがリラックスして安心できていることが想像できる。

　大阪市西成区で週２回開催されている「にしなり☆こども食堂」の事例の「子どものことを考えてくれてる気がする、うん、そう思う。（中１女子）」、「いっしょうけんめいつくってくれてる。食事、おいしいよ。（小６女子）」という子どもの言葉には、そこにいる大人からあたたかな気持ちを確かに受け取り、子どもが感謝する気持ちを持っていることがわかる。

　東京都大田区で八百屋から始まり地域のコミュニティの場となっている

146

「だんだんこどもカフェ」の事例にある、小学校の頃から通ってきている高校生に「近藤さん（「こども食堂」の名付け親であり運営者：筆者）がやれなくなったら、オレたちがやるからさ。」と冗談っぽく言われたとの記述からは、子どもがこの場に通い続ける中で、この活動を担う次の世代へと成長していく姿が浮かび上がってくる。

　これらの他にも、「皆と会って話せるので楽しい。色々勉強になる事もあるのでためになる。」といった子どもの声が寄せられている。大田が、「学習を進めるためには学習以外の時間が大変重要である」と言っているように、地域の多様な子どもや大人と共に時間を過ごすなかで、子どもはさまざまに学び成長していく。地域の人たちが子どもに食事を提供することを通して子どもを育てていく「こども食堂」に類する活動は、子どもを地域で養い育てる「地域養育」といえるものであろう。

2. 地域における子どもの「学び」と子どもをささえる「かかわり」

　以下では、地域の人たちによる子どもをささえる場で、子どもが何を学び、地域の人々はどのように子どもにかかわるのかについて検討していく。検討にあたっては、筆者が調査研究に参加した『厚生労働省平成 26 年度セーフティーネット支援対策事業（社会福祉推進事業）貧困などによる子ども・若者を対象にしたセーフティネットの現状とその課題に対する提言に向けた調査研究』（一般社団法人協同総合研究所平成 27 年 3 月）5)（以下、報告書）を手掛かりにしていく。

　本調査研究は、平成 27 年 4 月の学習支援を核とする生活困窮者自立支援法の施行を前に、すでに支援に取り組んでいる団体や個人 12 ヶ所6) を訪問して、支援スタッフ 22 人とそこに集まる子ども・若者 41 人に対してヒアリング調査を行い、支援の実態、支援の効果、支援を阻害する要因、支援をより効果的にする提言等、および、子ども・若者の率直な声を聞き取った内容をまとめたものである。

（1）子ども・若者へのインタビューから

　調査訪問先の一つである神奈川県川崎市の「NPO法人フリースペースたまりば」（正確には事業の一つである「フリースペースえん」：筆者）は、基本的には子どもや若者が安心して過ごせる居場所事業であるが、そこでは安価に昼食を提供したり、求めに応じて勉強をみたり、さまざまな体験や文化活動の機会を作るなどしている。訪問先の多くで、学習支援、居場所、相談支援、生活支援、文化活動などの複合的な支援が行われていた。

　東京都荒川区の「子ども村：ホッとステーション」の代表は、自治体が行っている子どもの貧困対策としての学習支援事業にもかかわっているが、教室の中だけの指導であり教室を出たら子どもにかかわれないこと、学習スタッフであり生活指導スタッフではないことに限界を感じたという。なぜ子どもが学習に課題を抱えているのかを考えると、学習だけを切り離して支援しても根本的な解決にはならない。子どもと共に時間を過ごす中でさまざまな課題へ対応し、子どもの暮らしをささえ、子どもの成長を応援することが求められる。

　そうした何気ない日常の積み重ねを通して、子どもは何をどのように学んでいるのか。報告書にある子ども・若者へのインタビューから、いくつかの視点をまとめた。

① 学習理解を深め、意欲が生まれ、将来への希望を持つ

　まずは、調査訪問先のほとんどで行われている学習支援から見えるものを取り上げたい。報告書では、「学び塾『猫の足あと』」の「わかるまで教えてもらえた。」（報告書10頁）、「十勝びばっと」の「分からないことを聞ける。勉強の意識が高まった。幅広い知識も増えた。」（報告書38頁）、「熊本市自立支援プログラム推進（高校進学等健全育成支援）事業」の「ここだとわからないところは聞けて、勉強が続けられる。」「学校では先生に質問できないが、ここではなんでも聞ける。」（報告書60頁）といった子どもの声を得ている。学校では理解できるまで聞けない状況にある子どもが、地域ではわかるまで聞くことができ学び続けられる。こうしたことができるのは、子どもたちが

安心してその場にいられるからだろうと想像できる。

　また、「子ども村：ホッとステーション」の「みんな一緒に勉強しているので、やる気になった。」（報告書 15 頁）、「山王こどもセンター」の「職員の声かけのおかげ。支えてくれることや期待しているという言葉で頑張ろうという気持ちになった。」（報告書 55 頁）、「NPO 法人フリースペースたまりば」の「自分で考えて、決めて、実行できるようになった。」（報告書 50 頁）からは、そこにあつまる子ども同士によって、みんなで挑戦しようとする気持ちが生まれていることや、スタッフによって子どものやる気や意欲が引き出されていることがわかる。

　さらに、「新宿区立かしわヴィレッジ」の「高校を卒業したら専門学校に進学して、調理師免許を取りたい。」（報告書 20 頁）、「NPO 法人ゆめ・まち・ねっと」の「中高生の頃には先生になりたいという希望があったが、現在ここでの経験がもとでプレイリーダーの職に就いていることは確かである。現在は空き店舗を利用した何気なくみんなが集まれるような駄菓子屋を立ち上げたいと考えている。」（報告書 36 頁）という声を得ている。地域のささえの中で、子どもは自分の将来を具体的に考えるようになっていたり、利用している地域の活動を肯定的に捉え、将来は自分もそうした活動をしていきたいとの希望をのぞかせている。

②　さまざまな人々と出会い、多様な価値観を知る

　地域で取り組まれている子どもをささえる活動には、さまざまな子ども、若者、大人が参加しており、それぞれがそれぞれの出会いの場となっている。報告書では、「十勝びばっと」の「クラスの友だち以外の人と話せる。」「現在は小学生の面倒を見ている（中学生）。」（報告書 37 〜 38 頁）、「NPO 法人フリースペースたまりば」の「先輩や後輩を気にしないでいいところ。みんなと仲がいいわけじゃないけど。」（報告書 48 頁）、「せたがや若者サポートステーション」の「一生出会えることがないような人との出会い。自由かつストレートな姿勢に大きな影響を受けた（できる大人として）。尊敬できる存在。関わりが楽しくてしょうがない。」（報告書 43 〜 44 頁）、「学び塾『猫の足あと』」の「大学生になったら、猫の足あとを支えていく。教わった子た

ちが次は教える立ち場で参加できるように繋げていきたい。」「社会の課題に向かって一歩踏み出して解決に向かう活動を自ら切り開く活動を始めた両親を尊敬している。」（報告書11～12頁）という声を得ている。

　子ども同士の交流が、とかく同じ学校の同じ学年の同じクラスの子どもに偏りがちである現状にあって、地域にある子どもをささえる活動には、違う学校の違う学年の違うクラスのいろいろな子どもが集まり、先輩・後輩を気にせず自然に過ごす。そんな中で、年上の子どもが年下の子どもの世話をしたりする。年下の子どもが年上の子どもの姿にあこがれを抱く。こうした活動を大切に思い、活動が継続していけるように、自らが活動の次のささえ手になろうとする子どもの思いが現れる。

　また、自分の身近にはいないような大人との出会いを通して、子どもが大きな影響を受け尊敬の念を抱く。あるいは、活動をともにすることを通して、身近にいる人の偉大さにあらためて気がつくのである。

③ さまざまな経験を重ねる

　ここでは、「せたがや若者サポートステーション」で活動している、15年間引きこもっていた男性から考えてみたい（報告書42～44頁）。彼は、「中学生からの不登校で、18歳くらいからは用事があれば（年に3から4回選挙・買い物）外へ出ていた。」とのことである。引きこもりの期間は、「テレビ、パソコン、読書、漫画、将棋の中継を見る。ゲームの発売日などには外出していた」。それが、「30歳になって、いい加減働かなくてはならないという気持ちに」なったのをきっかけに、行政の紹介でサポートステーションに行くようになった。サポートステーションのプログラム（男性は、プログラムの内容が簡単であるのが良かったとインタビューの中で述べている）の中で、児童館、デイサービスのボランティアや農業体験を経てアルバイトに移行した。地域からサポートステーションに声がかかった祭りにも企画から携わることで、地域の人々と一緒にやった一体感、感謝される体験、共同作業する喜びを得た。ここからは、さまざまな経験を重ねながら活動に主体的に参加することを通して、自分の力を取り戻していく様子が見える。

　他にも、「山王こどもセンター」の「はし、お椀の持ち方（生活習慣）」（報

告書 55 頁）、「NPO 法人ゆめ・まち・ねっと」の「一緒にご飯を食べること
がこんなにも楽しいなど子ども時代に体験できなかったことや鬱憤などを消
化していくことができた。」（報告書 36 頁）などは、家庭にない生活経験を
子どもが地域で重ねていることがわかる。

　「学び塾『猫の足あと』」の「ここで、食事をする中で、体にいい料理を食
べることを経験して、健康に気を付けるようになった。」（報告書 10 頁）、「子
ども村：中高生ホッとステーション」の「『おにぎり作り』を経験したこと
で、母の手伝いをしたい、料理をやりたい、肉じゃがなど自分でご飯を作り
たいと思った。」（報告書 16 頁）などは、地域で経験したことを子どもが自
分自身に取り入れて、生活を豊かにしようとしていると捉えられる。

④　人間関係に自信を持つ

　報告書では、人間関係やコミュニケーションに関する子どもの声も得られ
ている。「子ども村：中高生ホッとステーション」の「みんなで食べるから、
みんなが座れるように詰めて座ったり、あまり話さない人とも席が隣になれ
ば、話をするようになった。」（報告書 16 頁）からは、その場をともにする
人への配慮が自然になされている様子がくみ取れる。

　「十勝びばっと」の「以前は他人とどのように接したらいいか分からず、
クラスになじめなかった。ここに来るようになって、大人も、年上の子ども
も、年下の子どももいて、その人にあった接し方が出来るようになってきた。
それで、クラスのみんなと話せるようになり、人間関係に自信が持てるよう
になった。」（報告書 38 頁）や、「NPO 法人ゆめ・まち・ねっと」の「それま
で、人づき合いが苦痛だったが、ここにくるようになって、どんどん人とは
なしてみたいな、と思うようになった。」（報告書 35 頁）からは、相手にあ
った接し方ができるようになることで人間関係に自信が持て、人に接するこ
とに対して積極的になっていることが想像できる。

　「NPO 法人フリースペースたまりば」の「人にやさしくできるだけの余裕
がでてきた。」「人とうまくつきあうのが難しい子とかもきているので、そう
いう子たちとつきあっているとつきあい方がわかってくるというのがある。」
「人としゃべれるようになって嬉しい。」（報告書 49 ～ 50 頁）からは、人とう

まくつきあうのが難しい子どもと接することが、人とのつきあい方を学ぶことになっていること、人とのつきあいが余裕をもってできるようになった喜びが感じられる。

　また、「学び塾『猫の足あと』」のボランティアである大学生は、「はじめは緊張している子が慣れてきてわからないなど率直に困っていることを言ってくれるのが嬉しい。教えた子が高校に合格したということで自分の事のようにうれしかった。昔は自己中心なところがあったが、人のために行ったことから喜びを感じるようになった。……最近は人とふれあえる仕事に興味がある。」（報告書11頁）では、大学生が、子どもとの距離を縮めていく中で子どもの喜びが自分の喜びとなる経験を経て、人にかかわる仕事に関心を持つようになっている。子どもとのかかわりを通してささえ手側の若者に、人をささえることへの喜びややりがいが生まれていることにも注目しておきたい。

⑤　社会と地域の姿を知る

　ここでは、「山王こどもセンター」の夜回り「土曜日（月1回）午後7時30分～9時30分山王地域で野宿する方々へ、手作りのおにぎりを持って訪問します。」（ＨＰより）の活動を取り上げたい（報告書53頁）。このセンターが位置する地域は釜ヶ崎に隣接しており、「同じ西成区内でも、釜ヶ崎と山王は違う、さらに、西成区と阿倍野区は違うと、差別のドーナツ化現象がある」。そうした差別意識がある地域で子どもが差別に勝つ、また、差別意識を持たない子どもに育つためにはまず「知る」ことが一番であると、現地のおじさんたちと話す体験によって地域の現状を知り、考えるきっかけとしている。子どもたちは、「話すまでは、『怖かった』『臭かった』とだけ見ていた野宿者が、『やさしかった』『普通の人だった』と変わる」。

　こうした活動は、子どもが社会の現実と地域性を知り、世間で言われていることをそのまま受け入れるのではなく、自分の頭で考え、自分の意思を持ち、思いやりや豊かな人間性を育む。地域課題を直視する体験の場を提供することと共に、地域への愛着心を育てることは、未来の自立した市民意識の形成と地域の担い手を育てることにもつながる。

（2）スタッフ側へのインタビューから

　報告書の調査訪問先には、学習に対するモチベーションや自尊感情が低い子どもや若者が来ていることが少なくないので、どこの訪問先でもスタッフ側は、子どもと人間関係をつくろうと、子どもとのかかわりの中でコミュニケーションを大切にしている。そうする中で、上述してきたように、子どもが高校進学を考えるようになったり、将来かかわりたいことや就きたい職業を具体的に思い描くようになっている。また、他人とのかかわりに自信と積極性が生まれたりもしている。このように子どもが変化していくことには、まずは子どもとスタッフ、そして子ども同士において人間関係を形成することが重要となっている。そこでは、子どもの育ちをささえるためにどのような「かかわり」がなされているのかについて、スタッフ側へのインタビューから考察したい。

①　一人の人として子どもと共にある

　「NPO 法人山科醍醐こどものひろば」の「専門家の眼差しが苦手な子どももいる　身近な大人（として出会う、かかわる：筆者）」（報告書 26 頁）、「NPO 法人ゆめ・まち・ねっと」の「『仕事』としてではなく地域の『人』として関わることで、子どもたちが信頼感を抱いてくれたら、困った時、悩んだとき、苦しんだときに、あの人に伝えてみようと思ってくれるのではないか。」（報告書 30 頁）、「NPO 法人フリースペースたまりば」の「大きい家族のようなものに（する：筆者）」（報告書 47 頁）、「子ども村：中高生ホッとステーション」の「あの時一緒にいてくれたという思い、サポートを通して目が開いてきたとの思いをもってもらえるように。」（報告書 15 頁）という発言がある。

　これらの発言は、スタッフ側が専門家や支援者としてかかわるのではなく、ふつうの一人の人として子どもと出会い、日常を丁寧に積み重ねながら信頼関係を築くこと、水平的な人間関係を重視していると言える。

　「NPO 法人ゆめ・まち・ねっと」に、「必要なのは支援ではなく理解すること。」という若者の声があった。「支援」という言葉には、支援する側・さ

れる側という関係性が生じる。子どもや若者が求めているのは、そうした支援する・支援される関係ではなく、一緒にその場にいる、共にあるということではないかと考えられる。

② 子どものありのまま、子どもでいることを大切にする

「子ども村：中高生ホッとステーション」の「子どもたちの中でなるべく管理しない。さりげなく傍らにいられる大人として。」（報告書14頁）や、「NPO法人ゆめ・まち・ねっと」の「『～ねばならない』という感覚で関わる大人はいない。」「そもそも（子どもの：筆者）変化を目的にしていない。」（報告書31頁）といった発言がある。

これらの発言は、スタッフ側がいいと思う方向に子どもを変えようなどとは考えておらず、多様な子どものありのままを認め、子どもの傍らにそっと立とうとする姿勢であることがわかる。

また、「子ども村：中高生ホッとステーション」の「子どもに見ててあげるから失敗しなさい、わからない、できないと言っちゃいなさい、と伝えたい。」「子どもという瞬間をつくってあげる。子どもでいさせる。」（報告書14頁）の発言がある。

これらの発言には、子どもは学校などで、わかったふり、できているふりをしなければならない状況にあるけれど、本来子どもは失敗ややり直しができるということ、そうした子どもでいていいんだよと、伝えたい思いを感じ取れる。

③ 子どもの「やりたい」を大切にする

「NPO法人青少年就労支援ネットワーク静岡」の「本人の『やりたいこと』を基盤にしながら就労体験先を探している。」（報告書22頁）や、「NPO法人ゆめ・まち・ねっと」の「子ども・若者が自ら『やりたいからやる』ものでないと意味がないと考える。……役立つ自分を実感したり、自分の居場所であるという感覚をより強くしたりすることができる。」（報告書31頁）といった発言がある。

スタッフ側が望み意図するものではなく、子どもや若者の「やりたい」と

いう気持ちに寄り添い彼らを受け入れ認めていくことが、本人に内在するストレングスを引き出し、主体性や自己肯定感を育んでいると考えられる。本人の「やりたい」気持ちを置き去りにした時、支援はスタッフ側の一方的な独りよがりになってしまうのである。

④ 継続的にかかわる

「NPO 法人ゆめ・まち・ねっと」の「継続的に長く関わり続けられるのが自分たちの持ち味。『代り映えしない』という安心感を持ってくれるような関わりを心掛けている。……地域で長く関わるということは、一人ひとりの利点・得意・長所を見出だせるということ。その持ち味に光を当て続けながら、子どもたちと何気ない日常を重ねるということを続けている。」（報告書30 頁）という発言がある。

この発言からは、スタッフ側が特別な働きかけをあえてしないからこそ、子どもが「代り映えしない」と感じられるような日常を、淡々と積み重ねていくことを大切にしたいとの思いが伝わる。学校の教職員などは評価する視点から子どもにかかわりがちであろうし、教職員も行政の支援者も年単位で代わっていく。一方、子どもの暮らしの場に居続ける地域住民だからこそ、子どもとずっと継続的にかかわることを通して個人としてのつながりと信頼を築き、子どもの成長と発達に長いものさしを持って共に歩んでいけるのである。

⑤ 寄り添い続け「誰かひとり」になろうとする

「NPO 法人ゆめ・まち・ねっと」の「生きづらさを抱える子どもたちにとって、地域の中で自分に寄り添い続ける「誰かひとり」の大人の存在があるかないかはとても大きい。」（報告書31 頁）という発言がある。子どもの不幸な事件を伝える新聞記事に目がとまる時、「誰かひとり」でもこの子どもに出会えていたら、声をかけていたら、子どもの SOS の声を拾えたのではないかと思う。

「新宿区立かしわヴィレッジ」の「大人不信、人間不信など、人間関係の中で傷ついたことは、人間関係の中で癒していく。一緒に苦労する、何かを

伝えられれば応えるなどを繰り返す中で、重要な他者を作っていく。」（報告書18頁）という発言は、さらに、子どもとの関係を深め、「重要な他者」という存在になっていきたいとの思いが現れている。

「NPO法人フリースペースたまりば」の「自分と付き合ってくれる大人が増えることで自分自身を受け入れられるように。」（報告書46頁）という発言からは、自分のことを受け止めてくれる人が増える中で、他の人の目を通して自分のことが分かり大切な自分を取り戻していけると考えていることが想像できる。

顔が見える関係のもとで誰を頼ればよいかがわかっていることは、子どもにとって重要なことである。

⑥「私は私」から「私たち」へを応援する

「NPO法人ゆめ・まち・ねっと」の「年上が年下に何かをしてあげているような場面でも、実態として年下の存在によって年上が存在価値を得る、自己肯定感を回復するということが行われているのではないかと思う。」（報告書31頁）、「NPO法人青少年就労支援ネットワーク静岡」の「若者たちが自発的に集まり、仕事やプライベートの悩みを語り合ったり、レクリエーションに出かける、若者同士の支え合い・励まし合いの場を提供している。」（報告書22頁）の発言がある。

子どもをささえる①から⑤の「かかわり」により、鯨岡峻が述べているように[7]、自分が受け止められる経験が重ねられ、ありのままの私でいいという、「私は私」が子どものなかに育っていく。子どもと共にあろうとするスタッフ側の対応が、次には、子どもが他者と共にあろうとするようになっていくとき、子どものなかに「私は私たち」が育つと考えられる。共に学んでいる一人ひとりの子どもが、互いに影響し合える関係、一緒に高校入試に立ち向かっていく仲間として「私たち」になることによって、励まし合って前に進む力を得ることができる。

また、「学び塾『猫の足あと』」の「自分の合格を喜んでくれる人がいることで、自分には仲間がいる、会ったことはないけど応援してくれる人がいると感じられることは、子どもの自尊心を高めていける。」の発言がある。

　実際にかかわっている人ではないけれど、見守っている人、食材などを提供してくれる人などを含め、目には見えないが自分のために応援してくれる人たちがいると感じられることは、子どものなかに「私」がつながる大人を含めた「私たち」が生じ、困難を乗り越えようとする心を育むと考えられる。

　ここまで述べてきたように、課題を抱えた子どもが、地域で様々な人々と出会い多様な価値観を知り、さまざまな経験を重ねている。そうしたことを通して、人間関係に自信を持ち意欲や希望を持つ。また、自分が暮らす地域や社会に目を向けることができるようになる。そこには、一人の人として子どもと共にあることや、子どものありのままや子どもの「やりたい」を大切にする、といった子どもの権利を基盤とするかかわりや、継続的に寄り添い続けるといった受容的共感的なかかわりがあった。地域には、子どもをささえるかかわりと、子どもが元気を取り戻していく学びや力があると言える。スクールソーシャルワークは、地域が持っている子どもの育ちをささえる力に注目し、積極的に活用していく必要がある。
　報告書の中で取り上げた子ども・若者支援の団体や個人のほとんどが、事業や活動目的の対象を限定している。しかし、地域の子どもをささえる場が持っている機能は、課題を抱えた子どもだけでなく、すべての子どもに利用して欲しいものである。始まりは対象を限定した事業だとしても、いずれはすべての子どもが利用できるものとして増えていって欲しい。子どもたちの暮らしの場を地域の中に広げ、日常を積み重ねることを通して学び、学ぶことの中に人間関係を含んで捉えて、子どもの育ちを応援していけるような場をスクールソーシャルワークを通して学校の教職員や地域の人々と作り出していきたい。

３．学校と家庭と地域をつなぐ

　上述してきたように、地域の子どもをささえる場で、子どもはさまざまな人と出会いかかわり合いながら、さまざまなことを学んでいることがわかる。学校も地域にある子どもをささえる場であるのだが、報告書には、「NPO 法

人ゆめ・まち・ねっと」の「行政型の子育て支援や教育委員会・学校の教育で、心折れかかっている子ども・若者に次々に出会うことである。だから、行政や教育委員会、学校と連携しないという選択をしていることで、子ども・若者は安心して自分たちの活動に参加し、心を開くということができているのではないかと思う。」（報告書 31 頁）といったように、あえて学校との連携を考えないとする団体があった。この意見は調査全体を通しても超少数派であるが、地域活動から学校臭さや専門職臭さを取り除きたいという思いが強いのではないかと想像する。反対に、「NPO 法人山科醍醐こどものひろば」の「学校から『この子とこの子を見てほしい』」（報告書 27 頁）と相談、紹介されているところもある。

　ここでは、ともに子どもの暮らしの場であり子どもをささえる場である、学校と地域の連携について検討したい。

（1）「学校と地域の連携」の展開

① 子どもの教育からみる「学校と地域の連携」——学校教育と社会教育

　学校と地域の関係の歴史は、近代学校制度の成立とともに長い対立と確執の歴史をもっている[8]。ここでは、教育のあり方の再検討を求める近年の「学校と地域の連携」の具体的な行政施策を見ていきたい。

　学校、家庭、地域の連携についての政策展開は、1971 年社会教育審議会答申『急激な社会構造の変化に対処する社会教育のあり方について』を契機としている。答申は、「生涯教育という考え方は、生涯にわたる学習の継続を要求するだけでなく、家庭教育、学校教育、社会教育の三者を有機的に統合することも要求している」と述べ、家庭、学校、地域の連携の必要性を説いた。

　1981 年中央教育審議会答申『生涯教育について』は、「学校教育関係者は、社会教育の機能についての理解を深め、社会教育の各種の施設や機会を子供の発達段階や地域、学校の実情に則しつつ、より積極的に活用すべきである。また、社会教育関係者も、学校に対して積極的に情報を提供するとともに、学校の側からのこうした動きに対して進んで協力することが望まれる」

と、学校教育関係者と社会教育関係者の相互理解と連携の必要を述べた。

その後、1986 年臨時教育審議会第一次答申で「生涯学習体系への移行
（学校教育の限界を明確化し、家庭や地域の教育力の回復と活性化をはかる）」や
1987 年臨時教育審議会第二次答申で「『開かれた学校』への転換（学校・地
域の相互連携・融合のシステムづくり）」などを経て、1996 年 4 月生涯学習審
議会答申『地域における生涯学習機会の充実方策について』では、「学社融
合は、学校教育と社会教育がそれぞれの役割分担を前提とした上で、そこか
ら一歩進んで、学習の場や活動など両者の要素を部分的に組み合わせながら、
一体となって子供たちの教育に取り組んでいこうという考え方であり、学社
連携の最も進んだ形態と見ることもできる」と、学社融合の理念を述べてい
る。

同年 7 月に出された第 15 期中央教育審議会答申『21 世紀を展望した我が
国の教育の在り方について』では、ゆとりのある中で「生きる力」を育て
る教育への転換をめざして、学校週五日制の導入と新しい厳選された教育の
実施を提言した。同答申の中で、「まず第一は、学校・家庭・地域社会での
教育が十分に連携し、相互補完しつつ、一体となって営まれることが重要
だということである。教育は言うまでもなく、単に学校だけで行われるもの
ではない。家庭や地域社会が教育の場として十分に機能を発揮することなし
に、子供の健やかな成長はあり得ない」と、学校が社会に対して「開かれた
学校」となり、家庭や地域社会とともに子どもを育てていくことが重要であ
ると述べた。

続く 1998 年第 16 期中央教育審議会答申『今後の地方教育行政のあり方
について』では、「開かれた学校づくり」についてより具体的に検討し、教
育モニター・教育アドバイザー等の活用、地域住民に対する積極的な情報提
供、ボランティアの受け入れ体制の整備、「学校評議員」の設置などを提案
している。

2000 年代に入り、「開かれた学校」づくりや「学社融合」を具体化するも
のとして、学校運営に地域住民がかかわっていく制度が急速に整備されて
いく。2000 年から学校評議員制度、2004 年から学校運営協議会制度の導入、
そして、2006 年改正教育基本法第 13 条に「学校・家庭・地域住民等の相互

の連携協力」が規定された。2008年教育振興基本計画では、「学校・家庭・地域の連携・協力を強化し、社会全体の教育力を向上させる」施策として、「地域ぐるみで学校を支援し子どもたちをはぐくむ活動の推進」、「家庭・地域と一体になった学校の活性化」がうたわれている。また、同年の学習指導要領改訂では、総則に「学校がその目標を達成するため、地域や学校の実態等に応じ家庭や地域の人々の協力を得るなど家庭や地域社会との連携を深めること」が明記され、2011年以降「地域とともにある学校づくり」が進められていく。

　上述の答申に頻繁に用いられている「連携」の機能について佐藤晴雄(2002)は、おおよそ「情報交換・連絡調整機能」、「相互補完機能」、「協働機能」の3つに見出されると述べている[9]。「相互補完機能」があくまでも各主体がそれぞれの目的のために協力し合うのに対して、「協働機能」は複数主体が共通目的を設定して、その実現のために協力して働く機能であり、「学社融合」の形態をとる。「学校と地域の連携」が目指すものは、情報交換・連絡調整から相互補完を経て、協働へと発展していくことであると考えられる。

　こうした政策は、学校の教育活動や学校運営に地域住民が積極的に参加する契機をつくり、1) 地域社会から様々な支援を得ることによって、学校の教育活動をより一層充実させること、2) 地域住民が自らの持っている資質や能力を活かす場が広がること、3) 学校が持つ教育機能や施設を地域住民が活用することなどを通して、4)「地域の教育力」を向上させる可能性を持つものである。しかし、一方で、学校が求める部分でのみ地域住民の参加を受け入れるような場合など、地域の教育が学校教育の補完的なものになってしまうあやうさもある。

　学校・家庭・地域社会との連携にかかわる実態と意識について、教員を対象にアンケートを行った岡安正弘(2001)の調査では、「学校教育の中に地域社会や地域の人たちを活用することについては教員の中に肯定的な意識が見られる」[10] が、「外部の人が学校に入ることによる学校の秩序の乱れや学校自体・生徒自身の秘密保持が危惧される」[11] といった教員の意識についてまとめている。学校教育の中に地域社会や地域の人材を活用することと、地

域社会や地域の人々の中に学校教育を活用することが、共に対等な立場で行われることが望まれる。

② 子どもの生活からみる「学校と地域の連携」——学校教育と地域福祉

　文部科学省（文部省）の答申からは、学校と地域の双方において学校教育と社会教育の協働が目指されていることがわかる。しかし、学校と地域は学力を身につける場だけでなく、子どもが暮らし、コミュニティの一員として成長する場でもある。乳幼児期の子どもには保健医療サービスや児童福祉サービスが支援の中心となるが、学齢期の十数年間における支援の中心は学校の教育的サービスが中心となるため、教育を担当する文部科学省（文部省）は、上述したように子どもの教育的支援について検討してきた。しかし、子ども時代を豊かに過ごすために、教育的手法および教育的資源だけでは足りない部分は、子どもの暮らしの場である地域での多面的な支援が不可欠となる。ここでは、子どもの生活という視点から、「学校と地域の連携」について検討したい。

　2000年に社会福祉の基本的な考え方を大きく変える改革である「社会福祉基礎構造改革」が行われ「社会福祉法」が制定された。この改革は、利用者本位の社会福祉制度の確立と地域福祉の推進を柱としており、市町村が「地域福祉計画」を策定することを規定している。

　2002年厚生労働省社会保障審議会福祉部会『市町村地域福祉計画及び都道府県地域福祉支援計画策定指針の在り方について（一人ひとりの地域住民への訴え）』の「はじめに―地域福祉推進の背景と必要性」には、「かつての伝統的な家庭や地域の相互扶助機能は弱体化し、地域住民相互の社会的なつながりも希薄化するなど地域社会の変容等により、高齢者、障害者、青少年や中年層において生活上の諸課題が複雑多様化している。他方、ボランティアやNPOなどの活動が活発化し、社会福祉を通じた新たなコミュニティ形成の動きも顕著となっている。今こそ、共に生きるまちづくりの精神を発揮し、人々が手を携えて、生活の拠点である地域に根差して助け合い、生活者としてそれぞれの地域で誰もがその人らしい安心で充実した生活が送れるような地域社会を基盤とした福祉（地域福祉）の推進に努める必要がある。個

人の尊厳を重視し対等平等の考え方に基づき、地域住民すべてで支える社会福祉に変わっていくためには、地域住民の参加と行動が不可欠である。社会福祉を消極的に特定の人に対する公費の投入と考えるのではなく、むしろ福祉活動を通じて地域を活性化させるものとして積極的な視点でとらえることが必要である（抜粋要約）」と記されている。

　そして、「地域福祉推進の理念」の「地域福祉推進の目的」は、「福祉サービスを必要とする地域住民が地域社会を構成する一員として日常生活を営み、社会、経済、文化その他あらゆる分野の活動に参加する機会が与えられるようにする（抜粋要約）」となっている。

　子どもの生活から「学校と地域の連携」を考えてみると、学校は子どもが日常生活をいとなむ地域の中にあって、教育機関としてだけでなく子どもをささえる福祉機関でもあるはずなのだが、「地域福祉推進の理念」の「地域福祉の担い手として考える者」のなかに「学校」は位置づけられていない。一方、「地域福祉推進の基本目標」の「生活関連分野との連携」のなかで、「地域福祉の範囲として、福祉・保健・医療の一体的な運営はもとより、教育、就労、住宅、交通、環境、まちづくりなどの生活関連分野との連携が必要となる」といったように、「教育」と「連携」といった形で地域福祉の範囲に辛うじて含まれている。

　本節冒頭の、行政や教育委員会、学校と連携しないという選択をしていると言ったNPOの発言などを鑑みると、地域福祉の中により積極的に学校を位置づける必要を感じる。反対に、学校からの相談を受けたり、子どもを紹介されている「NPO法人山科醍醐こどものひろば」は、地域のすべての子どもを対象として子どもの生活の全体を豊かにする活動を担っているのであるが、そのなかで生活困窮世帯の子どもへの支援を位置づけている。困難な福祉課題を抱えた子どもについて、学校は積極的に地域福祉サービスと連携しようとしていると考えられる。筆者は、特別支援学校におけるスクールソーシャルワークを通して、実際に、学校が保育園や母子通園施設、放課後デイサービスや学童保育、親の会、保健センターなど、さまざまな地域福祉サービスと積極的に連携を図っていることを知っている。子どもが豊かに暮らす場として学校も地域も共に必要であり、同じ一人の子どもが利用すること

を考えると、学校教育と地域福祉の連携は必須であると言える。

　ここに、愛知県豊田市で展開されている、住民が主役となる地域福祉活動の創造を目指す取り組みに注目しておきたい。この取り組みを紹介するのは、地域の一員である子どもたちが参画していることと、取り組みを通して、学校教育と社会教育の連携、学校教育と地域福祉の連携、そして、社会教育と地域福祉の連携が見えるからである[12]。

　豊田市社会福祉協議会は地域福祉活動計画策定にあたり、中学校区ごとに住民懇談会を開催して地域福祉の考え方等の学習を講義形式で実施した後、地区の魅力や課題を顕在化させ、望む地域の姿、そのために自分たちができることを話し合うグループワークを実施してきた。ここに、社会教育と地域福祉の重なりが見える。また、住民懇談会に加え、地区の小中学校で地域福祉学習会を実施して教育の一環として地域福祉を学ぶとともに、住民懇談会のテーマにそって子どもたちが意見を交換する。福祉を学ぶ小学4年生の授業では、学校が市社協と連携して福祉実践教室を実施してきた。ここには、学校教育と地域福祉の連携が見える。さらに、小学校でふるさと学習を実施しており、子どもが地域の人と交流し地域の人から学ぶ学校教育と社会教育の連携を推進している。これらの連携において、学校で取り組んでいる教育と、地域福祉計画の策定、子どもの学びや育ちをささえる地域の動きを橋渡しする豊田市社会福祉協議会の存在は見逃せない。

　こうした取り組みへの参画を通して、子どもは自分の意見を聞いてくれる人の存在を知り、意見を言う経験や意見を言ってよかったという思いを持つ。子どもと大人がより地域を知り、さまざまなことが見え始め、自分が地域でどう生きていきたいかを一緒に考えていくこと、および、地域住民の手で始められた地域福祉活動とそこに携わる大人のありように接することは、将来その地域に住まうであろう子どもたちが、自分たちのまちづくりという次のステップへと向かう可能性を持っている。

③ 支援者育ち・親育ちから考える社会教育と地域福祉の連携

　ここでは、社会教育と地域福祉の連携について考えてみたい。まず、地域福祉に携わる支援者の学びについてである。地域にある子どもをささえる場

の活動が社会教育なのか地域福祉なのかは、どこがその活動をバックアップしているかによるところが大きい。本章第2節で取り上げた『厚生労働省平成26年度セーフティーネット支援対策事業（社会福祉推進事業）貧困などによる子ども・若者を対象にしたセーフティネットの現状とその課題に対する提言に向けた調査研究』における調査先は、子ども・若者の自立支援に取り組んでいる団体や個人であり福祉活動に括られるものであろうが、その中身には社会教育の要素が多分に含まれている。また、調査先の一つであった「NPO法人山科醍醐こどものひろば」は、自らの活動を「文化活動」として形容している。子どもをささえる場にかかわる地域の人々が、自らの活動を「社会教育」と捉えていようと「地域福祉」と捉えていようと子どもにとってはどちらでもよく、その場が安心して過ごせるところになっていないと子ども自身がやっては来ない。地域の人々が子どもをささえたいとの気持ちを持ちながらも、それが独りよがりの支援にならないためには、支援者側の学習が重要となる。

　第2節で述べたように、「子どもは地域で、何をどのように学んでいるのか」「子どもをささえる『かかわり』はどのようなものであるのか」を理解することが必要となる。具体的には、子どもたちの何を育み、子どもたちに何を提供していくのかといったことや、子どもを見守る・子どもに寄り添うといった子どもとのかかわり方の獲得、さらに、豊かな子ども観・子どもの世界観の形成や、子どもから学ぶといった支援者の支援観や教育観といった、子どもの権利を基盤とすることの学びが考えられるであろう。「共に生きるまちづくりの精神を発揮し、人々が手を携えて、生活の拠点である地域に根差して助け合い、生活者としてそれぞれの地域で誰もがその人らしい安心で充実した生活が送れるような地域社会」を目指すために、愛知県豊田市での取り組みのような地域福祉推進活動として社会教育との重なりと連携は必須であろう。

　地域で子どもをささえる活動に携わる人々は、理念や想いといった『志』を一緒にすることによってできる志縁[13]によって結ばれ、学ぶことにも積極的である場合が多い。一方、スクールソーシャルワークの中で出会う子どもの親のなかには、祖父母世代からの課題を引き継いでいて生活能力や人間

関係が貧しく、生きづらさを抱えた子育てをしていることが少なくない。また、義務教育を終えた後で教育を受けることがない場合がほとんどなのである。人とのかかわりは難しく孤立しがちで、家庭の抱える困難がさらに深まってしまう。現在、地域で子どもをささえる活動には、子どもの学習支援やこども食堂といったさまざまな取り組みが広がっているが、親にも学びを通して人とつながる場が必要であると考える。次に、こうした親をささえる上での、社会教育と地域福祉の連携について考えたい。

かつて筆者は、2013年2014年の2年にわたり、東京都板橋区成増社会教育会館（当時）の家庭教育講座の企画と実践に参画した[14]。講座の主たるねらいとして、子育てを楽しくするための文化施設の活用術を学ぶことを設定したものである。学ぶ意欲が高くない人たちにとっては、堅苦しい承り学習といったものではなく気軽に学びに参加できるプログラムとして、成増の講座のように、文化へのアプローチを通して働きかけられるのではないか。親が支援者以外の人とつながれるよう、また家庭生活の文化度を高めていけるよう、ゆるやかな解放感のある楽しい学びの場を提供できる社会教育を活用した親の学習支援は重要であると考える。

しかし、社会教育の受講者は講座案内などに自ら応募してくる人たちであり、福祉的ニーズを抱えた人は社会教育に自らアクセスしては来ない。これについては、地域福祉と社会教育が連携して福祉的ニーズを抱えた人を積極的に社会教育で包摂し、孤立状況を改善し、日常生活の中にある学びによって、家庭の力を高めていくことが可能なのではないかと考える。例えば、母子生活支援施設の母子のニーズに対応する学びを、福祉施設職員と社会教育施設職員の協同で作り上げ結びつけていくことなどである。そういった場合には、福祉職、社会教育職双方が個別支援を行うことが必要となるであろう。

成増の第2回目の講座振り返りの会で福祉的ニーズを抱えた人の参加について触れた際、ある受講者から「そういえば、保育園で外国人のお母さんに、園からのお便りを読んであげたりお世話をしている人がいる。あのお母さんたちに声かけよう」という話がでた。講座への参加を通して、身近なところでささえ合いが行われていることに気がついたのである。学習意欲の高い方が課題を抱えた人たちを誘い、共に学び合う視点と関係を育てることが

大切である。

　そして、地域福祉と社会教育が連携し、福祉的ニーズを抱えた人を社会教育が包摂していく上で、特に社会教育指導員は重要な支援者となる。地域のニーズを考えた上でどういったプログラムの学びにするか、参加者との関係づくりや参加者間の関係づくりへの支援、サークルなど地域資源の成長への働きかけやネットワーク化など、社会教育指導員には高い力量が求められる。

（2）コミュニティソーシャルワークとしてのスクールソーシャルワーク

① 地域の中に子どもと親の暮らしの場をつくる

　困難度が高い子どもの暮らしをささえようとする時、その親をささえ、その親も生き生きと暮らせることが子どもの穏やかな成長をささえていくことにつながる。そのためには、上述したように、福祉的ニーズを抱えた親を社会教育のなかに招き入れていくことを含め、人々が水平的な関係において出会い、交流し、学びあい、助けあうことができる地域のなかに、子どももその親も参加できる場を用意することが求められる。

　子どもの生活世界全体から考える時、特に学齢期の子どもにとって、学校も家庭も地域も、彼らが生きる基盤を育む上で非常に大切な場である。そして、地域の多くの子どもが在籍し親ともかかわりを持つことができる学校は、地域の中の大きな社会資源の一つと言える。したがって、困難をかかえる子どもとその親をささえるために、学校と地域との連携をいっそう深く進め、地域全体、まち全体が、子どもや親にとっての居場所となっていくことが必要である。

　内田宏明は、子ども自身の「要支援性」の軸と「家庭代替性」の軸を設定し、子どもの居場所の類型を、①〈要支援性強〉〈家庭代替性弱〉の不登校型、②〈要支援性強〉〈家庭代替性強〉の社会的養護型、③〈要支援性弱〉〈家庭代替性弱〉の地域型、④〈要支援性弱〉〈家庭代替性強〉の学童保育型の４つにまとめている[15]。内田が分類する②の社会的養護型の中に、子どもだけでなくその親も含めた居場所を考えたい。スクールソーシャルワークを通して出会う親の中には、周囲にいるのは相談機関の支援者ばかりといった

ことが少なくない。しかし、支援者だけでなく、ごく普通に一般の人々とかかわりあうことが、人の健康的な生き方であると考えるのである。

　大阪府大阪市西成区釜ヶ崎の中心部にある「こどもの里」の活動は、もともと学童保育としてスタートした。その後、18歳までのすべての子どもを対象にしたり、利用時間の拡大、宿泊機能の整備、里親を経てファミリーホーム機能、親の生活相談が加わっている。子どもが抱える生活の現実は、規制の制度やサービスの枠で収まりきれるものではなく、それぞれの子どものニーズに応じていった結果であった。館長の荘保共子は、「子どもを守るだけではだめで、親にも生まれ育った家庭の問題や虐待されて育ってきた歴史があったりする。だから、子どもとの関係を通して、親の支援にまで踏み込まないと、結局子どもは幸せに暮らせないということです。やっぱりお母さん自身にもケアが必要だ、ということを学びました」と述べている[16]。子どもがその子らしくあるためには、親とのかかわりが欠かせない。

　地域の中には、すでにいくつかの居場所があることだろう。しかし、それぞれの子どもとその親にとって利用できる場、安心して過ごせる場は異なる。スクールソーシャルワークは、学校と家庭の他に、地域の中に一人ひとりの子どもとその親が安心できる暮らしの場を見つけ出し、あるいは、子どもの気持ちを受け取り子どもと協同しながら、地域の人々とともに、一人ひとりの子どもとその親にあった安心できる暮らしの場を創造していくことが求められる。

② まちづくりとケアリングの発展

　子どもと親の暮らしの場をつくることを通して、その活動に携わる人たちが地域課題を知り、互いに課題を共有できる人を見つけ、地域に個人や家族をささえる人の輪が広がる。そうした地縁や志縁によるネットワークが、子どもや人を大切にする関係づくり、福祉文化を基盤とするまちづくり、地域全体にケアリングを発展させていくエネルギーを育む可能性がある。

　それは、活動を担う側の大人だけでなく子どもの側にも言える。例えば、第1節の後半で取り上げた、八百屋から始まり地域のコミュニティの場となっている東京都大田区の「だんだんこどもカフェ」のこども食堂の取り組

みに見ることができる。長年通ってきている子どもの「近藤さんがやれなく
なったら、オレたちがやるからさ」という発言があった。子どもがその場に
通い続ける中、運営者である近藤さんのたたずまいやありように接すること
で、その活動を大切なものであると感じ、近藤さんの姿にあこがれ、将来は
自分が地域にあるこの活動を担おうと考えているのである。また、第3節
で取り上げた愛知県豊田市での取り組みのように、住民が主役となる地域福
祉活動の創造に子どもが参画することを通して、地域の人々の手で始められ
た活動を目にし、そこに携わる大人のかかわりに接し、その先に将来は自分
たちがまちづくりを担っていくという次のステップへつながる可能性を感じ
るのである。

　こうした福祉文化を基盤とするまちづくりにとって、忘れてならないのは
学校に通う子どもたちの保護者である。子どもたちの保護者ももちろん地域
の人々であるのだが、ここであらためて、子どもの保護者は学校にとって相
談相手となり、地域ともつながる大切な存在であることに触れておきたい。
本節の社会教育と地域福祉の連携のところで、筆者が参画した東京都板橋区
成増社会教育会館の講座振り返りの会で、受講者が子どもの通う保育園で保
護者によるささえ合いが行われていることに気づいたことを記した。保護者
による身近なところでのささえ合い、課題を抱えた人もそうでない人も、共
に学び合う視点と関係を育てることが重要である。

　スクールソーシャルワークは、子どもや親の「困りごと」と地域の人々の
「気づきや思いや得意」をつなげることを通して、みんなケアしケアされる
というケアリングが学校を越えて地域全体に発展し、地域が福祉文化を基盤
とするまちづくりへと向かう可能性に関与できるものと考える。

③ 教育と福祉の枠を超えたコーディネート

　第3節の前半で、学校教育と社会教育と地域福祉の連携について述べた。
そこで取り上げた愛知県豊田市社会福祉協議会の取り組みには、地域の一員
であり未来の地域の担い手となる子どもたちが参画し、学校教育と社会教育
の連携、学校教育と地域福祉の連携、そして、社会教育と地域福祉の連携が
見えた。そこでは、人々の暮らしをよりよいものとする地域社会を創造する

コミュニティワークを社会福祉協議会が担っている。

　スクールソーシャルワークは、様々な教育課題や生活課題を持つ子どもや親とのかかわりを通して、子どもや親がかかえている課題を吟味し、既存の制度ではケアできない課題に対応する地域の資源を見つけ出したり、時には資源を創造していく。そこでは、学校で取り組んでいる教育と、子どもの学びや育ちや暮らしをささえる地域の社会教育活動、福祉活動を橋渡ししている。

　教育と福祉の枠を超えたコーディネートを担う役割は、社会福祉協議会やスクールソーシャルワーカーだけでなく、上述したように特別支援学校の教職員も担っており、社会教育主事、社会福祉施設の職員なども考えられる。その中でも、多くの子どもが在籍する学校を拠点とするスクールソーシャルワークは、さまざまな連携に向けた理解と協力を学校内の教職員に働きかけられる。学校には地域に向けたさまざまな取り組み（例えば、学校公開、運動会などの行事、地域との連絡会などの連携・協働のための会議など）があるため、学校組織として連携への理解が深まると、地域との連携もさらに広く深められると考える。

　また、スクールソーシャルワークは、地域から学校へのアプローチを生み出したり、強化する働きを持っていると考える。例えば、スクールソーシャルワーカーが子どもをつないでいる居場所の人々が、まだスクールソーシャルワーカーがかかわっていない子どもについてもスクールソーシャルワーカーのかかわりを求めるときなどである。基本的に、スクールソーシャルワーカーの子どもや家庭へのかかわりは、学校からの依頼や承知の上でのことである。学校では見せない、学校が知らない子どもや家庭の姿に地域の人々が心配になるとき、スクールソーシャルワーカーから地域でのその子どもの様子を学校に伝えるだけでなく、地域の人々自らが学校に相談することやスクールソーシャルワーカーのかかわりを求めるように勧めたり、その仲立ちをすることができるからである。

　スクールソーシャルワークは個々の相談に対応することを通して、学校・家庭・地域の連携・協力の中に顔がみえる新たな人間関係を形成することが可能である。スクールソーシャルワークは、子どもや親に働きかけ問題解決

の過程を共に歩むなかで、学校や地域へ働きかけるとともに、それぞれが協働連携することを通して地域社会にケアリングが発展していくエネルギーを生むコミュニティソーシャルワークをしていると言える。

　スクールソーシャルワークは、学校を超えた教育と福祉が重なる「教育福祉」概念、さらには、誇りを持ち人間らしく生きていく上での生活文化を高めていく「教育福祉文化」概念で捉えていくことが必要となっている。

　「養育困難家庭の不登校」の子ども、長期不登校となっている子どもは、学校に行ってなかったとしても暮らしの場である地域にいる。子どもの育ちと学びをささえるために、スクールソーシャルワークは、地域が持っている力や可能性を積極的に取り入れていく必要がある。

注

1） 大田なぎさ（2015.8）「地域の『子どもの居場所』への期待——父子家庭への関わりから」『子どものしあわせ』No.774、31 ～ 32 頁。

2） 本章では、2015 年 4 月に発足した「こども食堂ネットワーク」で使用されている「こども食堂」と表記する。

3） 山崎美貴子・室田信一・平野覚治他（2017）『広がれ、こども食堂の輪！　活用ガイドブック』「広がれ、こども食堂の輪！」全国ツアー実行委員会。

4） 「池袋こども食堂（東京都豊島区）」、「烏山プレーパーク（東京都世田谷区）」、「ｋｉｉｔｏｓ（キートス）（東京都調布市）」、「喜多見児童館じどうかん食堂（東京都世田谷区）」、「こども食堂つき（千葉県佐倉市）」、「子ども村：中高生ホッとステーション（東京都荒川区）」、「信州こども食堂（長野県長野市）」、「だんだんこどもカフェ（東京都大田区）」、「にぎわい広場（滋賀県湖南市）」、「にしなり☆こども食堂（大阪府大阪市）」、「めざめーる＋（プラス）（神奈川県川崎市）」の 11 事業である。

5） 運営委員メンバーは、委員長・片岡輝（東京家政大学名誉教授）、副委員長・半本哲男（日本労働者協同組合連合会センター事業団理事）、委員・汐見稔幸（白梅学園大学学長）、加藤彰彦（沖縄大学名誉教授）、古村伸宏（日本労働者協同組合連合会専務理事）、佐藤洋作（特定非営利活動法人文化学習協同ネットワーク代表）、宮下与兵衛（首都大学東京教育センター特任教授）、阿比留久美（早稲田大学非常勤講師）、齋藤史夫（埼玉純真短期大学非常勤講師）、筆者（早稲田大学大学院文学研究科博士課程）、（いずれも当時）である。

6） 訪問先は、「学び塾『猫の足あと』（東京都西東京市）」、「子ども村：中高生ホッとステーション（東京都荒川区）」、「新宿区立かしわヴィレッジ（東京都新宿区）」、「NPO 法人青少年就労支援ネットワーク静岡（静岡県静岡市）」、「NPO 法人山科醍醐こどものひ

ろば（京都府京都市）」、「NPO 法人ゆめ・まち・ねっと（静岡県富士市）」、「十勝ぴぱっと（北海道帯広市）」、「せたがや若者サポートステーション（東京都世田谷区）」、「NPO 法人フリースペースたまりば（神奈川県川崎市）」、「山王こどもセンター（大阪府大阪市）」、「熊本市自立支援プログラム推進（高校進学等健全育成支援）事業（熊本県熊本市）」、「鳥取市学習支援教室すてっぷ（鳥取県鳥取市）」の国内 12 ヶ所である。また、海外事情調査として、韓国の「虹の青色カエル地域児童センター（1318 ハッピーゾーン）」および、その関連施設である「楽しい家（か）」の 2 ヶ所を訪問した。

　　筆者は、主に子どもへの食支援という捉え方で、個人による事業である「学び塾『猫の足あと』（東京都西東京市）」、社会福祉協議会が関わっている地域福祉事業である「子ども村：中高生ホッとステーション（東京都荒川区）」、および地域の児童福祉施設における事業である「新宿区立かしわヴィレッジ（東京都新宿区）」の 3 ヶ所の訪問調査を行った。

7）　鯨岡峻（2006）「第 1 章　主体という概念を再考する──『主体としての育ち』を考えるために」『ひとがひとをわかるということ──間主観性と相互主体性』ミネルヴァ書房、40 頁。

　　保育、教育、医療、福祉など対人援助場面における子どもと大人とのかかわりを、関与観察によって見つめ分析してきた鯨岡峻は、「主体である」ことの本質を「一方ではどこまでも自分の思いを貫こうとする面（自己充実欲求）と、他方では周囲の人たちと共に生きることを喜びとする面（繋合希求性）」という「根源的両義性」に見出している。子どもが、この両面を備えた主体となるには、まず、自分を発揮する側面の育ちが必要であり、そのためには、周囲の大人により受け止められ、自信や自己肯定感を得る経験を重ねていくことが重要であると指摘している。そうしたことを通して、子どものなかに、ありのままの私や私らしさといった「私は私」という感覚が育ってくる。子どもが自分の思いが受けとめられる経験を積み重ねられることには、一方で、大人は子どもの正負の姿にとらわれず、子どものあるがままを受け止め、子どもと「共にあろう」としていると言える。そうした大人の対応が子どものなかに取り込まれ、子どもが他者と「共にあろう」とするようになっていくと、鯨岡は見ている。周囲の他者による受けとめを通して「私は私」が育ち、子どもの内側から「共にあろう」とする動きが現れ「私は私たち」の側面が育つと考えられる。子どもの思いに大人が応えることのなかに、子どもの育ちをささえる根源があるということが見える。

8）　増山均・阿比留久美・齋藤史夫・竹原幸太・山田恵子・王聡（2016）『奈良県・早稲田大学連携事業県立学校（高等学校、特別支援学校）における「地域と共にある学校づくり」の事業実施効果と教職員への影響最終報告書』早稲田大学文学学術院増山研究室 3 ～ 4 頁にて、増山は以下のようにまとめている。

　　地域と学校の関係の歴史は、明治初年の近代学校制度のスタートと同時に始まるが、学校教育制度の普及は、伝統的な地域の子育て力（教育力）との対立・確執の歩みだった。

　　「学制」（1872 ＝明治 5 年）は、「邑ニ不学ノ戸ナク不学ノ人ナカラシメン」とし、「学問ハ身ヲ立テルノ財本」として、義務教育制度をスタートさせたが、現実的には子ど

もの労働力にたよっていた村々での、義務教育の就学率はたかまらなかった。そればかりか、「小学校唱歌校門を出でず」といわれるように、学校教育の力は地域に浸透していかなかった。慣習と習俗の力によって村の子どもを一人前の構成員に育て上げていた「地域の教育力」に対して、「学校の教育力」が高い価値をもつことを住民に浸透させその優位性を確立し、拡大していくプロセスであったといえる。学校教育の成果を示し学校の力を地域に認めさせる努力（運動会・学芸会の開催など）が積極的になされたのも、学校教育の役割と影響力を地域に広める方法であった。

　「学校の教育力」の優位性の確立により、出身階層を脱し身を立てる「立身出世主義教育」への道が開かれるが、それは同時に「村を離れる教育」「村を捨てる学力」となって現れ、「学校教育」の方向と「地域」の関係は、矛盾する関係におかれた。学校教育と地域の連携の課題は、戦前期において本格的に探究されることはなかった。

　しかし、戦前にも教科政策的な性格をもつ「全村学校」運動や、大正期新教育運動の影響を受けた「郷土教育」の取り組みなど、学校と地域の連携の模索が部分的にはあったが、原理的・教育的な視点からの地域と学校の関係への問いは、戦後教育改革期にスタートする。

　敗戦直後、いち早くアメリカの「コミュニティ・スクール」運動の影響をうけた「地域教育計画」論とその実践（広島県本郷町、埼玉県川口市）などがあったが、本格的に「地域と学校」の関係への注目が高まるのは、1960年代以降である。戦後の急速な経済成長政策がもたらした都市化・産業化により、地域共同体が崩れ、「地域の教育力」の衰弱が顕在化してからのことである。

　学校教育を成立させる土台としての「地域の教育力」の低下が全国的に問題になり、1970年代には、「地域に根差す教育」「地域の教育力」の探求がなされた。1990年代に入ると、学校教育と社会教育をつなぐ「学社連携論」が登場し、国の政策的位置づけの下で「学校を地域に開く」課題が追求され、「地域社会と学校の総合的な再計画化の時代」に入ったといわれる。こうした流れを受けて2000年代に入り、「地域とともにある学校づくり」政策が展開している。

9）　佐藤晴雄（2002）『学校を変える地域が変わる──相互参画による学校・家庭・地域連携の進め方』教育出版、13頁。

10）　岡安正弘（2001）「学校・家庭・地域社会との連携の可能性と条件──教員対象の学校・家庭・地域社会との連携にかかわる実態と意識の調査をもとにして」『宇都宮大学生涯学習教育センター研究報告9』、53頁。

11）　岡安、同前、56頁。

12）　愛知県豊田市社会福祉協議会「人と人をつなぐ実践4子どもも大人もみんなで考え、実践する地域福祉をめざす」『月刊福祉』2014年12月号、82〜85頁。現段階ではまだ実現できていないのだが、今後、現地調査に出向く予定である。

13）　木下巨一（2001）「地域と市民活動を結ぶ──地域社会教育の可能性」佐藤一子編著『NPOと参画型社会の学び』エイデル研究所、116〜123頁は、地縁と志縁という概念を用いて社会教育について論じている。

14)　詳しくは、拙稿（2015）「スクールソーシャルワークから考える社会教育と地域
福祉の連携——板橋区成増社会教育会館家庭教育講座に参画して」『月刊社会教育』
No.718、17 〜 20 頁を参照されたい。

15)　内田宏明（2013）「ソーシャルワークと子どもの居場所」子どもの権利条約総合研
究所編『子どもの権利研究第 22 号子どもの居場所ハンドブック』日本評論社、37 頁。
　　内田は、「要支援性」を身体的・心理的・社会的な不安定性が高く子どもであってソー
シャルワーカーの個別的な支援を必要としている性質、「家庭代替性」を家庭が経済的・
人間関係的な事情により子どもに居場所を保障することができない性質としている。

16)　荘保共子（2012）「Ⅵ支援者へのインタビュー（4）こどもの里　生まれてきてよかっ
たね！生まれてきてくれてありがとう！——生き抜こうとする力を持つ子どもたちが
創り出した『居場所』」田中聡子・西村いづみ・松宮透髙編著『断ち切らないで——小
さき者を守り抜く「子どもの家」の挑戦』ふくろう出版、46 頁。

第6章 「教育史の中に探る」
スクールソーシャルワークの歴史的水脈と今後

1．生活綴方教師「鈴木道太」を手掛かりに

　前章までに、「養育困難家庭の不登校」の子どもの学習権保障という視点から、スクールソーシャルワークにおいて、会えない子どもや親とどのように出会い関係をつむいでいくのか（第1章）、毎日を漂うように過ごしている子どもの主体性や能動性をどのように引き出していくのか（第2章）、学校に行ってみようという気持ちになった子どもを、どのように学校でささえていくのか（第3章・第4章）、そして、学校だけでなく子どもの生活の場である地域が持っている力と可能性を活用していく必要（第5章）について述べてきた。

　第4章で取り上げた河瀬哲也の同和教育実践は、生活綴方を重視し、子どもの生活の認識と意欲の表現として綴方を捉え、子どもの生活を綴方を通して教材化し、学級だけでなく、学校全体、家庭や地域を巻き込んだ取り組みであった。本章では、生活と教育の結合の鍵となる生活綴方運動において、戦前、東北地方で展開された「北方性教育運動」[1] の中から、宮城県の鈴木道太の実践を取り上げる。鈴木は戦後、宮城県中央児童相談所の児童福祉司にもなった、いわば、教育と福祉を実践した人物である。

　序章第3節（2）項②で述べた「『子どもや親に直接会うな』発言への疑問」、第4章第4節（3）項で「教師にしかできないことにエネルギーを注いでもらうために」とまとめたように、教師一人が子どもの困難のすべてを背負うことの限界と、日本型のスクールソーシャルワーク、および、序章第4節（1）項①で述べた実践と理論の関係について、鈴木の実践を通して確認したい。

　鈴木道太は、佐々木昂、木下竜二、国分一太郎、村山俊太郎らと並んで、戦前の東北地方における生活綴方教師の一人として知られる。特に、1935

年頃に展開された北方性教育運動では、運動母体である北日本国語教育連盟の結成に参加し、「北方性」の理論化と啓蒙に尽力し、全国の綴方教師に大きな影響を与えた。その人物と業績については、中内敏夫『生活綴方成立史研究』（1970年、明治図書出版）、海老原治善『現代日本教育実践史』（1975年、明治図書出版）をはじめ、多くの研究書や論文で取り上げられてきた。また、戦後は、家庭教育や地域教育分野で活躍し、教育評論家としてメディアに登場したり、各地に講演に出向いたことでも有名である。戦前の著作は、『教育・国語教育』や『綴方生活』など、教育、国語関係の研究雑誌類に多数見受けられ、戦後は、『親と教師への子どもの抗議』（1951年、国土社）、『子ども会』（1955年、新評論社）、『鈴木道太著作選（全三巻）』（1972年、明治図書出版）などがあり、一般的に、鈴木は教育者として位置づけられている。

　しかし、鈴木の人生の歩みや著作物等を通して確認できるのは、鈴木の業績は学校や教育分野のみならず、子ども文化や少年司法分野も含みながら、子ども家庭福祉や地域福祉などの視野をもって取り組んだ、福祉分野にとっても大きな先駆的業績であったと言えることである[2]。

　封建制度が色濃く残り、度重なる自然災害にも見舞われる東北地方には、子どもたちの教育の前に子どもたちの生活をなんとかしなければならないという切実な問題があった。子どもの生存権を守りぬく教育をめざして奮闘した善意の教師らの中に鈴木もいた。鈴木は、戦後、宮城県の児童福祉司として福祉領域で活躍をしている。戦前、福祉が確立していなかった時代において、鈴木は、生活と教育の結合を意識しながら子どもの育ちをトータルに捉えようとした。また後に述べるように、鈴木は、生活と教育とを結びつける問題に関する議論であった「後期生活教育論争」にも参加した人物である。

　本章では、鈴木の戦前の生活綴方教師時代の教育実践を教育と福祉をつなぐスクールソーシャルワークの視点から捉え、後期生活教育論争を手掛かりにスクールソーシャルワークの今後について論じる。

　次節では、鈴木道太の生活綴方教育実践の中に見られるスクールソーシャルワークが持つ固有の理念や視点を、第1章から第5章までに論じてきた筆者自身が考えている基本的視点に基づき取り上げていく。論じるにあたっ

て、鈴木の実践の原型を形作った初任校荒浜尋常小学校での教育実践記録である「防風草の花」、および、鈴木がもっとも充実した実践を展開した吉田尋常高等小学校での記録「手旗」がおさめられている著書『生活する教室』を主な手掛かりにしていく。

２．鈴木道太の生活綴方教育実践にみるスクールソーシャルワークの水脈

（１）子どもの権利に根差し、一人ひとりの子どもに寄り添う

　まず、スクールソーシャルワークにおける固有の価値として、子ども時代にかけがえのない価値を置く「子どもの権利の視点」が挙げられる。

　生活綴方教育は、「子どもたちに生活のなかで見たこと、聞いたこと、感じたこと、考えたことをありのままに書く文章表現活動の指導をとおして、豊かな日本語の文章表現能力を育て、事実にもとづいた生活認識となかまとの連帯感を形成する教育」である（村山士郎）[3]。

　鈴木は、概念文しか書けない子どもたちに、見た通り、思った通りを素直に書いた綴方を鑑賞させること、光や音や会話などをそのまま写生させることから始め、子どもたちが生活の現実を見る目を培い、心の窓を開いて表現すること、その表現されたものを他の子どもたちが身体でわかることに取り組んだ[4]。そうして書かれた子どもたちの綴方は、勝野充行が述べているように、「個性的な一つの意見表明」（子どもの権利条約第12条）と捉えることができるし、表現された喜びや悲しみが協同感情となる組織は、子どもたちの自治活動（子どもの権利条約第15条）を生み出していった[5]。

　また、「一人ひとりの子どもに寄り添う」鈴木は、いくつかの障害を抱えている重男にとって教室がたのしく温かいものになるようにと考え、学芸会で重男を主役にした喜劇を出した。ただ一つの短いセリフを何度も使える工夫をし滑稽さを出したことで大成功をおさめ、重男は一躍人気者になった。ある日の読方の授業で、知的な障害もある重男が自分ひとりの力で詩を読んだ。教室から、ひとりの喜びがみんなの喜びに溶ける、感動の拍手が起こっ

た。学芸会での成功が、重男に自信とやる気を生んだ。何度も何度も練習する重男の横には、重男を助ける吉四郎の姿があった。「燕は燕の速さで飛び、蟻は蟻のペースでしか歩けぬのである。問題は、蟻が確実に自分の速さで歩いていたかどうかである」[6] と述べる鈴木の言葉からは、子どもそれぞれの能力を最大限に発達させようとする（子どもの権利条約第28条第29条）姿勢がくみ取れる。鈴木は学級の歌を作っている[7] が、先述した学芸会での取り組みなども、鈴木が文化的な生活（子どもの権利条約第31条）を大切にしていることがよくわかる。

（2）子どもの可能性に信頼を寄せ、生きて働く学力の保障をめざす

　これまで述べてきているように、スクールソーシャルワークの重要な目的として子どもの学習権を保障することが挙げられる。スクールソーシャルワーカーは子どもを学びにつなげるところで働くが、以下の（3）を含め教師である鈴木の実践は、どの子にも教育を受ける権利や機会が保障され学べるように、さらには、幸せに生きるために学ぶという、学ぶことの意味を子どもたちに伝え、生きて働く学力の保障をめざすものだった。
鈴木は、担任する子どもたちに問いかける[8]。

　　　私たち六十二人、先生も入れて六十三人がここに一緒になっているのは、私たちが世の中に生きていくための、いろいろと大事なことをおぼえていくためだ。その一番大事なこと、私たちのおぼえていかなければならない一番大事なことは何か。……先生はこう思っている。一番大事なことは幸福になるということだ。それも、自分ひとりが幸福になるのではない。すべての人が、みんなが幸福になる。……

　「私たち六十二人、先生も入れて六十三人がここに一緒になっているのは」という言葉からは、鈴木が、子どもたちと対等であるとの意識を持っているであろうことが、読み取れる。鈴木の実践は、子どもたちのパートナーとして共に取り組んだものだった。

ここにおいて鈴木の有名な言葉が生まれた。

> ひとりの喜びが、六十三人みんなの喜びになり、ひとりの悲しみが私たちみんなのかなしみになる。そういう教室を、村を、日本を、そして世界を作りたい。

そのために、鈴木は「道具あらため」と称して、算術、読方、理科、歴史、地理の力といった子どもたちの持っている道具を点検し、子どもらの力に応じて生活する力（生きる力）としてのこの道具を優良なものにしようと取り組んだ[9]。それは、子どもが自分の目をひらき、深く考え、正しく判断するためのものであり、そこには、過酷な状況に置かれた子どもであっても、自らが問題解決していく可能性への信頼「ストレングスの視点」が見受けられる。

鈴木は、以下のように主張している[10]。

> 今此処に小学校を卒業して、東京の工場に働きに出ないかと誘われた子があるとします。そのとき「行く」というのも「行かない」と答えるも、それを決断するのはその子供の生活の力でしょう。その場合、その決断力の間接の力として、小学校で学習した地理や理科や数学や国語やの力が参与しましょう。けれども、最も重要なのは、自分の家に耕す田畑がいくらあって、労働成員が幾人いるか、自分の能力や性格が東京のその工場に適しているか、そして結局自分が上京した方が自分のためにも家のためにもよいかというように、その決断へ参与する、そのすべてを総合統一した「生活の力」であるはずです。教育は、こうした一つひとつの、もっと複雑で多岐である人間生活の各場面に、もっとも適切な解釈をし、決断し、意志し行動する「生活力」を養ってやるためにあるものです。……それなら「語句の力」や「記憶する力」は必要ないか、といわれるなら、それは飛んでもないことです。そうした力は教育の基礎です。……私のいうのは、これは基礎であって、この力を生活へ溶かし込み、生活がこの力を把み、これを方向づけるその上に立った生活・教育

のことです。

　教育は、単に入学試験のための学力や学歴で表されるものではなく、人びとの生活の拡充や発展、自由や幸福の拡大をもたらすものであるからこそ、生活を基礎としなければならない。上記の鈴木の主張は今日にも生きる言葉である。

（3）教育と生活を結びつける

　スクールソーシャルワークにおいて、子どもの権利を基盤として子どもの可能性に信頼を寄せ子どもに学習を保障していく際、その前に横たわる生活課題の解決に向けて子どもや親を社会資源につなげていく。そこでは、問題は個人を原因として個人の内面から起こるのではなく、個人と彼らを取り巻く環境的要素との絡み合いによって生じているという「エコロジカルな視点」に立っている。

　鈴木が着任した荒浜は貧しい漁村であった。子どもたちが干潟でしじみ貝を掘ったり鴨の卵を探す遊びには、それらの値段の計算を忘れないという経済があった。「働くことを知らない子はひとりもいない。この働くことを組織的に使って学習に役立たせる道はないか。それは子どもたちの肉体を通した生活の知恵となるだろう」[11] と、鈴木は労働と教育の結合をもとめ、そのなかで集団による人間形成を意図した。鈴木は子どもたちと共に六月はしじみ採り、お盆が近づけば盆菰売り、夏には瓜、西瓜の小売り、九月は蝗取りをしながら、それらの収穫物を仙台で行商した。こうした勤労で得たお金は、文集の費用、毎日の紙代、学級文庫の購入費、修学旅行の費用などにあてるといった、まさに「生活する教室」の実践であった。

　こうした荒浜での実践は、吉田でさらに発展する。薪とり、どじょう採り、しじみ採り、あさり採りから、兎の飼育、畠作りへとつながる。それは、「生活研究」の時間に、文明の進度が生産の段階によって分けられていることを学んだことによるものであった。

　教科の学習としては、「私は実物で学ばせようと思った。家畜しらべ、自

180

転車しらべ、そんなことを班に分けて調べさせたし、商品のレッテルをある
だけ集めさせて、荒浜に流れている商品の状態を調べさせ、地理の授業とく
っつけたりした」[12]　というように、鈴木の教育実践は、生活に直結する、子
どもたちの生活の必要を満たし生活を高めていくものとして意図されていた
のである。

（４）教室の中だけにとどまらない実践

　上述した視点は、子どもを取り巻く環境として、家庭や学校だけでなく
「地域社会も含めて変革の対象」とするものである。

　鈴木は、地域と教室を結びつけようとした。子どもたちに盆莚の編み方を
教えるため村人の協力を頼むこともそうであった。スポーツをきっかけに青
年らと結びつき、「寝部屋」の廃止、農民劇への取り組み、農村研究会の開
催など、村全体の文化向上への教育実践も志向した。「私は部落の先生だっ
た。郷先生だった。それは教室の先生ではなかったから……生きた社会の生
活を子どもと一緒に学んでいたから」と、鈴木は記している[13]。教育を学校
における単なる教科活動にとどめず、地域の現実に即した生産活動を通して
人間形成を意図する、子どもたちの生活の場である地域全体を耕す「生活学
校」の実践であった。

　鈴木は、争い事が絶えない丘と浜という二つの部落の青年を統一しよう
と青年教育にも加わった。ようやく青年団が全体統一できたところで鈴木
は、「おれは今年、いま教えている子が卒業したら、また高等一年の男ば持
つ、高等一年と二年と、毎年持ち上がって、青年の教育と高等科と、二つく
っつけて村造りさかかわるわ」[14]　と、学校教育と社会教育を結ぼうとする取
り組みも志向した。鈴木は、青年指導の方針として文化啓蒙、産業開発、教
練強化を選び、「綴方運動が、単に綴方教科内での運動であったり、又は教
師単位の文化運動であった時代を第一期とするなら、次の段階はその地域の
青年や村人をふくめての生活運動へまで喰い込んで住かねばなるまい」と述
べている[15]。

　鈴木は、戦後町役場の職員として生活困窮者援護の仕事をする中で、困窮

者の立ち直りのためには「教室と同じように『生活指導』が必要であった」と述べ、教師時代の仕事を振り返りながら、「そうだ、町が僕の教室だったと、ふと気がついた、これ（生活困窮者援護の仕事：筆者）は、あの『生活学校』のいまのぼくの姿である」と記している[16]。鈴木の実践には、学校をささえる地域の生活福祉と生活指導を結びつけた地域福祉の展開があった。

　地域は、子どもの成長と発達に形成的な機能をもっている。したがって、子どもの人格の形成を目指す教師である鈴木は、地域の生活の現実に注目しながら学校教育のあり方を追求し、そしてまた自らが地域住民の一人として、地域の学習活動や文化活動に参加したのである。

　鈴木庸裕（1996）の研究では、鈴木道太の「町が学校であるという考え方で」を取り上げ、教師であった鈴木が戦後町役場の職員から児童福祉司に転じた中で、「学校や学校知を超えたところに福祉を想定」していたことや、「生活指導の前提に生活福祉の存在を発見」していたことを評価している[17]。生活指導の立場から教育と福祉をつなぐ実践的課題について論じた視点は、今日、教育と福祉をつなぐ仕事としてのスクールソーシャルワークに重なるものであることに注目しておきたい。筆者が、鈴木道太の中にスクールソーシャルワークの水脈を見る最大のポイントは、この「教育と福祉をつなぐという視点」である。

　鈴木の実践は、子どもの権利条約が制定されるずっと以前の戦前におけるものであった。子どもの権利に根差した鈴木のその実践は、子どもの内面において教育と生活が結びつくことを追求し、学校教育という枠からはみ出して広くコミュニティを含みながら、子どもたちの家庭や地域の生活との接点を追求する実践であったといえる。子どもや親、村の暮らしを見据えた鈴木のこうした生活綴方教育実践の中に、ケースワーク、グループワーク、コミュニティワークといったソーシャルワークの視点を見ることができる。

　そして最も重要なことは、子どもたちに生きて働く学力の保障をめざす、子どもたち自らが人生を開拓していくための、教育と福祉を統合した実践だったことである。それは、さまざまな領域におけるソーシャルワークの中で、特に子どもの人生にとって大きな意味をもつ学習を保障することを重要視す

る、スクールソーシャルワークのさきがけとなる実践であったと捉えることができるのではないだろうか。

　戦後、宮城県中央児童相談所の児童福祉司となった鈴木が、地元推薦協議員名簿に名を連ねている『児童憲章制定記念第五回全国児童福祉大会要綱』（1951 年、厚生省、35 頁）の中で、大会二日目の第二部会において、宮城県から「小中学校にケースワークを行う専任教員を配置すること」が提案されていることは大変興味深い。これが鈴木による提案であるかどうか定かではないが、現在におけるスクールソーシャルワークの必要性を認識していたのではないかと想像させられる。

　鈴木は、1956 年から 57 年にかけて『作文と教育』（百合出版）で「生活勉強の作文教室」という連載をしている。その連載の全体を通して「子どもの人権」という言葉を何度も使用している。また、第 1 回目の連載で、「子どものうしろにある父や母の生活を知り、じぶんの教育を、子どもばかりでなく、その背後に働いている父母、その働いている多くの父母の住んでいる社会全体を、もっと幸福なものにするために役だたせなければならないと考えてくる。教育というものが、人類全体の進歩のために役だつものでなければならないと思うようになる」と記している[18]。こうした鈴木の考えは、子どもの生存権保障と学習権保障に取り組むスクールソーシャルワークが持つ固有の理念や視点と重なるものであり、鈴木の実践の中にスクールソーシャルワークの水脈をみることができるのではないかと考える。戦前、鈴木の中にあったスクールソーシャルワークの水脈が、戦後に、児童福祉司（ソーシャルワーク専門職）、子どもの権利、地域福祉文化などの実践として具現化したものと考える。

　教育と福祉の関連を研究した小川利夫は、「福祉は教育の母胎であり、教育は福祉の結晶である」と述べた[19]。鈴木道太は、子どもや家庭、地域社会に生活を整えながら教育実践をした。また同時に、人生を大きく変える力を持っている教育によって、幸福を追求するという福祉実践をしたのである。

3．スクールソーシャルワークの今後——後期生活教育論争を手掛かりに

　前節において、生活綴方教師である鈴木道太の実践は、スクールソーシャルワークの視点を含んだ教育と福祉が統合されたものであったことを述べた。そうした鈴木ら北方性教育運動の綴方教師の実践に対して、城戸幡太郎、留岡清男といった研究者から学校教育のあるべき姿についての主張がなされたのを契機に、後期生活教育論争が展開された。

　教育と生活を結びつける問題に関する議論が交わされた後期生活教育論争は、教育史に残る貴重な財産であると考える。本節では、この後期生活教育論争を手掛かりとして、学校現場にいる教師とスクールソーシャルワーカーの役割や協働のあり方、教育と福祉の協働という今日的課題[20] について論じる。

（1）後期生活教育論争の発端

　後期生活教育論争については、中内敏夫『中内敏夫著作集Ⅵ　学校改造論争の深層』（1999 年、藤原書店）や宮坂哲文「生活教育の系譜」『生活教育』（1956 年、国土社）などに詳しい。

　中内敏夫によると、「生活教育論争とは、一九三〇年代の中期、形骸化してきた小学校教育、すなわち全国児童共通の義務制の普通教育をどう打開すべきかをめぐって、同時代の科学者、小学校教師、教育研究者などからなる学校改造運動の関係者のあいだでおこなわれた歴史的な論争である」[21]。大きくは前期と後期に分けられ、前期生活教育論争は、1935 年から 36 年にわたって児童の村小学校生活教育研究会機関誌『生活学校』誌上で行われた、野村芳兵衛と小川実也との「生活の本質は労働か否か」についての論争をいう。本節では、1938 年から 39 年にかけて、主に戸塚簾編集『生活学校』および教育科学研究会機関誌『教育』誌上で展開された、生活綴方のあり方を通して学校教育のあり方が争点となった後期生活教育論争を取り上げる。

　1937年8月、『生活学校』の新たな編集長となった戸塚簾は、黒瀧成至、石田三郎らとともに北海道、東北の綴方教師を訪ね、少なくない綴方教師が過労のために病床に臥していたり、病気で休職していることを知った。戸塚簾は、

　　時代の悩みをおのれひとりで背負わなくてはならぬような義務感、子供の社会的現実の悲惨さを、受持教師ひとりの手で、すべて解決してやろうとするような熱意——そうゆうものが、結局はこの国の教育制度の不備や文化の未発達から来るにしても、それえと良心的教師たちを導くような役割を「生活学校」は今までやって来たのではないか。

と述べ[22]、綴方という方法に無理があるのではないかと考えた。
　ちょうど同年夏、教育科学研究会の城戸幡太郎、留岡清男は北海道綴方教育連盟の座談会に出席し、同連盟の人々と話し合ったときの感想を雑誌『教育』1937年10月号に述べている。城戸の「生活学校巡礼」および留岡の「酪連と酪農義塾」という掲載論文が、この論争の直接の端緒となった。特に留岡清男の感想は以下のとおりである[23]。

　　同連盟の人々は、生活主義の教育を標榜し、これを綴方によって果たさせようとしている。少なくとも、綴方科によってそれが一番自由に果たされ得ると信じている。座談会では綴方による生活指導の可能性が強調されたが理屈を言えば、何も綴方科ばかりではない。どんな教科だって生活指導が出来ない筈はなくまた当然なすべきであらう。併し問題は、綴方による生活指導を強調する論者が、一体生活指導をどんな風に実施しているか、そして、どんな効果をあげているかといふことが問はれるのである。強調論者に実施の方法をきいてみると、児童に実際の生活の記録を書かせ、偽らざる生活の感想を綴らせる。するとなかなかいい作品が出来る。之を読んで聞かせると生徒同士がまた感銘を受ける、といふのである。そしてそれだけなのである。私はいずれそれくらいのことだろうと予想していたから、別に驚きもしなかったが、そんな生活主義

の教育は、教育社会でこそ通ずるかも知れないが、恐らく教育社会以外の如何なる社会に於いても、絶対に通ずることはないだらうし、それどころか、却って徒らに軽蔑の対象とされるに過ぎないだらう。このような生活主義の綴方教育は、畢竟、綴方教師の鑑賞に始まって、感傷に終わるにすぎないといふ以外に最早何も言ふべきことはないのである。生活主義の教育とは何か、端的に言へば最小限度を保障されざる生活の事実を照準にして思考する思考能力を涵養することである。

　一読して明らかなように、それは綴方教師の生活教育に対する辛辣な批判であった。この留岡の発言を受け、雑誌『生活学校』では1938年1月号で「綴方検討特輯（1）」を組み、「代表的綴方人と認められる人々に力一ぱい現在の自分を吐き出してもらい、次にこれを素材として各方面から、その中に含まれている問題を検討して、青年教師の真に生きる道を探求しようとした」[24]。

　こうして始まった「後期生活教育論争」から、スクールソーシャルワークがくみ取るべき論点について以下に考察していく。

（2）子どもと子どもの生活に身を寄せる（ミクロを重視する視点）
　　――『生活教育』「綴方検討特輯（1）」における議論

　「綴方検討特輯（1）」には、全国から綴方教師9名が留岡批判に対する反論を寄せている。主なものを挙げると、坂本礒穂（北海道）「生活教育獲得の拠点」、高橋啓吾（岩手）「生活指導の正しい軌道へ」、山田清人（東京）「綴方教育を素直に見直せ――実践論の方向と批評家の態度の問題」などである。

　坂本礒穂は、「僕たちは、僕たちが子供を知ることなしに、子供の上になされる仕事が多くの場合無意味であると信じ、その子供を知る最上の方策として綴方を認めてきた」と言い、「綴方が他のどのやうな教科にもまして生活的であっ」て、「最小限度を保障されざる生活の事実から遊離して、最大限度に満足する一般論を教へている」という留岡の非難には当たらないと反

論している。さらに、坂本は、「僕たちは綴方をやるために綴方に執着しているのではなく、僕たちの念願とする教育が、綴方に於いて最も手近かに果たされると信じるゆえに綴方に努力をうち込めてきた。だからもしも仮に綴方以上に生活教育の展開が可能な教科があったら、僕たちはあへて自分の思考や性格や能力などのさまざまな困難を乗り越えても、なほその教科にいままでの熱意と努力をふりかへるであらう」と、綴方だけに生活教育を限定するものではないと主張した[25]。

　高橋啓吾は、留岡が批判するような「鑑賞から感傷へ」といった指導はしていないと反論した。そして、デューイの教育学や甘粕石介、松永健哉らの論文を引いて、「留岡氏の主張は、生活教育の一部面であり、それも大人の生活の一部分（可成重要性を占めるものだらうが）であり、児童へそっくりとあてはめることは、出来がたい」と批判した[26]。

　山田清人は、留岡の綴方教師への批判は「明らかに誤れる認識」であり、「的のはづれた」ものであると反論した。山田は、城戸の「児童の作品を通じて児童の生活を理解することは出来る。しかし綴方教育のみによっては児童の生活は指導されない」という主張[27]に対し、「一たい北方の人達は、綴方教育のみによって児童の生活指導がやれると信じ、又やっているのであらうか。否、絶対にさうではない」と述べる。そして、「『生活の綴方』は、教師が児童の生活を理解する材料に止まるのではない。綴方を通して、児童自身に現実の生活を認識せしむることの可能性を信ずる」と主張した[28]。

　これらの反論に対して留岡清男は、「教育に於ける目的と手段との混雑について──生活綴方人の批判に答える」として、「綴方検討特輯（2）」に返答を寄せる。ここで留岡は、「生活綴方人が並みならぬ努力を払っている実践に対して、二つの問いを提出して、率直な回答を要求した」。その一つは、「生活綴方人が考えている生活綴方の目的についての観念ではなくて、言ひ換えるならば、生活綴方人の抱懐しているつもりではなくて、生活綴方の方法と技術及びそれの実施の効能について」であり、もう一つは、「生活綴方人は、綴方といふものを生活を指導する方法や手段として利用するのか、それとも綴方を指導する方法や手段として生活と生活の指導とを利用するのか、そのどちらであるかといふことである」。留岡は、生活綴方の方法論の検討

と提示を求め、生活綴方の目的と手段が混雑している状態を指摘したのだった。

　また、留岡は、「綴方の本来の任務からいへば副次的なものと考へていい生活指導（ここでいふ生活指導とは、文表現を一つの生活技術とする意味の広義の生活指導でなく、坂本氏のいっているやうな『家業や家の敬愛を知らせ、忍苦の中に立ち上る彼等の気力を奨励する』意味の狭義の生活指導である）が、綴方の本来の任務である文表現の能力の訓練を平凡な任務だとして軽視する傾向があるとするならば、これは由々しき問題である」と、生活指導に傾いているように思われる生活綴方教師の生活教育について疑問を呈している。その上で留岡は、「現行教科課程そのものについての根本的検討をなし、生活教育に適合する教科課程を研究し建設してみることに努力してはどうか」といい、「綴方の本来の任務である一つの生活技術としての文表現の能力の訓練を最大且つ最高に有効ならしめる方法と手続とに論議の焦点を置いて、それの達成に専念してみてはどうであろうか」と、生活綴方にかわる新しい教科の建設と、綴方教授法の科学的な研究の提案を行った[29]。

　以上からは、生活綴方教師らが、坂本の言葉に見るように子どもを知ることからスタートしようとしていること、また、山田の言葉に見るように子ども自らが生活のなかにある課題に目を向け考えていくことをねらっているということである。そこには、子どもと子どもの生活に身を寄せようというミクロの視点を重視していることが示されている。

（3）学校教育からはみ出した部分をどうするか——『教育』「『生活教育』座談会」における議論

　後期生活教育論争を取り上げた主な雑誌のもう一方である『教育』においても、1938年5月号で「生活教育」特集が組まれ、「自由教育」系の生活教育論者、唯物論研究会・旧プロレタリア教育系の人々、北方系南方系両方の綴方教育関係者、教育科学研究会メンバーらによって、「『生活教育』座談会」[30]が掲載される。この参加者の中に鈴木道太もいた。

188

　「生活教育とは何か」という問いから始まる座談会での論点について、川合章は、次の4項を挙げている。すなわち、①生活教育の目的と方法、②はみ出し論、③学校と地域、④教科論である[31]。

　留岡清男は、「綴方教育の方法や技術の問題は現在でも取残されて居る危険性があると思ふ。だから、目的論をやめて、実際教材の取扱に就て共同的に議論して行ったら一層具体的になるのではないか」という[32]。
　『生活教育』「綴方検討特輯（1）」上における主張を引き継いだ留岡の「生活綴方の目的と方法が対応していない」という批判に対し、佐々木昂は、綴方への取り組みを次のように述べている。「僕等が生活綴方教育を提唱した時の情勢を言わなければだめだと思うのです。……私の方の東北で生活教育が必要とされた形から見れば、何か個人的な子供達の生活を教科的に何とかしなければならないという前に、子供達の生活をなんとかしなければならないというような問題が実際的には中心になって来たのであります」[33]。佐々木は、子どもを一人ひとりの生活者としてとらえ、彼等の生活を何とかしたいと考えて生活教育に取り組んだのである。
　鈴木道太も、「東北地方の綴方教育のなりたちは、日常生活を端的に表現することを最初非常に重要視したことは確かです。それをやって居る中に凶作になって、北方性という問題が出て来たのです。そこで吾々は成るべくはみ出て来た所を知ろうとした。所がそれは綴方では解決がつかないから、いつの間にか綴方教師は生産的な仕事に従事しはじめた」と、「綴方教師が皆生活教師になってしまった」過程を述べている[34]。
　佐々木は、子どもの生活を何とかしなければならないというような「綴方以外にはみ出した問題が起こったのです。斯ういふ『本質』でないやうなところに、生活綴方の根本があるのではないかと思ふ」、「はみ出して行くものこそ本当の教育だ」と主張した[35]。
　これに対し山田清人は、「綴方の本質的価値をそういう所に求めて、綴方で生活指導ができるという理論は僕は反対だ」と異論を唱える[36]。
　佐々木や鈴木ら北方の綴方教師は、子どもたちの厳しい生活の現実を前にして、綴方の指導を表現指導だけに限定することはできなかった。佐々木や

鈴木らは、生活の前提に入っていかなければならないとして、部落の再生、青年団の指導などのために地域に入っていった。しかし、こうした学校教育の仕事を大きく越える、教師による社会教育の実践は、教師らに身体的にも精神的にも過重な負担をかける現実を生むことになった。

座談会の中で城戸幡太郎は、「先生を矢鱈に社会教育の方に動員することが間違っていることと思ふ。先生は学校に引込んで、学校を通じて子供を社会に出すことを考えて教育すればいいのではないかと思ふ」と述べ[37]、地域生活の指導に教師がどのようにかかわるべきなのか、学校教育が持つ固有の意義は何か、ということを問うたのである。

これらに対して留岡は、綴方教育の限界を述べ、新たな教科として「社会研究科」の特設を提唱するのであった。

ここでは、佐々木や鈴木が述べたように、教育の前に子どもたちの生活をなんとかしなければならないという、学校教育からはみ出す部分の問題が明らかにされた。そして、そのはみ出した部分を生活綴方教師らが過重な負担を抱えながら担うことについて、同じく生活綴方教師である山田から反対が示される。また、城戸は、生活綴方教師らに学校教育の固有の価値についてどのように考えるのかを問うのである。ここに、学校教育からはみ出た部分をどうするかという問いが立ち上がる。

本書第5章にて、子どもの育ちをささえる地域を取り上げた。それは、学校教育からはみ出した部分に教育の本質があるのではないか、教育とは何かの問いなおしを迫るものがあるのではないか、学校の外に目を向け続ける必要があると考えているからである。

（4）教師としての固有の実践とはみ出した部分を誰が担うのか——持続可能な教育と福祉のあり方の模索

鈴木道太は、「私は、大人と成年への接触に終始して、子どもへの時間を奪われ教室は生活勉強の場所ではなくて実力勉強の場所となっていた……私は現在要求されている生活教育に対して、自己の力量の足らなさを自覚する

教師となった。いや正しく言えば、自己の気質や力量に応じた殻にあこがれはじめたのであろう。私は『学級の綴方教師』としての殻のなかで、自分なりに充実した、真実で良心的な生き方をしたい」と綴方生活指導の限界を自覚した心情を吐露している[38]。鈴木はこのことについて、座談会の中でも語っている。

　また、『生活学校』「綴方検討特輯（１）」における坂本礒穂の「僕たちの主張が、なぜ一般の教育大衆に共感を呼ばないのだらう……もし綴方が不当にその生活指導の限界を広げたといふならば、棄てるべきは棄てるに決して否かではないつもりでいる」[39] や、高橋啓吾の「私は過去に於いて侵した、綴方における生活指導過信論については、十二分に反省はしている」[40] からも、綴方教師自身のなかに、綴方による生活指導実践に内在している問題への悩みや自覚が読み取れる。

　中内敏夫は、留岡論文に反論した綴方運動関係教師の中で、村山俊太郎、国分一太郎らの山形グループが抜け落ちていることを指摘し[41]、「『実践国語教育』というあまり目立たない雑誌」に発表した村山の論文を引いている。村山俊太郎は、「綴方教育は一日も早くただの綴方教育になることこそ希ましいのだ。綴方は教育の営みの一教科である。……モチロン、綴方の行なう生活指導が感傷主義でもなければ、また、綴方の生活指導が生活教育上のこの方面の仕事を全部引き受けなければならぬものでもない。われわれは、一教科としての綴方が可能な範囲で生活指導の方向を確実に実践できる方法を営むだけで十分だ」と、生活指導を広く含めている綴方を、教育の営みの一教科に戻すことの必要を述べた[42]。

　座談会における城戸幡太郎の「先生は将来村落において生活する子供を学校に於いて教育すればよい」、「先生は学校に引込んで、学校を通じて子供を社会に出すことを考えて教育すればいいのではないかと思ふ」という発言からは、学校教師自らが社会教育に関わるのではなく、学校教育を通した子どもの成長の先に子どもの社会教育の可能性を見ていると捉えられる。ここでいう社会教育は、佐々木や鈴木が実践した部落の再生、青年団の指導などといった地域生活指導、地域福祉概念を含むものと考えられる。

鈴木は、学校の枠を越え広範になってしまった綴方による生活指導を担い切れない心情を吐露した。かつて戸塚簾が北海道、東北の生活綴方教師を訪ねて目にしたのも、子どもたちの悲惨な現実生活を受持ち教師ひとりで解決しようと奮闘し疲弊している姿であった。こうした状態について生活綴方教師である村山から、教師が担うべき教育の営みに集中すべきとの意見が出されるのである。村山の発言は、城戸が問うた学校教育の固有の意義を意識しているものと考える。そして城戸からは、教師は学校教育に集中すべきことが主張され、学校教育の枠をはみ出した部分は教師以外が担うべきことが暗に示されている。

（5）実践（者）と理論（研究者）の関係

　宮坂哲文は、『生活学校』「綴方検討特輯（1）」において、高橋啓吾が「いくら生活教育実践に努力しても仲々簡単に解決され効果をあげ得ない、この場の引き上げ方です」といって、「どうかこの地帯の生活を半年くらいして見てくれませんか」「物の考え方がわるいといっては叱られ、一寸したものいいのきれはしをたたかれても、吾々は日本の教育のため、この地帯の教育をどうしなければならないかを死ぬまで考へ続け実践していかねばならないのです」、観念論ではなしに、「吾々の心臓をえぐりつけるような示唆に富んだ提案」を与えて欲しいと、留岡清男や波多野完治、高山一郎らに投げかけた一文を引いて、「現場の実践者と批評家、学者との間のはるかな距離にたいする悲しみが、ここにはあふれている」と記した[43]。高橋は、子どもの姿をみること、子どもの生活を知ることを研究者に要求したのであった。

　また、高橋は、「留岡氏がいふが如き『いづれそれ位のことだろう』といふが如き、否定論に近いものに対しても賛意は表しかねている」と反論し、国語研究会の「会員は、全く、生活的なつながりの中で教育のために精進して」研究や交流を重ねているのだとも述べた[44]。

　坂本礒穂は、「率直に云って、もっとも教育の実践に深い関心を示されているやうに思はれていた人たちが、少なくとも一応は僕たちの言葉に耳を傾けようとはしないのは意外なことであった」と、研究者への失望を述べてい

る[45)]。

　山田清人は、「吾々が持つ綴方作品研究会は、決して教師の己惚れ合ひで
はない。綴方作品の正しい方向を求めて止まない実践人の研究の一面である。
然し、吾々実践人の作品研究の方法が、言語学や心理学の要求する様な、科
学的方法を以て進められていないことは、反省を要する」ものの、「実践家
が辿りつつある研究の方法、並びに実践研究の総べてを無用なりと言ふこ
とは、学者の観念論にほかならない」し、「実践を遊離した批評家の公式主
義以外の何物でもない」という研究者の態度を批判した[46)] ことなどからは、
研究において実践と理論が大きくかけ離れている実態がわかる。

　綴方教師らは、こうした現場の実践が軽んじられる状況に憤慨しながらも、
生活教育に確たる理論をもたず、実証することをしてこなかった自らの実践
を振り返り、この辛辣な批判を契機として、生活教育理論の解明を進めてい
こうとの流れが大きくなったのである。

　雑誌『教育』における「『生活教育』座談会」の後、論争の舞台は再び
『生活学校』に移る。その 6 月号「生活教育の問題（3）」に寄せた論文で
佐々木昂は、「留岡氏の・こ・と・ば・を聞いて、こんな・こ・と・ば・を吐ける人間の位置
とゆうものを、又その身綺麗さを驚嘆するばかりであった」が、「現場の側
から云えば非常に仕事がはっきりして来たし、協力の機をつかむことが出来
た。又そうした現場だけの横の関係のみでなく、ほんとうに協力を惜しまな
い縦の人たちとも協力し結ばる契機がつくられたと思う」[47)] と、限界を感じ
ていた実践者のつながりである横の関係だけでなく、学者や批評家らとの協
力体制という縦のつながりを結ぶ契機となった、この論争の教育史的意義を
評価している。

　また、佐々木は、実践と理論との関係について以下のように述べている[48)]。

　　　私たちはこれまでも留岡氏にさして文句を言われるまでもない実践に
　　堪えて来たのではなかったか……言い逃れしたり、責任を回避したりす
　　るわけではないが現場人として処理すべき、指導すべきものは現に生き
　　て飯を喰でいる子供たちであって、指導者の身勝手な観念や論理で刃向
　　うべくもない事実である。要すれば留岡氏の要請である「最小限度を保

障せられざる」に発した子供たちの生活処理であって、指導者の気儘な論理や理想はここで手厳しい批判を受ける。……従って私たちの思想は否応なしにここに集注されざるを得ない。その為にはどうしても地域の生活性の必然を考え、そこから指導の結論を割り出している。謂はば最小限度を保障されない生活を基準としてやっている。

――この実践に間違いはないのではないか。只私たちが実践から顔をあげ不馴れな理論をまとう時、実践が包み切れなくてほころびるのである。……私はこのほころびを大して不名誉だとは思わない。勿論ほころびないにまさることはないし、その方面の勉強も絶対に必要ではあるが学者にとっての致命傷でも現場人にとって実践上それぼど傷でないことはあり得る。

　佐々木は、現場で現実の子どもと向き合う実践者の立場を、力強く、また、誇らしく表わした。佐々木は、「現に生きて飯を喰でいる子供たち」に向き合い、「地域の生活性の必然を考える」ことにおいて、留岡らに理論の要求を示したのであった。

　この後、8月号「生活教育検討（4）」の特集をもって、『生活教育』は廃刊を迎える。時代は、1937年の日中戦争勃発、1938年の国家総動員法の公布というように、日本はファシズムの道を突き進み、後期生活教育論争はしだいに終息を迎えた。

　こうした後期生活教育論争における理論と実践、研究者と実践者の乖離は、現在においても学問における研究と現場の生の実相の距離として存在し続けている課題であると考える。実践現場と理論研究は等しい価値を持つという認識が広がり、研究と実践の距離が埋まるスクールソーシャルワークの実践的研究および研究的実践が発展していくことを願っている。

4．教育と福祉の協働および実践と理論の関係

　本章は、鈴木道太の戦前の生活綴方教師時代の教育実践を、教育と福祉を
つなぐスクールソーシャルワークの視点から捉え、教育と生活を結びつける
問題に関する議論が交わされた後期生活教育論争を手掛かりとして、学校現
場にいる教師とスクールソーシャルワーカーの役割や協働のあり方、教育と
福祉の協働という今日的課題について論じようとするものであった。

　後期生活教育論争での論点をスクールソーシャルワークに引きつけて考え
る際に、まず取り上げたいのは、教師とスクールソーシャルワーカーそれぞ
れの役割や協働についてである。鈴木道太ら北方の綴方教師は、子どもたち
の厳しい生活を目の当たりにして、子どもと共に生産的な仕事に従事し、生
活の前提に入っていかなければならないとして、部落の再生、青年団の指導
などのために地域に入っていった。しかし、北海道、東北の綴方教師を訪ね
た戸塚簾が目にしたのは、少なくない綴方教師が過労のために病床に臥して
いたり、病気で休職しているという、教師らが身体的にも精神的にも過重な
負担を背負っている現実であった。

　川合章は、生活教育論争を通じて浮かび上がった解決されなければならな
い課題の一つに、「子どもたちにとって望ましい学力（広義）は何かをめぐ
る問題で、『社会的生産に結びついた』（原泉）教育か、それとも生産労働に
対する科学、文化の独自の役割をふまえ、学校教育の独自性に立った教育か
が問われている」といい、「留岡の発言は『思考能力の涵養』に学校教育の
課題を限定しているとみることもでき、一面的ではあるが、学校教育の独自
性に配慮していたともみえる」と述べている[49]。

　鈴木らとともに北方性教育運動を担った実践者仲間でもある村山俊太郎さ
えも、綴方という教科でできる範囲の生活指導を実践することを主張した。

　以上から、教師は、子どもの生活すべてを担おうとするのではなく学校教
育の独自性に軸を置いた教育実践をするべきであり、教育現場で必要となる
子どもの生活部分のケアについては、その一つの方法としてスクールソーシ
ャルワーカーが地域福祉や社会教育と繋がりながら福祉実践をすることが、
持続可能な教育と福祉のあり方であると考える。

序章で述べたように、教師へのコンサルテーションを主とするスクールソーシャルワークが見受けられるが、教師に助言をするだけではなく、子どもが抱える生活課題への対応をもスクールソーシャルワーカーが担うべきことを強く主張したい。教師は、大変多忙ななかで子どもの成長、発達に、日々力を注いでいる。その教師にしかできないことは実に多い。本研究を通して記してきた「養育困難家庭の不登校」の子どもに引きつけて考えてみても、長く学校から、そして教育から遠ざかっていた子どもを再び学校でささえる上で、教師は学習上の工夫や、学級運営上の工夫などが必須となる。教師とスクールソーシャルワーカーが、真にお互いの専門性を尊重し活かし合うこと、それぞれの領域と少しだけ重なりながら協働することが求められる。

　さらに、スクールソーシャルワークの実践と理論をつなぐ点で考えてみたい。佐々木昂が、横とも縦とも協力し結ばれる契機がつくられたと、実践と理論の交流に光を見出したように、宮坂哲文は、「実践者の側からの、いわば下からの生活教育と、教育政策論的ないわば上からの生活教育との組織的結合や、理論と実践の相即的発展を可能とする生活教育というものは、戦後の教育史の中ではじめて辿られるものとなったといえよう」と、後期生活教育論争の教育史上の意義について述べた[50]。

　鈴木道太が「『生活教育』座談会」において、いくらカリキュラム改正があっても、綴方なしには生活教育は「仏つくって魂入れず」に終わると言い切っていることは、外側のシステムを整えるだけでなく、生身の子どもとの一つとして同じかかわり合いはない実践を大切に積み重ねることが重要であることを示している。

　教育現場での子どもの生活、地域の生活を実際に半年くらい見て欲しいと研究者に向けて願った高橋啓吾からは、スクールソーシャルワーク研究において、目の前の子どもの支援であるミクロレベルソーシャルワークに注目することが、実践と理論をむすびつけることになると考える。

　佐々木昂や鈴木道太ら東北地方の良心的な綴方教師たちは、窮乏にあえぐ地域の実態と子どもの過酷な生活の現実に否応なしに直面させられたことで、生活教育の道を歩むことになった。佐々木は、「俺達は地帯のこの生活事実に

学ぼう。そこが子供の生活台だ。教育のただ一つの足場だ」と述べている[51]。上述したように、教師が子どもの生活すべてを担う必要はないが、教育の土台に子どもの生活事実を知ろうとすることは、今日的にも重要であると考える。

海老原治善は、「日本社会の基本問題を子どもの生活意識や生活問題をくぐりぬけてせおって生きている子どもたち、その子どもたちの未来をきづいてゆく教育を生活教育としてとらえた発想を今日さらに発展させてゆきたい」と述べた[52]。戦前の北方性教育運動、それを担った綴方教師の実践と、綴方教師の存在そのものは、今日における重要な教育遺産として、また、スクールソーシャルワークの歴史的水脈および今後を考える上で研究、継承されていかなくてはならないものであろう。

注

1） 海後宗臣監修（1971）『日本近代教育史事典』平凡社 583 頁によると、以下のように説明されている。「昭和四年（1929）頃から昭和十二年頃にかけて、東北地方でおこなわれた生活綴方を中心とする教育運動。東北各県で生活基盤に密着した綴方教育をすすめていた青年教師たちは、東北地方大凶作を契機として北日本国語教育連盟を結成、「教育・北日本」を発行して、子どもの生存権を守りぬく教育をめざしてたちあがった。現実に押し流されてしまうことなく、生きぬいていく「生活意欲」のさかんな子ども、現実を変革していく「生活知性」をもった子どもに育てなければならないとし、公教育の現実に密着した地点でその改造運動をすすめた（抜粋）。」

2） 鈴木道太の業績を教育分野だけでなくトータルに捉えようとするものに、増山均編著（2021）『鈴木道太研究──教育・福祉・文化を架橋した先駆者』明誠書林がある。

3） 村山士郎（1988）「生活綴方教育」青木一他編『現代教育学事典』労働旬報社、473 頁。

4） 鈴木道太（1951）『生活する教室──北方の教師の記録』東洋書館、145 ～ 167 頁。

5） 勝野充行（1991）「『生活綴方教育』の歴史的意義（その 1）──子どもの権利保障とのかかわりで」『大垣女子短期大学研究紀要』No.33、3 頁。
勝野充行（1994）「子どもの権利と生活教育（IV）──子どもの自治活動の歴史から」『大垣女子短期大学研究紀要』No.36、48 頁。

6） 前掲、鈴木（1951）、235 ～ 248 頁。

7） 鈴木道太（1936）「生活の朝」『生活学校』1 月号、53 頁（生活学校復刻刊行会編『戦前・戦後生活学校III』教育史料出版会、1979 年初版発行）。

8） 前掲、鈴木（1951）、152 ～ 154 頁。

9） 前掲、鈴木（1951）、250 頁。

10） 鈴木道太(1935)「綴方・生活教室の実践的設営」『国語教育研究』7 月号、11 ～ 12 頁(復刻版すばる教育研究所、1978 年初版刊行)。

11)　前掲、鈴木（1951）、52 頁。

12)　鈴木、同前、115 頁。

13)　鈴木、同前、59 頁。

14)　鈴木、同前、278 頁。

15)　鈴木道太（1937）「綴方教育に於ける生活組織の新方向」『教育・国語教育』5 月号、154 〜 155 頁。

16)　鈴木道太（1947）「町が学校であるという考え方で」『生活学校』5 月号、13 頁（復刻版、日本図書刊行会、1983 年初版刊行）。

17)　鈴木庸裕（1996）「生活指導と福祉教育における実践的課題──『福祉的機能』の内発的発展をめぐって」『福島大学教育学部論集』第 61 号、32 頁。

18)　鈴木道太（1956）「生活勉強の作文教室（第 1 回）──まずこの門からはいれ」『作文と教育』5 月号、65 頁。

19)　小川利夫・高橋正教編著（2001）『教育福祉入門』光生館、序辞。

20)　日本社会福祉学会第 65 回春季大会（2017 年 5 月 28 日、於：明治学院大学）の大会テーマは、「教育と福祉における協働の論点を探る」であった。また、日本教育学会第 76 回大会（2017 年 8 月 25 〜 27 日、於：桜美林大学）の 3 日目分科会のテーマに「20世紀の子ども問題と教育福祉」があった。

21)　中内敏夫（1999）『中内敏夫著作集VI　学校改造論争の深層』藤原書店、37 頁。

22)　戸塚簾（1937）「旅の感想」『生活学校』10 月号、57 頁（生活学校復刻刊行会編『戦前・戦後生活学校III』教育史料出版会、1979 年初版発行）。

23)　留岡清男（1937）「酪連と酪農義塾」『教育』10 月号、60 〜 61 頁。

24)　戸塚簾編「綴方検討特輯（1）」『生活教育』1 月号、34 頁（生活学校復刻刊行会編『戦前・戦後生活学校V』教育史料出版会、1980 年初版発行）。

25)　坂本礒穂（1938）「生活教育獲得の拠点」『生活教育』1 月号、38 〜 40 頁（生活学校復刻刊行会編『戦前・戦後生活学校V』教育史料出版会、1980 年初版発行）。

26)　高橋啓吾（1938）「生活指導の正しい軌道へ」『生活教育』1 月号、43 〜 45 頁（生活学校復刻刊行会編『戦前・戦後生活学校V』教育史料出版会、1980 年初版発行）。

27)　城戸幡太郎（1937）「生活学校巡礼」『教育』10 月号、48 頁。

28)　山田清人（1938a）「綴方教育を素直に見直せ──実践論の方向と批評家の態度の問題」『生活教育』1 月号、60 〜 65 頁（生活学校復刻刊行会編『戦前・戦後生活学校V』教育史料出版会、1980 年初版発行）。

29)　留岡清男（1938a）「教育に於ける目的と手段との混雑について──生活綴方人の批判に答える」『生活教育』2 月号、6 〜 20 頁（生活学校復刻刊行会編『戦前・戦後生活学校VI』教育史料出版会、1980 年初版発行）。

30)　雑誌『教育』『生活教育』座談会」の参加者は、以下のメンバーである。
　　　石山脩平（東京高師教授）、岩下吉衛（小松川第二小校長）、黒瀧成至（教科研会員）、今野武雄（教科研会員）、佐々木昂（秋田県前郷小）、鈴木道太（宮城県入間田小）、滑川道夫（成城学園小学部）、百田宗治（『綴方学校』主宰）、山田清人（深川区毛利小）、

　山田文子（本所区錦糸小）、吉田瑞穂（杉並区第八小）城戸幡太郎（『教育』編集部）、留岡清男（『教育』編集部）、管忠道（『教育』編集部）、計 14 名。

31）　川合章（1981）『生活教育の理論』民衆社、56 ～ 66 頁。

32）　留岡清男（1938b）「『生活教育』座談会」『教育』5 月号、73 頁。

33）　佐々木昂（1938a）「『生活教育』座談会」『教育』5 月号、75 頁。

34）　鈴木道太（1938a）「『生活教育』座談会」『教育』5 月号、78 頁。

35）　前掲、佐々木（1938a）、79 頁。

36）　山田清人（1938b）「『生活教育』座談会」『教育』5 月号、79 頁。

37）　城戸幡太郎（1938）「『生活教育』座談会」『教育』5 月号、84 頁。

38）　鈴木道太（1938b）「学級綴方教育への序説——破産者の言葉」『教育・国語教育』4 月号、34 ～ 35 頁。

39）　前掲、坂本（1938）、40 頁。

40）　前掲、高橋（1938）、43 頁。

41）　前掲、中内（1999）、108 ～ 109 頁。村山士郎は、著書『村山俊太郎教育思想の形成と実践』（本の泉社、2017 年、297 ～ 298 頁）において、中内が俊太郎がこの論争に「沈黙した」と述べていること、俊太郎と国分一太郎とを「山形グループ」とひとくくりにしていることの妥当性に疑問を呈している。

42）　村山俊太郎（1968）「教育文化を高める綴方」『村山俊太郎著作集第 3 巻』百合出版、50 頁。

43）　宮坂哲文（1956）「生活教育の系譜——昭和十三年の生活教育論争をめぐって」『国土社教育全書 1』、国土社、33 頁。

44）　前掲、高橋（1938）、43 ～ 46 頁。

45）　前掲、坂本（1938）、38 頁。

46）　前掲、山田（1938a）、63 ～ 65 頁。

47）　佐々木昂（1938b）「生活・産業・教育——生活教育の問題を考える」『生活教育』6 月号、7 ～ 8 頁（生活学校復刻刊行会編『戦前・戦後生活学校Ⅵ』教育史料出版会、1980 年初版発行）。

48）　佐々木、同前、9 ～ 10 頁。

49）　前掲、川合（1981）、65 ～ 66 頁。

50）　前掲、宮坂（1956）、33 頁。

51）　前掲、佐々木（1938b）、27 頁。

52）　海老原治善（1962）「生活教育・生活綴方教育における『生活』の今日的意義について」『生活教育』7 月号、84 頁。

終　章
スクールソーシャルワークの発展に向けて

1．本研究への取り組みを通して

（1）実践的指針を構築したい

　スクールソーシャルワークは、学校教育と社会福祉の相互作用によって生じるものに着目する。不登校、児童虐待、貧困、いじめ、非行など、子どもを取り巻く教育と福祉が重なりあう課題解決に向けて「スクールソーシャルワーカー活用事業」が開始されてから 10 年以上が過ぎた。各自治体、あるいは、国立や私立の学校ごとにもスクールソーシャルワーカーの配置が全国的に広がってはいる。しかし、スクールカウンセラーとの違いが認知されていないなど、スクールソーシャルワークが学校現場に定着していくにはまだ時間を要する状況であると言わざるを得ない。スクールソーシャルワークを学校現場に位置づけていくためには、一つひとつの具体的な実践を教師らと共に積み重ね、その実践を振り返ることが必要になってくる。目の前にいる子どもの学びと生活をめぐる困難について、教師らとスクールソーシャルワーカーが共通の認識を持ち、課題解決に向けて協働することを積み重ねていくことが求められるのである。協働することを通して、両者が教育職と福祉職それぞれの価値と可能性を見出すことが必要である。そうした協働のなかでも、スクールソーシャルワークはどのような独自性をもっているのか。学校現場にスクールソーシャルワークを位置づけること、スクールソーシャルワーカーの活動をささえたいとの思いから、スクールソーシャルワークの実践的指針を示そうと考えた。

　また、スクールソーシャルワークが学校を基盤とするソーシャルワークであるという意味についても、本研究全体を通して意識してきたことである。近視眼的な目の前の教育課題の解決や軽減、教育職が担いきれないところを福祉職が補完するのではないということ、学校教育への問い直しと学校が持つ福祉機能の再生、および、学校・家庭・地域のつながりにおける学校の位

置について論じてきた。

　さらに、教育史にみるスクールソーシャルワークの水脈からは、日本独自の実践への誇りを持つ。これまでの教育の蓄積、過去において子どもの学びと生活をささえようと格闘してきた教師の存在は現代の教師への信頼に通じ、スクールソーシャルワーカーにとって教師が重要なパートナーであることを改めて強く感じることができるものである。

（2）なぜミクロに注目するのか

　「子供の貧困対策に関する大綱」におけるスクールソーシャルワーカーの大幅な増員といった重点政策、および、貧困、不登校、児童虐待、いじめ、非行、精神疾患などといった言葉が飛び交い、学校現場における福祉課題が多様化するなかで、多くの自治体でスクールソーシャルワーカーが雇用され、学校現場に入れば即戦力を求められることがほとんどである。歴史が浅い職種であることと養成が十分間に合っているとは思えないなかで、スクールソーシャルワーカーとして着任する者の多くが、初めてこの職種に携わるのであろうと考える。そうした初任者などには、客観的、科学的な理論を背景にしたマニュアルやスタンダードが示されたものは必要であるし参考にもしやすい。

　しかし、一人ひとりの個別事情に則した対人援助においては、当事者の感情や生活と結びついた支援を創造していかなければならない。目の前のネグレクトされている子どもの状況や、その親の不遇な子ども期を知って情が働くことが支援の基礎となる。個々の支援者が有しているなんとかしたいと思う熱意や、ソーシャルワークの価値、経験値、センスや創造性やわざといったものは、明らかにしにくく共有もしにくい。支援者は、一つとして同じものはない不確定で不定型な問題領域の中で思考し、それを基にして支援実践を組み立てていく。支援実践と共に、実践している間で行っている思考やその時々の思いも、可視化、具体化したいと考えた。そのためには、それぞれに個性を有した当事者一人ひとりとのかかわり合いというミクロレベルの実践において、人と人の関係のありようやスクールソーシャルワークのいとな

202

みそのものを明らかにしようと考えたのである。人が人をわかる、わかり合っていくのは、支援の過程においてであると考えている。それらを明らかにすることが、目の前にいる生身の人間を大切にする支援を構築することに寄与できるのではないかと考えた。

（3）学際研究が必要

　スクールソーシャルワークは、学校を拠点とする福祉実践である。文部科学省が「スクールソーシャルワーカー活用事業」を開始した契機は「児童虐待」問題への対応であり、子どもの生活課題を解決しながら学校での教育活動を進めていくことを目指そうとしたものと考える。

　福祉専門職のスクールソーシャルワーカーと教育専門職の教師は、共に子どもの最善の利益を最優先に考え、子どもの学習権保障を目指していく。教師と協働する上で、スクールソーシャルワーカーが学校組織、学校経営や学級運営、教育相談や生徒指導、教師の指導観、学校文化など、教育学を理解することは必須である。また、生きづらさ、困難や苦悩を抱える子どもや親、あるいは教師を目の前にして、その人にとって「ちょうどいい支援」をしていくために、スクールソーシャルワーカーはより社会福祉学を深め、常に自分自身の実践を省察していく必要があるだろう。

　近年、大学において、教育学と社会福祉学の学際的領域として教育福祉学部などが開設されるようになってきた。また、社会福祉学会第65回春季大会（2017年5月28日、於：明治学院大学白金キャンパス）においても「教育と福祉における協働の論点を探る」というテーマが立てられるなど、教育学と社会福祉学の学際研究が志向されている。

　しかし、子ども支援を中心とするスクールソーシャルワークでは、教育学と社会福祉学だけではなく、子どもの成長と発達に影響を与える諸科学の研究が必要である。本研究ではそうした諸科学のなかでも、特に、子どもの生活全体を覆っている生活文化に注目し、教育学と社会福祉学につなぐ研究として子どもの文化学の視点が重要であると考え、「養育困難家庭の不登校」の子どもの学習権保障を目指すスクールソーシャルワークのあり方を考えて

きた。これらについて、以下の第2節から第4節にて詳しく述べていく。

2．本研究から浮かび上がるスクールソーシャルワークの独自性

　本研究は、長きにわたり教育課題でありつづけている不登校の中に広がる、困難度が高い「養育困難家庭の不登校」に注目し研究対象とすることを通して、すべての子どもの学習権を保障していくために、スクールソーシャルワークにおいて大切にすべき取り組みや視点について探求しようとするものであった。それぞれの章の研究からは、以下のようなスクールソーシャルワークの独自性が浮かび上がっている。

（1）「家庭訪問論」より

　第1章では、スクールソーシャルワークのアウトリーチ支援である「家庭訪問」の意義と必要性について述べた。先行研究および実践研究から、スクールソーシャルワークの独自性について3点を挙げておきたい。

　まず1点目は、教師（教育職）による「子どもたちの健全育成を図るため」の「家庭訪問」では実践困難な、「子どもや親の生存権を保障する」「家庭訪問」を、スクールソーシャルワーカーが担っているということである。スクールソーシャルワーク実践研究からは、緊急場面に立ち入ることを含め、債務整理などの法的対応、生活保護受給や家事支援などの福祉サービスの利用支援、病院などの専門機関との連携といったことが、「家庭訪問」をきっかけに行われていた。

　2点目は、福祉行政の目的的な「家庭訪問」とは違い、スクールソーシャルワークでは、あえて特別なことをしないことや「家庭訪問」の中身を創意工夫できるというものである。学校がすでに福祉行政に相談をしている家庭についてスクールソーシャルワーカーにも支援依頼をするところには、行政の働きかけとは異なる働きかけをスクールソーシャルワークに期待していることが表れている。

3点目は、スクールソーシャルワークにおける「家庭訪問」が、重要な子ども支援者である教師の子ども観の醸成に影響を与える可能性をもつということである。スクールソーシャルワーカーは教師と協働するため、スクールソーシャルワーカー単独での「家庭訪問」の様子を教師と共有し、時には一緒に「家庭訪問」をする。学校で見える子どもの姿だけでなく、子どもにとっての厳しい現実や、その中で一人の生活者として生きている子どもの姿が教師に見え始めるとき、教師の中に福祉的な視点が取り込まれるのである。

（2）「遊び・生活文化論」より

第2章では、「遊び」がソーシャルワーク実践のプロセスの重要な要素であるという認識に基づき、子どもの人間形成に重要な役割を担う「遊び」の本質を探り、スクールソーシャルワーク実践にどのように用いるかを「生活文化」という視点から探った。

本研究で取り上げてきた「養育困難家庭の不登校」は、児童虐待と長期不登校という課題に大きく重なる。生活上の課題のために活気ある日常が送れない子ども、子どもの権利である「遊び」の世界を十分に生きられない子どもに「遊び」で育つ環境を作り、子どもらしい育ちと人間らしい豊かな生活をささえていく。ここには、これまで主に福祉と教育の領域で捉えられてきた課題を、子どもの文化問題として取り上げるというスクールソーシャルワークの独自性を挙げたい。

（3）「ケアリング論Ⅰ・Ⅱ」より

第3章では、長く学校から遠のいていた子どもが学びを取り戻していくために、また、さまざまな課題を抱える子どもをいかに学校がささえていくかについて、一人ひとりの子どもと教師とのケアリングを学校に位置づける必要を述べた。

先行研究において、ケアリングがすべての子どもに必要であること、スクールソーシャルワークと生活指導に共通性があることが述べられている。ス

クールソーシャルワーク実践研究からは、スクールソーシャルワーカーと協働することを通して、教師により細やかなケアが生成する可能性があることが見出された。このことからは、スクールソーシャルワークには学校が持つ福祉機能を発展させ、すべての子どもをささえるための学校教育のあり方を問い直す可能性をもつという、生活指導とは異なる独自性を見ることができるのではないか。

第4章では、個々の教師という単位ではなく学校全体にケアリングを位置づけていくために、スクールソーシャルワークの校内体制づくりへの示唆を得ようと同和教育の先行研究を探り、それら研究の視点を検討した。そこからは、信頼のコミュニケーションで教師がつながることが重要であることがわかる。また、ケアリングを学校に位置づけるための校内体制づくりは、教師やスクールカウンセラー、スクールソーシャルワーカーだけの仕事ではなく、子どもと父母とともに作り上げていくものであるという認識を持つことが重要となる。

「困難度が高い子ども」の学習権保障にとって、授業の工夫、教材の研究、安定した学級運営など、教師にしかできないことは少なくない。スクールソーシャルワーカーは、教師にしかできないところに教師が力を注ぐことができるようにするためにも、信頼のコミュニケーションでつながる教師の仲間に入り、それぞれの役割に少しずつの重なりを持ちながら役割を分担していくことが必要となるのである。

ここであらためて述べておくが、筆者は決して学校復帰を第一とするスクールソーシャルワークを志向しているのではない。しかし、困難度が高い子どもの学習権保障において、子どもや家庭にとって学校が最も身近な場になり得ることと、学校は子どもが目的的、系統的、継続的に学ぶことができる場であり、子ども支援者である教師が大勢いるという、大変価値ある場であると認識している。

（4）「ネットワーク論」より

　学びの場は学校だけでなく、子どもは生活全体を通して学んでいる。第5章では、子どもの暮らしの場である地域がもっている、子どもの育ちをささえる力とケアリングを発展させる可能性について述べた。

　スクールソーシャルワークは、個々の相談に対応することを通して、学校・家庭・地域の連携・協力の中に、顔がみえる新たな人間関係を形成することが可能である。スクールソーシャルワークには、子どもや親の「困りごと」と、地域の人々の「気づきや思いや得意」をつなげることを通して、みんなケアしケアされるというケアリングが学校を超えて地域全体に発展し、福祉文化を基盤とするまちづくりというコミュニティワークをも担うことができる。

　特に、学校を拠点とするスクールソーシャルワークは、さまざまな連携に向けた理解と協力を学校内の教職員に働きかけられる。在籍する子どもとその家庭の問題を学校だけで抱え込まず地域の人々の力を借りていくこと、反対に地域の人々からのアプローチを受け取りそれに応えていくことなど、学校と家庭と地域の連携を広く深められるように、学校を重点としたコミュニティワークに関与できるという独自性をもつ。

（5）「教育史の中に探る」より

　スクールソーシャルワークのはじまりは、1906年に米国のボストン・ニューヨーク・ハートフォードの3都市で始まった訪問教師サービスであるとされている[1]。日本で初めてスクールソーシャルワーカーの肩書をもった山下英三郎も、米国で学んだスクールソーシャルワークを日本で実践した。

　しかし、生活と教育の結合の鍵となる生活綴方教育における、戦前の北方性教育運動の中心人物の一人である鈴木道太の生活教育実践のなかに、スクールソーシャルワークの歴史的水脈をみることができる。それは、日本の教育者たちが生み出し発展させた、日本の風土から生まれた独自の実践であった。

本研究では、第4章にて同和教育実践、第6章にて生活綴方教育という、日本の過去の優れた教育実践および教育遺産を手掛かりにして、これらをスクールソーシャルワークという今日的なテーマに引き寄せて探求した。歴史的教育遺産としてみてきた実践が大切にしてきたのは、いずれも生活の中で生きる子どもを尊重しようとしたこと、子どもの背後にある奥行きに目を向けようとすること、子どもが主人公となることを目指した実践であった。

多様化、複雑化した現代社会において、学校教育や児童福祉をはじめとして、子ども全般を取り巻く課題が混迷している。しかし、過去にも混迷の道を辿りながら、子どもを中心に据え、子どもの権利を守ろうと格闘した実践や研究があった。

子どもを取り巻く現実や実践には厳しいものがあるが、その厳しさを嘆くのではなく、その厳しい現実を切り開いていく精神や知恵や方法を先人達の足跡に学び、多様な学問領域の知見を結びつけながら、現代が見失っているものは何か、今を生きる子どもの成長発達を保障していく方法論の探求を積み上げていきたいと思う。

3. 実践の理論化──その方法論を探る

（1）ミクロレベルの実践の理論化

序章第3節1項②「山下英三郎の実践と理論」において、筆者は山下による研究を日々のスクールソーシャルワーク実践の手掛かりとしてきたことを述べた。ミクロレベルにおける理論には拘泥しないとする立場をとる山下を超えて、ミクロレベルにおける当事者とスクールソーシャルワーカーとのかかわりあいのなかにこそ重要なものがあると考え、本研究では、そのミクロレベルにおける実践を理論化しようとしてきた。

したがって、実践に根拠を置く研究方法を取り、対人実践をエピソード記述で記した、スクールソーシャルワーカー大田なぎさの実践記録を手掛かりにした。大田のエピソード記述を取り上げることによって、今を生きるリアルな子どもと親の姿や複雑な現実を捉えることができた。最も重要なことと

して、第三者には近づくことができない、人と人との間にあるさまざまな感情や関係のありように光を当てることができたと考える。

　しかし、大田の実践をもって、スクールソーシャルワーカーの実践として一般化はできない。山下理論を超えてミクロレベルにおける理論を構築していくためには、スクールソーシャルワーカーそれぞれが実践を記録し、第三者には目に見えない、人と人とのかかわりあいの中にあるものを可視化することが必要であろう。そうした記録を手掛かりに集団で実践を検討しあい、その検討した内容を実践を通して再検討することの繰り返しを積み重ねていくことが必要である。事例ではなく実践の中にあるエッセンスを共有すること、止まった情報をもとにした支援方針の検討ではなく、さまざまな影響を受けながら絶えず変化する人との間にある支援のいとなみのなかで、それぞれのスクールソーシャルワーカーが磨いた感性や身につけたわざといったものを共有していくことが、よりよいスクールソーシャルワーク実践を創造していくことにつながっていくものと考える。

（2）ミクロレベルの実践に注目する意義

　序章第3節2項①「支援のいとなみを明らかにしていく」において、スクールソーシャルワークは、子どもたちとの関係の中で練り上げていくものであることを述べた。そのためには、ミクロレベルの実践における、人と人との関係のありようやスクールソーシャルワークのいとなみそのものを明らかにしなければならない。

　実践は、時に汗と涙にまみれ、ごちゃごちゃ、もやもや、どろどろとしていて、理路整然とは進まず、きれいごとではおさまらず、一つとして同じものはない。エピソード記述で日々のスクールソーシャルワークを記した大田なぎさの実践報告を本研究で多くの手掛かりにしたのも、実践で何がなされているのか、どのようないとなみがあるのか、子どもとスクールソーシャルワーカーの間に響き合うものを明らかにし、実践を理論化しようとする本研究に引きつけるためであった。日々積み重ねられる実践こそが研究の土台になるものであると考えている。

第6章第3節2項、雑誌『生活教育』「綴方検討特輯（1）」における坂本礒穂の「僕たちは、僕たちが子供を知ることなしに、子供の上になされる仕事が多くの場合無意味であると信じ、その子供を知る最上の方策として綴方を認めてきた」と述べた言葉に表されているように、生活綴方教師らが、子ども、そして、子どもの生活を知るところから教育実践を始めようとしていたことと、スクールソーシャルワークの中心にミクロレベルソーシャルワーク（ケースワーク）を据え、また「家庭訪問」を重要視し、子どもの姿から子どもの生活全体を理解することからスタートしたいと考える筆者のスクールソーシャルワークに、重なり合うものがあることを深く感じる。

　さまざまなスクールソーシャルワーク実践の中でも、生活の重みをもつ子どもの現実から出発し、ミクロレベルの実践を大切にする、そして子ども自身から表現を引き出し大切にする「生活綴方的スクールソーシャルワーク」を重視したいと考えている。

（3）実践と理論の相互不可分な関係――真実は細部に宿る

　序章第4節1項④「細かなところにこそ真実がある」にて、実践現場での人と人との「あいだ」に生じている出来事やかかわりあいのなかにこそ、ものごとの真実や本質が宿っていると述べた。そして、序章第4節1項③「研究手法の根拠――鯨岡峻の間主観主義的観察理論と接面理論」では、第三者には近づくことができない、人と人とがかかわる「接面」で営まれている対人実践の場面に入り込む方法として、また、大田なぎさがエピソード記述を記す際に参考にした、鯨岡峻の「接面の人間学」理論を取り上げた。

　日々の実践においては、現実の子どもや親との間でさまざまな出来事が生まれ、実践が順調に運ぶこともあれば、予想できなかった事態に陥り壁に突き当たることもある。また、ささえている側の支援者が実はささえられていたり、子どもや親とのかかわりの中に新たな発見をし、学びを得ることが少なくない。第1章で、スクールソーシャルワーカー大田なぎさが、「家庭訪問」から「家庭滞在」へという言葉を使った実践の中にみるように、実践には、既存の理論ではおさまりきれない豊かなものがあると考えている。

　実践的研究は、理論を背景にして現実のありようを見、その現実をしっかりと踏まえてまた理論に戻りながら、実践を豊かにしその実践の豊かさを煮詰め理論を形成していく。実践と理論は常に交差し、相互不可分な関係にある。今後も実践の理論化の方法論を探求していきたい。

4．教育、福祉、文化の統合──「教育福祉」から「教育福祉文化」へ

（1）教育における生存権保障という問題

　小川利夫は、「社会福祉とりわけ児童福祉サービスそのものの性格と機能の中に、いわば未分化のままに包摂され埋没されている教育的機能ならびに教育的条件整備の諸問題を"教育の相のもとに"sub specie educationis、児童の発達と学習を保障し発展させる立場から積極的にとらえること」[2] という意味で、「教育福祉」概念を提出した。小川の「教育福祉」は社会福祉における学習権保障という問題として、養護施設で暮らす子どもの高校進学保障論といった個別領域においても大きな成果を生み出した。さらに、「教育福祉」論はそれにとどまるものではなく、困難を抱えている子どもの問題に引き寄せて、その子どもそれぞれの学習権保障の内実をすべての子どもの権利にふさわしいものにしていくことを目指すものであった。

　本研究で取り上げた「養育困難家庭の不登校」の子どもの学習権保障を目指すスクールソーシャルワークは社会福祉における学習権保障であるが、一方で、教育において子どもや親の生存権を保障しようとする取り組みであるともいえる。特に、ほとんどすべての子どもが在籍する義務教育学校では、子どもの学校生活のなかで、あるいは、子どもが学校から遠ざかることのなかに、子どもや家庭が抱えている生活課題を見つけ出しやすいと言える。また、見つけ出した課題解決にあたっては、学校全体として多くの教職員らが支援に取り組むことができる場である。

　子どもを取り巻く社会状況の厳しさ、生活基盤の脆弱さや家庭の孤立などから、筆者はこれまでに何度か、安否確認で警察の協力を仰ぐような不登校

事案にもかかわってきている。まさに、学校教育という場は子どもや親の生存権を保障するところとなっているし、地域の社会教育活動（地域福祉活動でもある）も、子どもや親の生存権を保障しようとするものであると考える。

（2）「学校福祉」を超えて

　小川利夫とともに『教育福祉論入門』（2001年、光生館）を編著した高橋正教は、それまでに展開されている教育福祉論として〈a〉社会効用論的教育福祉論、〈b〉学校福祉＝学校社会事業としての教育福祉論、〈c〉学習権保障論としての教育福祉論、という異なる立場から論じられている3つを挙げている[3]。

　高橋によると、〈a〉社会効用論的教育福祉論は、教育福祉の内容を主として経済的な視点から追求しようとするものであり、市川昭午の「『現代の教育福祉』――教育福祉の経済学」（持田栄一・市川昭午著『教育福祉の理論と実際』、1975年教育開発研究所）に代表される。〈b〉学校福祉＝学校社会事業としての教育福祉論は、「教育福祉」の「教育」を学校教育として位置づけ、アメリカやイギリスの学校教育制度と深くかかわって展開されてきた。学校教育における生活指導や進路指導の問題、あるいは、修学の教育条件整備の問題として位置づくものである。そして、前述した小川利夫らによって展開されてきた〈c〉学習権保障論としての教育福祉論である。

　序章で触れたように、スクールソーシャルワークおよび関連する研究において、「学校ソーシャルワーク」や「学校福祉」という用語を使用する研究者は少なくない。そこでは、学校教育制度における学校サポートを重視していたり、新たな学校生活の創造を目指して生活指導から学校における福祉的機能を捉えていたり、在籍するすべての子どもを対象とした学校における福祉の取り組みを重要視している。

　しかし、筆者は学校が持つ福祉的機能が発展していくことを目指しながらも、学校を拠点にして、あるいは、学校を活用して、子どもを「学び」につなげることを重要視してスクールソーシャルワークを展開している。「教育」を学校教育だけでなく社会教育を含め、また、定型教育だけでなく不定

型教育や非定型教育をも位置づけ、学校に在籍している子どもだけでなくその兄弟姉妹や親も取り組みの対象としている。そこには、スクールソーシャルワークを、「学校福祉」を超えて「教育福祉」で捉えていきたいとの想いを強くもっている。

（3）教育学と福祉学の可能性

　現在においてはより一層、科学的根拠を伴う実証的研究成果が求められ、実証性を伴わない観念論は忌避される傾向にあり、個別事象を積み重ねる教育学や福祉学には研究方法論としての弱さがあるのかもしれない。
　しかし、佐伯胖は、教育学は、諸学が寄り集まる中核（コア）であり、独自の専門領域が特定の研究対象と研究方法にこり固まるマンネリを脱し、新しい研究課題と研究方法を開発する可能性のある学問であると述べている[4]。また、一番ケ瀬康子は、実践の学であり、領域科学、学際科学、統合科学として、福祉学を捉えている[5]。これらには、多様な学問領域の知見を結びつけ、議論を組み立てる教育学、福祉学の可能性が説かれている。
　教育学、福祉学には、「子どものしあわせ」実現のための議論を組み立てていく上で、総合的、学際的、実践的な知見が結集することをうまく調整させる役割を担いながら、子どもの権利を基盤として、「子ども」という存在そのものをどのように捉え、「子どもの人間らしい成長、発達」をどのようにささえていくのかということを、根本的に問い直していく独自の役割があると考える。

（4）「文化権」への注目

　子どもの権利規範の歴史的な形成過程をたどった喜多明人は、研究機関の研究者だけでなく、子どもの権利に関心をよせる現場関係者、実践者、行政実務家などによる実践的な総合研究が求められると言っている中で、「日本における総合的研究を担保する子どもの権利の『学際研究』に関しては、これまでのところ、教育学と法学、教育学と福祉学、教育学と心理学、教育学

と医学、教育学と建築学など、①教育学を基軸とした学際研究を中心に、しかも、②個別諸科学のうち二分野の共同研究にとどまる傾向にあり、"関係諸科学による協同"としての総合研究には至っていない」と述べている[6]。

第1章で「家庭訪問」を取り上げたなかで、スクールソーシャルワークの始まりとされている訪問教師活動が、セツルメント活動のセツラーによる家庭訪問活動や学校訪問活動と似ていることを述べたが、セツルメント活動は子どもの文化生活を総合的に捉えようとする発想に結びつくものであった。また、第2章で「遊び」を取り上げた中では、これまで主に福祉と教育で捉えられてきた児童虐待や長期不登校などの課題を、子どもの文化問題の中で取り上げる必要があることを述べた。

第2章で取り上げた「アニマシオン」の概念を日本に紹介した増山均は、「人間の発達と、地域（コミュニティー）の活性化と、社会文化の発展に統合的に光を当てる「社会文化アニマシオン」という概念の研究を進めている[7]。増山は、「子どもの権利」認識は、「社会文化アニマシオン」を広げる土台になっていると述べ、「社会文化アニマシオン」の内実が多様に含まれている子どもの福祉、文化、教育活動を取り上げている[8]。それらの活動の中には、小川利夫が「教育福祉」問題として取り上げている学童保育や地域づくりなども含まれており、さらに増山は、これらの活動を「文化」の視点をもって捉えていることがわかる。

第5章で取り上げた「NPO法人山科醍醐こどものひろば」は、地域のすべての子どもを対象とする生活支援活動をしている団体であるが、自らの活動を文化活動と述べていたことからも、地域のすべての子どもの生活を総合的に豊かにする上で、「文化」を重視していることがわかる。

「教育福祉」領域とされる問題も、喜多が指摘したように教育学と福祉学という二分野だけでなく文化学を含め、「教育福祉文化」として探求される必要があると考える。

5. 今後の研究への視座

本研究は、養育課題がある家庭等において長期不登校となっている子ども

の学習権を保障していくために、スクールソーシャルワークにおいて大切にすべき取り組みや視点について、スクールソーシャルワークの実践を理論と結びつけ、また、単に実践を理論にあてはめるのではなく、実践を理論化することを試みた。それぞれの章における研究を経て、それぞれの章のテーマごとに今後取り組むべき課題が浮かんでいる。

　第1章からは、教育学における「家庭訪問研究」の必要性が、第2章からは、子どもの育ちに「生活文化」がどのようにかかわるのかという課題が浮かぶ。第3〜5章の研究を通して、人と人とのつながりを創出する条件とは何か、また、子どもの思いを共有しようとする姿勢を「ささえる者、育てる者、ささえ合う者、育ち合う者」にもたらす条件とは何かについても、探求していきたい。そして第6章からは、生活と教育を結びつけようとした綴方教師の実践、および、綴方教師の存在そのものは、今後も研究されるべき重要な教育遺産であると捉えており、引き続き歴史研究としてスクールソーシャルワークの水脈についても探求していく考えである。

　本研究では、主に、小学校、中学校におけるスクールソーシャルワークを論じてきた。筆者は、より福祉的ニーズを持っている子どもが通う特別支援学校、および、子どもが若者へと成長していく場であり、自立に直結する場である高校においてもスクールソーシャルワークをしており、そこではそれぞれに課題が浮かんでいる。今後は、特別支援学校や高校における課題に対する探求、さらに、課題の解決だけでなく予防についても探求していきたい。また、学校の規模や地域性の違いによるスクールソーシャルワークや、スクールソーシャルワーカーの専門性および養成や育成について探求することも必要であろう。

　そして、以下では特に、研究方法論の探求について述べておきたい。本研究は、実践を理論化していく方法として、スクールソーシャルワーカー大田なぎさのエピソード記述を手掛かりとし、そのエピソード記述を取り上げる根拠に鯨岡峻の間主観主義的観察理論や接面理論を据えた。鯨岡は、すべての対人実践は「接面」で営まれており、そこで起こっていることは第三者には近づくことができない、その人と人との主観性の領域に関与しながら観察し、間主観的に捉えた対人実践の最も重要な部分がエピソード記述で示され

るとする。

　本章第3節2項にて、重視したいと記した「生活綴方的スクールソーシャルワーク」の生活綴方は、子どもたちが生活のなかで見たこと、聞いたこと、感じたこと、考えたことをありのままに書くという子どもの表現活動から、子どもが自らの中に事実に基づいた生活認識を生み、さらに、子どもの綴方が学級に開かれ共有することを通してなかまとの連帯感を形成するものであった。

　生活綴方にみるミクロを解明する方法は、鯨岡の間主観主義的観察理論や接面理論を土台とするエピソード記述を実践者が間主観的に描くというよりも、子ども自身が自らの内面を綴るという意味で、より確かなものではないだろうか。そしてまた、子ども自身が自らの気持ちをなかまに開き共有する、つまり、内的なものを外的なものにするその過程は、主観的なものが客観的なものへと変換されていくものではないだろうか。行動科学の客観主義的アプローチを乗り越え、間主観的アプローチを重視する鯨岡理論の問い直しを、今後探求したいと考えている。

　人と人とのあいだに起こることは一回性のものであり再現することは難しい。しかし、そこからしか客観的なものは見えてこない。ミクロにこだわり、人と人との間にある重要なものを捉え、ミクロを解明していく、この点こそ今後の研究課題としたい。

注

1） 山下英三郎・内田宏明・牧野晶哲編著（2012）『新スクールソーシャルワーク論 ── 子どもを中心にすえた理論と実践』学苑社、37頁。

2） 小川利夫（1972）「児童観と教育の再構成──『教育福祉』問題と教育法学」小川利夫・永井憲一・平原春好編『教育と福祉の権利』勁草書房、5頁。

3） 高橋正教（2001）「教育福祉研究──これからの捉え方と課題」小川利夫・高橋正教編著『教育福祉論入門』光生館、226〜229頁。

4） 佐伯胖（2003）「雑学で何がわるい！」『AERAMOOK90　新版教育学がわかる』朝日新聞社、174頁。

5） 一番ヶ瀬康子（2003）「熱い胸だけが知る実践学の喜び」『AERAMOOK86　新版社会福祉学がわかる』朝日新聞社、7〜8頁。

6） 喜多明人（2010）「"実践的子どもの権利学"への道──子どもの権利規範の歴史的

な形成過程をたどる」『リーディングス日本の社会福祉　第5巻　社会福祉の権利と思想』日本図書センター、258頁。

7）　増山均（2009）「スペインにおける〈社会文化アニマシオン〉概念の研究」『早稲田大学大学院文学研究科紀要』第55輯、43 〜 60頁や、増山均（2013）「日本における〈社会文化アニマシオン〉の諸相とその可能性」『早稲田教育学研究』第5号、5 〜 31頁など。

8）　増山、同前（2013）、10 〜 16頁。

あ と が き

　スクールソーシャルワークは、学校を拠点とした、子どもの学習権保障・幸福追求権保障とその環境づくりの具体的な「いとなみ」である。しかし、現状への問題意識から本書を執筆した。「養育困難家庭の不登校」を研究対象としたことには、学校が困難度の高い生活課題を背負った子どもをささえる必要があるとともに、そのための学校教育のあり方への問い直しを求める思いを込めた。

　全国的に進むスクールソーシャルワーカーの配置や養成課程の林立など、スクールソーシャルワークが急速な広がりを見せている状況があるときだからこそ、スクールソーシャルワークの実践的指標を構築したいと考えた。そして、学校を基盤とするソーシャルワークとしての意味を明らかにしたいとの思いで本書をまとめた。

　本書は、2019 年度早稲田大学大学院文学研究科博士論文『スクールソーシャルワークの実践と理論──養育困難家庭の不登校児の学習権保障をめぐって』（主査：喜多明人、副査：増山均、鈴木庸裕、村田晶子）に基づいたものである。博士論文は既発表論文等を基にした箇所もあるが、執筆に際して再編し、大幅に加筆、修正している。初出は下記の通りである。

・「長期欠席児への教育権保障──スクールソーシャルワークを通してみる不登校児童生徒の現状から」『早稲田教育学研究』第 5 号、2014 年 3 月。
・「スクールソーシャルワーク実践からみた『同和教育の教訓』──子どもの教育権保障に注目して」『早稲田教育学研究』第 6 号、2015 年 3 月。
・「スクールソーシャルワークから考える社会教育と地域福祉の連携──板橋区立成増社会教育会館の家庭教育講座に参画して」『月刊社会教育』718 号、2015 年 8 月。
・「スクールソーシャルワークにおける『家庭訪問』の意義と必要性──貧困家庭等における長期不登校問題の解決のために」『早稲田大学大学院文学研究科紀要』第 61 輯、2016 年 3 月。

- 「スクールソーシャルワークが注目する校内体制づくり──同和教育『河瀬実践』におけるケアリング」『部落問題研究』第 219 号、2016 年 12 月。
- 「スクールソーシャルワークと『遊び』──子どもの生活文化の視点から」『福祉文化研究』Vol.26、2017 年 3 月。
- 「スクールソーシャルワーク実践と教師のケアリング──課題を抱えた子どもへの協働を通して見えるもの」『早稲田教育学研究』第 8 号、2017 年3 月。
- 『厚生労働省平成 26（2014）年度セーフティネット支援対策事業（社会福祉推進事業）報告書（研究代表片岡輝）貧困などによる子ども・若者を対象にしたセーフティネットの現状とその課題に対する提言に向けた調査研究』一般社団法人協同総合研究所、2015 年 3 月。

　博士論文をまとめるまでには、多くの先生方にお世話になった。増山均先生には、卒業論文『児童虐待と子育て文化』（2004 年）から、2018 年 3 月に先生が早稲田大学をご退職なさった後も引き続き、大変長きにわたってご指導をいただいている。先生からは、実践が既存の研究には収まらない豊かなものを含んでいるという視点を賜った。また、常に子ども問題をトータルに捉えようする先生の研究姿勢をみる中で、筆者の研究テーマが学際的な「教育福祉文化」研究に位置づくことへ導いていただいたと考えている。

　増山先生がご退職後、主査をお引き受けくださった喜多明人先生には、早稲田大学学部生時代、東洋大学大学院修士生時代を含め、折に触れながらずっとご指導をいただいていた。論文査読においても、子どもの権利や教育法学研究のお立場から多くのご意見をいただいた。先生のご意見を取り入れながら推敲を重ねることができたことを、大変有り難く感謝申し上げる。

　鈴木庸裕先生は、生活指導からスクールソーシャルワークを捉えようとされていることや、第 6 章で取り上げた鈴木道太の研究をなさっているところに、筆者は近しい思いを持っていただけに、副査をお引き受けいただいたことを大変嬉しく感謝申し上げる。

　また、もうお一人の副査である村田晶子先生には、早稲田大学第二文学部1 年の基礎演習時以来お世話になってきた。筆者が現場にあるとき、および、

現場を持ちながら大学院で学んでいるときを通して、ずっと実践者である筆者を応援し続けて下さった。心より感謝を申し上げる。

上記の先生方に加え、早稲田大学大学院文学研究科教育学コースの先生方には、博士論文構想発表会において貴重なご意見をいただいた。また、増山研究室の先輩である阿比留久美先生（早稲田大学准教授）、齋藤史夫先生（東京家政学院大学准教授）、竹原幸太先生（東京都立大学准教授）には、大学院ゼミ全般を通してさまざまなご助言をいただいた。ここに感謝申し上げる。

子育てが一段落した頃、子育て後に取りかかるものを見つけたいと、漠然とした思いで早稲田大学第二文学部に入学した一主婦が、博士論文の執筆を経て、自らの研究の節目としてここに本書を上梓する。大学教育によって、筆者の生き方が変わったことをつくづく実感する。学生、院生の主体性を大切にし、学びの自由を保障してくれた早稲田大学の学風と諸先生方のご指導に、心より深く感謝申し上げる。また、本書の出版をお引き受け下さったのみならず、煩雑な校正作業を丁寧にサポートして下さった明誠書林の細田哲史さんにも深謝申し上げたい。

スクールソーシャルワークは、ぜひとも根づいて欲しい大切な職種である。スクールソーシャルワークの広がりのなかで、次第にスクールソーシャルワーカーも増え、スクールソーシャルワーク自体もさまざまな形でなされている。そうしたスクールソーシャルワークに携わる仲間はもちろんであるが、ともにスクールソーシャルワークを作り上げていく学校の教職員、子ども支援者としてつながりを築く関係機関や地域の人々に本書を読んでいただき、スクールソーシャルワークが広く社会に周知され、発展されていくことに貢献できるよう願ってやまない。

2021年12月（新たな子ども政策への期待と憲法改正への不安を胸に）

山田　恵子

参考文献一覧

＊本文中で引用、参考とした文献を中心に掲げた。

あ 行

愛知県豊田市社会福祉協議会「人と人をつなぐ実践4　子どもも大人もみんなで考え、実践する地域福祉をめざす」『月刊福祉』2014年12月号、82〜85頁。

青木紀（1993）「現代社会の子育てと社会階層」『北海道大学教育福祉研究』第2号、1〜10頁。

青木紀（1993）「子どもの『社会生活』と階層──学校・学校外生活と親の対応」『北海道大学教育福祉研究』第2号、31〜45頁。

赤羽潔（2015）「教育福祉における『指導』と『支援』と『ケア』の関係」『山口県立大学学術情報社会福祉学部紀要』第8号（通巻第21号）、43〜59頁。

浅井春夫（2016）「食生活の貧困とこども食堂」日本子どもを守る会編『子ども白書2016』本の泉社、44〜49頁。

浅岡靖央（1996）「解説」古田足日『児童文化とは何か』久山社、121〜124頁。

安部計彦（2015）「子どものネグレクトと不登校の関係」日本学校ソーシャルワーク学会『学校ソーシャルワーク研究』第10号、15〜23頁。

天野秀昭（2002）『子どもはおとなの育ての親』ゆじゅんと。

天野秀昭（2012）「被災地に『遊び場』をつくる」増山均・齋藤史夫編著『うばわないで！子ども時代──気晴らし・遊び・文化の権利（子どもの権利条約第31条）』新日本出版社、97〜104頁。

網野武博（2006）「保育の原点」網野武博・無藤隆・増田まゆみ・柏女霊峰著『これからの保育者にもとめられること』ひかりのくに、9〜32頁。

網野武博（2011）「家庭訪問による支援の歴史、現状と展望」『世界の児童と母性』第70号、2〜6頁。

有本真紀（2013）「家庭の管理装置としての学校教育──明治期大正期における『学校と家庭との連絡』」『立教大学教育学科研究年報』第57号、5〜26頁。

安藤博（2017）「法から見る学校・教育・不登校」『月刊生徒指導』5月号、18〜21頁。

飯田昌和・山本敏貢（1981）「子どもたちと大学生の心のふれあい──人生観・教育観を育てるセツルメント活動」『部落』8月号、44〜54頁。

池田敏（2016）「不登校の予防に向けた校内協働における学校ソーシャルワーク実践──ストレングスの視点を活用した学校ソーシャルワーク・コンサルテーション」日本学校ソーシャルワーク学会『学校ソーシャルワーク研究』第11号、41〜53頁。

池田寛（1987）「日本社会のマイノリティと教育の不平等」日本教育社会学会『教育社会学研究』第42集、51〜69頁。

池原征紀・中村豊（2016）「三度のTELより家庭訪問」『月刊生徒指導』5月号、68〜71頁。

一番ヶ瀬康子（2003）「熱い胸だけが知る実践学の喜び」『AERAMOOK86　新版　社会福祉学がわかる』朝日新聞社、4〜9頁。

今橋盛勝（1983）『教育法と法社会学』三省堂。

岩崎久志（2001）『教育臨床への学校ソーシャルワーク導入に関する研究』風間書房。

岩田香奈江（2008）「不登校問題に対する政策的対応の現状と課題——東京都の不登校発生率地域差に対する社会構造的要因に注目して」『首都大学東京人文学報社会学』第43集、23〜36頁。

岩田正美（2008）『社会的排除——参加の欠如不確かな帰属』有斐閣。

内田宏明（2013）「ソーシャルワークと子どもの居場所」子どもの権利条約総合研究所編『子どもの権利研究　第22号　子どもの居場所ハンドブック』日本評論社、35〜37頁。

梅田修（1995）『同和教育の発展的解消への道』部落問題研究所。

浦辺史・浦辺竹代（1982）『道づれ——新しい保育を求めて』草土文化。

海老原治善（1962）「生活教育・生活綴方教育における『生活』の今日的意義について」『生活教育』7月号、78〜85頁。

海老原治善（1975）『現代日本教育実践史』明治図書出版。

大河未来（2011）「それでも、なお、教師でいたくて」『教育』No.785、86〜94頁。

大田堯（1997）『子どもの権利条約を読み解く』岩波書店。

大田堯（2013）『大田堯自撰集成1　生きることは学ぶこと——教育はアート』藤原書店。

大田なぎさ（2013.12）「家庭の経済的困難と不登校児童の背景——あつしくんとの関わりから」『子どものしあわせ』No.754、20〜25頁。

大田なぎさ（2014.3）「家庭訪問から家庭滞在へ——特別なことをせずに子どもと遊び母親の声を聴く」『子どものしあわせ』No.757、40〜45頁。

大田なぎさ（2014.4）「子どもの気持ちを感じ取り、子どもに気持ちを感じ取られること——けん太くんとの関わりから」『子どものしあわせ』No.758、34〜39頁。

大田なぎさ（2014.5）「『遊び』が持つ力——子どもの体と心を解き放つ」『子どものしあわせ』759号、38〜43頁。

大田なぎさ（2014.6）「学校におけるケアについて——通級指導学級担任の関わりから見えるもの」『子どものしあわせ』No.760、34〜39頁。

大田なぎさ（2014.8）「家庭生活の崩れとネグレクトの影響②——日々の関わりから見えるもの」『子どものしあわせ』No.762、38〜43頁。

大田なぎさ（2014.9）「日々の『通学』にもドラマがある——葛藤・決心・自分の世界」『子どものしあわせ』763号、38〜39頁。

大田なぎさ（2015.3）「学校の先生に福祉の視点を取り入れてもらうこと——子どもの生活と家庭環境に目を向ける」『子どものしあわせ』No.769、28〜33頁。

大田なぎさ（2015.8）「地域の『子どもの居場所』への期待——父子家庭への関わりから」『子どものしあわせ』No.774、28〜33頁。

大田なぎさ（2017.2）「仲間とともに、実践をつくる——一人ひとりの子どもの『生きづらさ』をとらえるために」『子どものしあわせ』792号、30〜35頁。

参考文献一覧

大田なぎさ著・増山均解説（2015）『スクールソーシャルワークの現場から——子どもの貧困に立ち向かう』本の泉社。

太田政男・冨田博之・古田足日・増山均・田中孝彦（司会）「現代の人間形成と子ども文化〈座談会〉」古田足日（1997）『子どもと文化』久山社、77〜100頁。

大塚美和子（2008）『学級崩壊とスクールソーシャルワーク——親と教師への調査に基づく実践モデル』相川書房。

大宮勇雄（2015）「子ども・子育て支援制度の『教育』『保育』観を問う」日本子どもを守る会編『子ども白書2015』本の泉社、39〜43頁。

岡本夏木（2005）『幼児期』岩波書店。

岡安正弘（2001）「学校・家庭・地域社会との連携の可能性と条件——教員対象の学校・家庭・地域社会との連携にかかわる実態と意識の調査をもとにして」『宇都宮大学生涯学習教育センター研究報告9』41〜82頁。

小川太郎（1963）「教育と実生活の結合——戦後教育史観の一焦点」『教師の友』No.106、2〜9頁。

小川太郎（1968）『小学校の集団主義教育』明治図書出版。

小川利夫・高橋正教編著（2001）『教育福祉論入門』光生館。

小川利夫・土井洋一共編著（1978）『教育と福祉の理論』一粒社。

小川利夫・永井憲一・平原春好編（1972）『教育と福祉の権利』勁草書房。

小倉襄二・小松源助・高島進編（1973）『社会福祉の基礎知識』有斐閣。

尾関周二（1992）『遊びと生活の哲学——人間的豊かさと自己確証のために』大月書店。

小野田正利（2015）「家庭訪問の縮小傾向と保護者対応トラブル」『内外教育』（6422）、4〜5頁。

か　行

開高健（1958）『裸の王様』文芸春秋新社。

カイヨワ, ロジェ著、清水幾太郎・霧生和夫訳（1970）『遊びと人間』岩波書店。

梶村光郎（1984）「鈴木道太——北方性教育運動の機関車」唐沢富太郎編『図説教育人物事典上巻』ぎょうせい、516〜517頁。

片岡輝・加藤彰彦・汐見稔幸他（2015）『厚生労働省平成26年度セーフティーネット支援対策事業（社会福祉推進事業）　貧困などによる子ども若者を対象にしたセーフティネットの現状とその課題に対する提言に向けた調査研究』一般社団法人協同総合研究所。

片岡洋子・久冨善之・教育科学研究会編（2015）『教育をつくる——民主主義の可能性』旬報社。

学校教育相談研究所編（1999）『学校教育相談　特集1　登校拒否の子どもへの家庭訪問のしかた』11月号。

学校教育相談研究所編（2005）『学校教育相談　特集1　不登校の子どもへの家庭訪問のしかた』8月号。

勝野充行（1991）「『生活綴方教育』の歴史的意義（その1）——子どもの権利保障とのか

かわりで」『大垣女子短期大学研究紀要』No.33、1 〜 28 頁。

勝野充行（1994）「子どもの権利と生活教育（IV）──子どもの自治活動の歴史から」『大垣女子短期大学研究紀要』No.36、41 〜 53 頁。

桂正孝（2007）「家庭訪問の意義──同和教育が拓いたもの」『現代教育科学』No.611、86 〜 90 頁。

加藤理（2003）「子どもにとって文化とは」浅岡靖央・加藤理編著『文化と子ども──子どもへのアプローチ』建帛社、157 〜 173 頁。

加藤理（2016）「文化の内面化と子どもの育ち──『文化の身体化』と『生きる力』の獲得」増山均・汐見稔幸・加藤理編『ファンタジーとアニマシオン──古田足日「子どもと文化」の継承と発展』童心社、45 〜 59 頁。

加藤理・鵜野祐介編著（2015）『ポスト三・一一の子どもと文化──いのち・伝承・レジリエンス』港の人。

加藤理・鵜野祐介・遠藤純編（2012）『叢書児童文化の歴史III　児童文化と子ども文化』港の人。

門田光司（2000）「学校ソーシャルワーク実践におけるパワー交互作用モデルについて」日本社会福祉学会『社会福祉学』第 41 巻第 1 号、71 〜 85 頁。

門田光司（2004）「長期欠席児童・生徒の状況の把握と対応をどう進めるか」『教職研修』12 月号、48 〜 51 頁。

門田光司（2010）『学校ソーシャルワーク実践──国際動向とわが国での展開』ミネルヴァ書房。

門田光司（2015）「学校現場における子ども支援──学校ソーシャルワークの専門性」『社会福祉研究』第 122 号、10 〜 17 頁。

門田光司（2015）「学校ソーシャルワーク研究の今後の展望」日本学校ソーシャルワーク学会 10 周年記念誌編集委員会編『学校ソーシャルワーク実践の動向と今後の展望』46 〜 50 頁。

門田光司（2017）「スクールソーシャルワーカーの実際と魅力」熊本学園大学付属社会福祉研究所『社会福祉研究所報』第 45 号、107 〜 121 頁。

門田光司・奥村賢一（2009）『スクールソーシャルワーカーのしごと──学校ソーシャルワーク実践ガイド』中央法規出版。

門田光司・奥村賢一監修, 福岡県スクールソーシャルワーク協会編集（2014）『スクールソーシャルワーカー実践事例集──子ども・家庭・学校支援の実際』中央法規出版。

金森俊朗・辻直人（2017）『学び合う教室── 金森学級と日本の世界教育遺産』KADOKAWA。

苅谷剛彦（2001）『階層化日本と教育危機──不平等再生産から意欲格差社会へ』有信堂高文社。

川合章（1981）『生活教育の理論』民衆社。

河瀬哲也（1983）『人間になるんだ（上）生活指導』部落問題研究所出版部。

川田みな子（1994）「担任を支える校内体制づくり」『児童心理』第 48 巻第 12 号、136

〜141頁。

神原文子（2000）『教育と家族の不平等問題』恒星社厚生閣。

岸裕司（1999）『学校を基地に〈お父さんの〉まちづくり――元気コミュニティ！秋津』太郎次郎社。

喜多明人（研究代表）他（2010）『スクールソーシャルワーカー活用事業に関する意識・実態調査アンケート〈調査結果集〉』早稲田大学。

喜多明人・荒牧重人・森田明美・内田塔子・半田勝久編著（2013）『子どもにやさしいまちづくり（第2集）』日本評論社。

北島尚志（2012）「生き合う力を育む遊びの世界！」増山均・齋藤史夫編著『うばわないで！子ども時代――気晴らし・遊び・文化の権利（子どもの権利条約第31条）』新日本出版社、60〜71頁。

城戸幡太郎（1937）「生活学校巡礼」『教育』10月号、48頁。

城戸幡太郎・佐々木昂・鈴木道太・留岡清男・山田清人（1938）「『生活教育』座談会」『教育』5月号、海後宗臣・波多野完治・宮原誠一監修、稲垣忠彦編（1972）『近代日本教育論集第8巻　教育学説の系譜』国土社、371〜392頁。

貴戸理恵（2011）『「コミュニケーション能力がない」と悩むまえに――生きづらさを考える』岩波書店。

木下巨一（2001）「地域と市民活動を結ぶ――地域社会教育の可能性」佐藤一子編著『NPOと参画型社会の学び』エイデル研究所、116〜123頁。

ギリガン, キャロル著、生田久美子・並木美智子共訳（1986）『もうひとつの声――男女の道徳観のちがいと女性のアイデンティティ』川島書店。

鯨岡峻（1999）『関係発達論の構築――間主観的アプローチによる』ミネルヴァ書房。

鯨岡峻（2005）『エピソード記述入門――実践と質的研究のために』東京大学出版会。

鯨岡峻（2006）『ひとがひとをわかるということ――間主観性と相互主体性』ミネルヴァ書房。

鯨岡峻（2016）『関係の中で人は生きる――「接面」の人間学に向けて』ミネルヴァ書房。

久冨善之（2011）「日本の教師と学校は強過ぎる圧迫を受けている」『教育』No.785、70〜77頁。

久冨善之（2012）「格差・貧困の拡大と教師・学校にとっての課題」『部落問題研究』No.201、4〜29頁。

窪田眞二監修、学校教育課題研究会編著（2010）『教育課題便覧（平成23年版）』学陽書房。

倉石一郎（2007）「〈社会〉と教壇のはざまに立つ教員――高知県の『福祉教員』と同和教育」日本教育学会『教育学研究』第74巻第3号、40〜49頁。

栗林知絵子（2015）「特集2　子どもの貧困とたたかう　地域を変える　子どもが変わる　未来を変える」『子どもの文化』12月号、子どもの文化研究所、16〜23頁。

グループ・ディダクティカ編（2012）『教師になること、教師であり続けること――困難の中の希望』勁草書房。

経済協力開発機構（OECD）編（2016）『図表でみる教育　OECDインディケータ（2016

年版)』明石書店。

「研究　子どもの文化」編集委員会編（2017）『研究　子どもの文化』No.19、子どもの文化研究所。

厚生省（1951）『児童憲章制定記念第五回全国児童福祉大会要綱』。

厚生労働省（2002）社会保障審議会福祉部会『市町村地域福祉計画及び都道府県地域福祉支援計画策定指針の在り方について（一人ひとりの地域住民への訴え）』。

厚生労働省雇用均等児童家庭局保育課（2008）『保育所保育指針』。

厚生労働省大臣官房統計情報部（2016）『平成 28 年度社会福祉行政業務報告』。

厚生労働省大臣官房統計情報部（2019）『令和元年度国民生活基礎調査』。

高知市福祉部会編（1954）『きょうも机にあの子がいない』同和教育実践選書刊行会。

さ 行

齊藤優（2007）「特集 2　校内体制づくりの中の教育相談係　教育相談を校内に定着させるための第一歩」『学校教育相談』第 21 巻第 5 号、28 ～ 30 頁。

佐伯胖（2003）「雑学で何がわるい！」『AERAMOOK90　新版　教育学がわかる』朝日新聞社、171 ～ 175 頁。

佐伯胖（2007）「人間発達の軸としての『共感』」佐伯胖編『共感――育ち合う保育のなかで』ミネルヴァ書房、1 ～ 38 頁。

酒井朗他（2009）「不登校問題の変容と支援システムの再構成に関する研究」日本教育社会学会『日本教育社会学会大会発表要旨集録』第 61 集、395 ～ 400 頁。

阪倉惠（2002）「あいりん地区における学校ソーシャルワーク機能についての一考察――あいりん学園嘱託員（ケースワーカー）の実践をもとに」『地域福祉研究』No.30、91 ～ 101 頁。

坂本礒穂（1938）「生活教育獲得の拠点」『生活教育』1 月号、36 ～ 41 頁（生活学校復刻刊行会編『戦前・戦後生活学校 V』教育史料出版会、1980 年初版発行）。

坂元忠芳（1978）「生活綴方教育の今日的意義――生活綴方教育と集団主義教育」『子どもの発達と生活綴方』青木書店。

佐々木昂（1938）「生活・産業・教育――生活教育の問題を考える」『生活教育』6 月号、6 ～ 15 頁（生活学校復刻刊行会編『戦前・戦後生活学校 VI』教育史料出版会、1980 年初版発行）。

佐藤一子（2006）『現代社会教育学――生涯学習社会への道程』東洋館出版社。

佐藤一子・増山均編（1995）『子どもの文化権と文化的参加』第一書林。

佐藤晴雄（2002）『学校を変える地域が変わる――相互参画による学校・家庭・地域連携の進め方』教育出版。

佐藤学（1995）『学び　その死と再生』太郎次郎社。

佐藤学（2000）『「学び」から逃走する子どもたち』岩波書店。

四戸智昭他（2014）「不登校・ひきこもりへの訪問支援活動の効果に関する一考察」日本嗜癖行動学会『アディクションと家族』Vol.29No.4、347 ～ 351 頁。

参考文献一覧

庄井良信（2014）『いのちのケアと育み──臨床教育学のまなざし』かもがわ出版。

ショーン，ドナルド．A著、柳沢昌一・村田晶子監訳（2017）『省察的実践者の教育──プロフェッショナル・スクールの実践と理論』鳳書房。

白石克己（2008）「学校づくりのステップ・アップ─3 私の学校では『家庭訪問週間』がなくなりました。いまこそ家庭訪問が重要な活動だと思うのですが？」『解放教育』No.489、59 〜 62 頁。

城丸章夫・水内宏（1975）「生活綴方運動の遺産」『講座日本の教育 2　民主教育の運動と遺産』新日本出版社、185 〜 217 頁。

須賀由紀子（2013）「『子ども文化』の再生と生活文化──体育科教育を切り口として」『実践女子大学生活科学部紀要』第 50 号、77 〜 89 頁。

鈴木庸裕（1996）「生活指導と福祉教育における実践的課題──『福祉的機能』の内発的発展をめぐって」『福島大学教育学部論集』第 61 号、29 〜 47 頁。

鈴木庸裕（2006）「学校、家庭、地域をつなぐ学校ソーシャルワークの実践的課題」日本子ども家庭福祉学会『子ども家庭福祉学』第 5 号、93 〜 102 頁。

鈴木庸裕（2010）「スクールソーシャルワークとその職務がもつ目的と課題」米川和雄編著『スクールソーシャルワーク実習・演習テキスト』北大路書房、95 〜 108 頁。

鈴木庸裕（2011）「学校ソーシャルワークがめざす学校づくり」『福島大学人間発達文化学類論集』第 13 号、15 〜 24 頁。

鈴木庸裕（2014）「教育と福祉の協働──子どもとの出会い直しのために」『教育』No.825、84 〜 93 頁。

鈴木庸裕編著（2015）『スクールソーシャルワーカーの学校理解──子どもの福祉の発展を目指して』ミネルヴァ書房。

鈴木道太（1934）「綴方の母胎について──その芸術性・科学性・実用性」『教育国語教育』7 月号、35 〜 40 頁。

鈴木道太（1935）「綴方に於ける北方性の問題」『綴方生活』3 月号、84 〜 92 頁。

鈴木道太（1935）「綴方・生活教室の実践的設営」『国語教育研究』7 月号、11 〜 15 頁（復刻版すばる教育研究所、1978 年初版刊行）。

鈴木道太（1936）「生活の朝」『生活学校』1 月号、53 頁（生活学校復刻刊行編『戦前・戦後生活学校Ⅲ』教育史料出版会、1979 年初版発行）。

鈴木道太（1937）「綴方教育に於ける生活組織の新方向」『教育・国語教育』5 月号、厚生閣、152 〜 155 頁。

鈴木道太（1938）「学級綴方教育への序説──破産者の言葉」『教育・国語教育』4 月号、厚生閣、32 〜 35 頁。

鈴木道太（1947）「町が学校であるという考え方で」『生活学校』5 月号、12 〜 16 頁（復刻版　日本読書刊行会、1983 年初版刊行）。

鈴木道太（1951）『生活する教室──北方の教師の記録』東洋書館。

鈴木道太（1951）『親と教師への子どもの抗議』国土社。

鈴木道太・但木卓郎（1955）『子ども会──その理論と実際』新評論社。

鈴木道太（1956）「生活勉強の作文教室第一回——まずこの門からはいれ」『作文と教育』5月号、百合出版、63 〜 69 頁。

鈴木道太（1956）「生活勉強の作文教室（Ⅱ）——鈴木三重吉のひとつの遺産」『作文と教育』7月号、百合出版、44 〜 50 頁。

鈴木道太（1956）「生活勉強の作文教室（Ⅲ）——ありのままに書くことの意義」『作文と教育』8月号、百合出版、46 〜 51 頁。

鈴木道太（1956）「生活勉強の作文教室——第5回・生活と作文」『作文と教育』9月号、百合出版、64 〜 69 頁。

鈴木道太（1956）「生活勉強の作文教室（6）日本教育のひとつの道標」『作文と教育』12 月号、百合出版、52 〜 56 頁。

鈴木道太（1957）「生活勉強の作文教室（7）貧乏との対決とその意義」『作文と教育』2月号、百合出版、62 〜 67 頁。

鈴木道太（1957）「生活勉強の作文教室（8）教育における作文教師の『はだか』について」『作文と教育』4月号、百合出版、74 〜 78 頁。

鈴木道太（1957）「生活勉強の作文教室（9）愛情と自主性——『学級革命』」『作文と教育』5月号、百合出版、69 〜 71 頁。

鈴木道太（1957）「生活勉強の作文教室（10）弔辞」『作文と教育』6月号、百合出版、66 〜 69 頁。

鈴木道太（1957）「生活勉強の作文教室（11）母の作文について」『作文と教育』9月号、百合出版、55 〜 57 頁。

鈴木道太（1972）『鈴木道太著作選（全三巻）』明治図書出版。

全生研常任委員会編（1990）『新版　学級集団づくり入門（小学校編）』明治図書出版。

た 行

高田一宏（2008）「同和地区における低学力問題」日本教育学会『教育学研究』第 75 巻第 2 号、36 〜 45 頁。

高橋啓吾（1938）「生活指導の正しい軌道へ」『生活教育』1月号、42 〜 46 頁（生活学校復刻刊行会編『戦前・戦後生活学校Ⅴ』教育史料出版会、1980 年初版発行）。

高橋正教（2001）「教育福祉研究——これからの捉え方と課題」小川利夫・高橋正教編著『教育福祉論入門』光生館、225 〜 244 頁。

高橋満（2013）『コミュニティワークの教育実践——教育と福祉とを結ぶ』東信堂。

滝充（2011）「小学校からの生徒指導——『生徒指導提要』を読み進めるために」『国立政策研究所紀要』第 140 集、301 〜 312 頁。

瀧口優（2013）「父母と教師をつなぐものは——家庭訪問と学級通信」『子どものしあわせ』No.750、22 〜 25 頁。

瀧澤利行（2007）「ケアの思想と自己決定の思想——その相補性と相剋性」生活指導学会『生活指導研究』No.24、62 〜 79 頁。

竹内常一・折出健二編著（2015）『生活指導とは何か』高文研。

参考文献一覧

田中聡子・西村いづみ・松宮透高編著（2012）『断ち切らないで――小さき者を守り抜く「子どもの家」の挑戦』ふくろう出版。

田中尚（2014）「これからの地域福祉におけるスクールソーシャルワーカーの役割――地域復興・生活再建にとって学校ソーシャルワークの役割」日本学校ソーシャルワーク学会『学校ソーシャルワーク研究』第9号、41〜45頁。

棚橋啓一（2001）『子どもの人間的発達』新樹社。

土谷修（2013）「ホームスタートによる家庭訪問支援」『月刊福祉』8月号、42〜45頁。

東上高志（2006）「担任教師の役割を問う――同和教育運動の教育実践から」『人権と部落問題』NO.742、106頁。

東上高志・河瀬哲也編（2015）『育ち合う教育学――戦後日本教育の核心』部落問題研究所出版部。

戸塚簾（1937）「旅の感想」『生活学校』10月号、57〜61頁（生活学校復刻刊行会編『戦前・戦後生活学校III』教育史料出版会、1979年初版発行）。

どの子も伸びる研究会編（2014）『明日を拓く』部落問題研究所出版部。

留岡清男（1937）「酪連と酪農義塾」『教育』10月号、60〜61頁。

留岡清男（1938）「教育に於ける目的と手段との混雑について――生活綴方人の批判に答える」『生活教育』2月号、6〜20頁（生活学校復刻刊行会編『戦前・戦後生活学校VI』教育史料出版会、1980年初版発行）。

留岡清男（1940）「児童観と教育」『生活教育論』西村書店、41〜88頁。

豊田ひさき（2009）「生活綴方的教育方法の再考――鈴木道太を手がかりに」『中部大学現代教育学部紀要』第1号、1〜10頁。

な　行

中内敏夫（1970）『生活綴方成立史研究』明治図書出版。

中内敏夫（1999）『中内敏夫著作集VI　学校改造論争の深層』藤原書店。

中野光（1964）「学校と生活との結合について――その一」『生活教育』5月号、46〜53頁。

中野光（1964）「学校と生活との結合について――その二」『生活教育』7月号、49〜56頁。

中野啓明・伊藤博美・立山善康編著（2006）『ケアリングの現在――倫理・教育・看護・福祉の境界を越えて』晃洋書房。

中村頌（2012）「学校教育における『ケアリング』――その導入を可能にするもの」日本キリスト教教育学会『キリスト教教育論集』第20号、17〜30頁。

中村麻由子（2014）「ケアリングを基盤とした学校の教育実践の再編」『学校教育学研究論集』第29号、15〜27頁。

中村睦男・永井憲一著（1989）『小林直樹監修・現代憲法大系⑦　生存権・教育権』法律文化社。

西野緑（2015）「子ども虐待におけるチーム・アプローチの成果とスクールソーシャルワーカーの役割――教職員への聞き取り調査から」日本学校ソーシャルワーク学会『学校ソーシャルワーク研究』第10号、2〜14頁。

日本作文の会編（1962）『北方教育の遺産』百合出版。

根津隆男（2017）「家庭訪問のイロハ」『月刊生徒指導』4月号、42〜45頁。

ノディングズ, ネル著、立山善康ほか訳（1997）『ケアリング——倫理と道徳の教育　女性の観点から』晃洋書房。

ノディングズ, ネル著、佐藤学監訳（2007）『学校におけるケアの挑戦——もう一つの教育を求めて』ゆみる出版。

は　行

橋迫和幸・池水佐千子（2004）「教育におけるケアリングの意義と課題——ネル・ノディングズのケアリング理論を中心に」『宮崎大学教育文化学部紀要教育科学』第10号、73〜89頁。

長谷川眞人監修、日本福祉大学長谷川ゼミナール編集（2008）『しあわせな明日を信じて——作文集・乳児院・児童養護施設の子どもたち』福村出版。

馬場修一（1973）「文化と社会——現代文化論にむけての予備的考察」城塚登編『講座哲学3　人間の哲学』東京大学出版会、205〜239頁。

藤岡貞彦（1968）「日本農村の構造的変化と教育——再び三たび生活教育論争を」『教育』4月号、32〜44頁。

藤本浩之輔編（1996）『子どものコスモロジー——教育人類学と子ども文化』人文書院。

藤本浩之輔（2001）『遊び文化の探求』久山社。

船越勝（2007）「集団づくり・ケアリング・セルフヘルプグループ」『和歌山大学教育学部教育実践総合センター紀要』No.17、33〜38頁。

船越勝（2012）「日本の学校の行方と生活指導実践の課題」『和歌山大学教育学部紀要教育科学』第62集、29〜35頁。

古田足日（1982）「子どもと文化」五十嵐顕編『講座・現代教育学の理論　第2巻』青木書店、127〜190頁。

古田足日（1999）「子どもの成長を『文化の視点』からとらえたい——研究誌『別冊子どもの文化』創刊にあたって」『別冊子どもの文化』No.1、2〜6頁。

ホイジンガ, ヨハン著、高橋英夫訳（1963）『ホモ・ルーデンス——人類文化と遊戯』中央公論社。

母子愛育会愛育研究所編（2017）『日本子ども資料年鑑2017』KTC中央出版。

細谷俊夫編（1961）『現代学校経営事典』明治図書出版。

細谷俊夫編（1990）『新教育学大事典第2巻』第一法規出版。

堀井雅道（2010）「スクールソーシャルワーク制度の形成と発展の可能性——教育行政における実態及び認識に関する調査分析を通じて」子どもの権利条約総合研究所編『子どもの権利研究』第17号、116〜125頁。

堀尾輝久（1991）『人権としての教育』岩波書店。

本田由紀（2011）「強固に残るボーダー——自閉化する日本の学校教育に対する社会システム論からの示唆」日本教育学会『教育学研究』第78巻第2号、2〜13頁。

参考文献一覧

ま 行

増山均（1982）「教育実践における指導の概念」矢川徳光他編『講座・現代教育学の理論 第一巻』青木書店、58 〜 89 頁。

増山均（1989）『子ども研究と社会教育』青木書店。

増山均編著（1992）『子育て新時代の地域ネットワーク』大月書店。

増山均（1994）『ゆとり・楽しみ・アニマシオン──「子どもの権利条約」をスペインで 考えた』労働旬報社。

増山均（1997）『教育と福祉のための子ども観──〈市民としての子ども〉と社会参加』 ミネルヴァ書房。

増山均（1998）「社会文化アニマシオンの研究（１）」『日本福祉大学研究紀要』第 98 号 第 2 分冊文化領域、287 〜 325 頁。

増山均（2000）『アニマシオンが子どもを育てる』旬報社。

増山均（2004）『余暇・遊び・文化の権利と子どもの自由世界』青籟社。

増山均（2009）「スペインにおける〈社会文化アニマシオン〉概念の研究」『早稲田大学 大学院文学研究科紀要』第 55 輯、43 〜 60 頁。

増山均（2013）「日本における〈社会文化アニマシオン〉の諸相とその可能性」『早稲田 教育学研究』第 5 号、5 〜 31 頁。

増山均（2014）「中間まとめ　スクールソーシャルワーカーのしごと　福祉と教育と文化 をつなぐ──スクールソーシャルワーカーがきり拓く実践の世界』『子どものしあわせ』 No.766、21 〜 27 頁。

増山均・齋藤史夫編著（2012）『うばわないで！子ども時代──気晴らし・遊び・文化の 権利（子どもの権利条約第 31 条）』新日本出版社。

増山均・森本扶・齋藤史夫編著（2015）『蠢動する子ども・若者　3・11 被災地からのメッ セージ』本の泉社。

増山均・阿比留久美・齋藤史夫・竹原幸太・山田恵子・王聡（2016）『奈良県・早稲田大 学連携事業　県立学校（高等学校、特別支援学校）における「地域と共にある学校づく り」の事業実施効果と教職員への影響最終報告書』早稲田大学文学学術院増山研究室。

増山均編著（2021）『鈴木道太研究──教育・福祉・文化を架橋した先駆者』明誠書林。

マーティン,ジェーン.R 著、生田久美子監訳（2007）『スクールホーム──〈ケア〉する学校』 東京大学出版会。

水田精喜（1964）『未完成の記録』部落問題研究所出版部。

水田精喜（1982）『草分けの同和教育』文理閣。

宮坂哲文（1956）「生活教育の系譜──昭和十三年の生活教育論争をめぐって」『国土社 教育全書 1』国土社、9 〜 34 頁。

宮坂哲文（1962）『生活指導の基礎理論』誠信書房。

宮島喬（1999）『文化と不平等』有斐閣。

宮台真司（2009）『日本の難点』幻冬舎。

向谷地生良（2014）「ソーシャルワーク実践における"遊び"の再考」『精神保健福祉』第 45 巻第 2 号、82 〜 85 頁。

村越末男・横山嘉道編（1984）『高知県の部落問題と同和教育』明治図書出版。

村山士郎（1988）「生活綴方教育」青木一也編『現代教育学事典』労働旬報社、473 頁。

村山俊太郎（1968）「教育文化を高める綴方」『村山俊太郎著作集　第 3 巻』百合出版、50 頁。

メイヤロフ, ミルトン著、田村真・向野宜之訳（1987）『ケアの本質——生きることの意味』ゆみる出版。

森田満夫（2011）「同和教育に内在する『生活と教育の結合原則』」部落問題研究所編『部落問題解決過程の研究　第二巻　教育・思想文化篇』51 〜 74 頁。

森田洋司編著（2003）『不登校——その後　不登校経験者が語る心理と行動の軌跡』教育開発研究所。

森本扶（2015）「子育て・子育ちと地域づくり」佐藤一子編『地域学習の創造——地域再生への学びを拓く』東京大学出版会、153 〜 174 頁。

文部省（1971）社会教育審議会答申『急激な社会構造の変化に対処する社会教育のあり方について』。

文部省（1981）中央教育審議会答申『生涯教育について』。

文部省（1996）生涯学習審議会答申『地域における生涯学習機会の充実方策について』。

文部省（1996）中央教育審議会答申『21 世紀を展望した我が国の教育の在り方について』。

文部省（1998）中央教育審議会答申『今後の地方教育行政の在り方について』。

文部科学省初等中等教育局児童生徒課（2003）『今後の不登校への対応の在り方について（報告）』。

文部科学省生涯学習政策局政策課（2008）『教育振興基本計画』。

文部科学省初等中等教育局教育課程課（2008）『学習指導要領改訂』。

文部科学省初等中等教育局児童生徒課（2010）『生徒指導提要』。

文部科学省初等中等教育局児童生徒課（2011）『生徒指導に関する教員研修の在り方について（報告書）』。

文部科学省生涯学習政策局男女共同参画学務課（2012）『子どもたちの未来をはぐくむ家庭教育——家庭教育支援の取組について』。

文部科学省初等中等教育局国際教育課（2018）『平成 30 年度日本語指導が必要な外国人児童生徒の受入れ状況等に関する調査』。

文部科学省生涯学習政策局調査企画課（2019）『令和元年度学校基本調査報告書』。

文部科学省初等中等教育局児童生徒課（2019）『令和元年度「児童生徒の問題行動・不登校等生徒指導上の諸問題に関する調査」』。

や　行

安彦忠彦編（2002）『新版現代学校教育大事典　第 2 巻』ぎょうせい。

山崎美貴子・室田信一・平野覚治他（2017）『広がれ、こども食堂の輪！活用ガイドブック』「広がれ、こども食堂の輪！」全国ツアー実行委員会。

山下英三郎（2001）「人物紹介　実践から理論へ（自らを語る）」『ソーシャルワーク研究』Vol.27No.1（通号105）、60〜63頁。

山下英三郎（2003）『スクールソーシャルワーク──学校における新たな子ども支援システム』学苑社。

山下英三郎（2006）「スクールソーシャルワーク──実践と理論との距離をいかに埋め合わせるか」『ソーシャルワーク研究』Vol.32No.2（通号126）、92〜101頁。

山下英三郎・内田宏明・牧野晶哲編著（2012）『新スクールソーシャルワーク論──子どもを中心にすえた理論と実践』学苑社。

山下英三郎監訳、日本スクールソーシャルワーク協会編（2001）『学校におけるソーシャルワークサービス』学苑社。

山下英三郎監修、日本スクールソーシャルワーク協会編（2005）『スクールソーシャルワークの展開──20人の活動報告』学苑社。

山下英三郎監修、日本スクールソーシャルワーク協会編（2016）『子どもにえらばれるためのスクールソーシャルワーク』学苑社。

山田清人（1938）「綴方教育を素直に見直せ──実践論の方向と批評家の態度の問題」『生活教育』1月号、59〜65頁（生活学校復刻刊行会編『戦前・戦後生活学校Ⅴ』教育史料出版会、1980年初版発行）。

山田清人（1968）『教育科学運動史』国土社。

山田恵子（2014）「長期欠席児への教育権保障──スクールソーシャルワークを通してみる不登校児童生徒の現状から」『早稲田教育学研究』第5号、85〜98頁。

山田恵子（2015）「スクールソーシャルワーク実践からみた『同和教育』の教訓──子どもの教育権保障に注目して」『早稲田教育学研究』第6号、63〜77頁。

山田恵子（2015）「スクールソーシャルワークから考える社会教育と地域福祉の連携──板橋区成増社会教育会館の家庭教育講座に参画して」『月刊社会教育』No.718、17〜20頁。

山田哲也（2011）「保護者の社会経済的背景と学力──PISA報告書が示す日本の現状と課題」『教育』No.785、29〜38頁。

山根律子（2001）「学校と地域福祉サービスとの連携」日本発達障害学会『発達障害研究』第23巻第2号、72〜76頁。

山野則子・峯本耕治（2007）『スクールソーシャルワークの可能性──学校と福祉の協働・大阪からの発信』ミネルヴァ書房。

山野則子編著（2015）『エビデンスに基づく効果的なスクールソーシャルワーク──現場で使える教育行政との協働プログラム』明石書店。

山本敏郎（2011）「教育と福祉の間にある教師の専門性」日本生活指導学会『生活指導研究』No.28、53〜66頁。

山本敏郎・鈴木庸裕・石井久雄著（2015）『講座　現代学校教育の高度化18　学校教育と生活指導の創造──福祉社会・情報社会における学校と地域』学文社。

ら　行

リッチモンド, メアリー. E 著、小松源助訳（1991）『ソーシャル・ケース・ワークとは何か』中央法規出版。

わ　行

鷲田清一（1998）『悲鳴をあげる身体』PHP 研究所。

索　引

【著者略歴】

山田　恵子（やまだ　けいこ）

2005 年　早稲田大学第二文学部卒業
2009 年　東洋大学大学院福祉社会デザイン研究科ヒューマンデザイン専攻子ども支援学
　　　　コース博士前期課程修了　修士（社会福祉学）
2018 年　早稲田大学大学院文学研究科教育学コース博士後期課程満期退学
2019 年　博士学位取得（文学　早稲田大学）
　専門は、社会福祉学。教育学。教育・福祉・文化問題、子どもの人権問題、子育て・子
育ち問題など、総合的視点から「子ども研究」を進めている。
　早稲田大学第二文学部卒業後、児童相談所職員を経てスクールソーシャルワーカーとし
て活動。その間、東洋大学大学院、早稲田大学大学院にて研究に携わる。
　スクールソーシャルワーカーとして実践しながら、國學院大學・立教大学・早稲田大学
で非常勤講師を務める。
　現在、立教大学コミュニティ福祉学部福祉学科助教、千葉大学教育学部附属学校園スクー
ルソーシャルワーカー、東京都江東区教育委員会スクールソーシャルワーカースーパーバ
イザー、日本子どもを守る会編（月刊誌）『子どものしあわせ』編集委員、（年刊誌）『子
ども白書』家庭領域編集委員。
　著書は、『子どもの未来を守る――子どもの貧困・社会排除問題への荒川区の取り組み』
（分担執筆、三省堂）、『鈴木道太研究――教育・福祉・文化を架橋した先駆者』（共著、明
誠書林）など。

スクールソーシャルワークの実践と理論
養育困難家庭の不登校児の学習権保障をめぐって

2022 年 2 月 15 日　第 1 刷発行
著　者　山田恵子
発行者　細田哲史
発行所　明誠書林合同会社
　　　　〒 357-0004　埼玉県飯能市新町 28-16
　　　　電話　042-980-7851
印刷・製本所　藤原印刷
© Keiko Yamada 2022
Printed in Japan
ISBN 978-4-909942-19-7

―― 明誠書林既刊書より

鈴木道太研究――教育・福祉・文化を架橋した先駆者

増山 均　編著

　鈴木道太（1907-1991）は宮城県白石市で生まれ、宮城師範学校を出て小学校教員となり、生活綴方教育・北方性教育運動で活躍した。しかし 1940（昭和 15）年、治安維持法違反容疑で検挙、実刑を受け 1943（昭和 18）年まで獄中生活を送る。出獄後は教職を離れ、1944（昭和 19）年に大河原町役場の書記として再出発し、1948（昭和 23）年からは宮城県の児童福祉司として児童相談所の仕事に従事した。児童福祉および青少年の保護育成の仕事を開拓しつつ、執筆活動・講演活動に精力を注いだ。執筆した著作は 50 冊以上、雑誌掲載記事を含めると膨大な量になる。その業績は教育分野のみならず、福祉と文化の領域も含んだ総合的視野と地域づくりへの展望にみちたスケールの大きな先駆的業績であった。鈴木道太没後 30 年（2021 年 3 月）に合わせ、鈴木道太の再評価と研究の促進を図るべく刊行するものである。

A5 判上製 372 頁　3,960 円（本体 3,600 円＋税）　ISBN978-4-909942-11-1

学童保育研究の課題と展望――日本学童保育学会設立 10 周年記念誌

日本学童保育学会　編

　学童保育所は、子どもの生活と発達を保障する場として、社会になくてはならない施設として理解されるようになっている。しかし、施設条件・環境を改善し、実践の質を高め、理念と価値を明らかにするための課題は山積しており、制度・政策の内容と動向を見極めていくための研究活動は不可欠である。

　日本学童保育学会では 10 年間の研究蓄積をふまえて、学童保育研究の視点と内容を体系的に整理するとともに、学童保育をめぐる現代的な課題とどう向き合い、今後の研究と実践を発展させていけばよいのか、その方向性を指し示すことを意図して編集した。

　この 10 周年記念誌が、今まさに発展しつつある学童保育の実践と研究の手掛かりとなり、現代社会における学童保育の価値を解明するための新たな礎石となれば幸いである。

A5 判上製 362 頁　3,080 円（本体 2,800 円＋税）　ISBN978-4-909942-16-6